140° W
135° W
Eiao
Motuhiti
Nuku Hiva
Ua Huka
Ua Pou
Fatu Huku
Hiva Oa
Tahuata
MARQUESAS-INSELN
Fatu Hiva
Tepoto
Napuka
Puka Puka
TUAMOTU-INSELN
Fangatau
Takume
Fangahina
Taenga
Raroia
Katiu
Makemo
Nihiru
Hiti
Reka Reka
Tepoto
Marutéa N.
Tekokoto
Tauéré
Tatakoto
Haraiki
Hikueru
Reitoru
Marokau
Amanu
Ravahéré
Hao
Pukarua
Aki Aki
Reao
Vahitahi
Nengo Nengo
Paraoa
Manuhangi
Nukutavaké
Vairaatea
Pinaki
AHUNUI
Anu Anuraro
Anu Anurunga
Nukutipipi
INSELN
Vanavana
Tureia
ACTAEON-INSELN
Tenararo
Tenarunga
Vahanga
Marutea S.
Maturei
Vavao
Tematangi
Mururoa
Maria
Fangataufa
Ebrill-Riff
Wendekreis des Steinbocks
Morané
Manga Reva
GAMBIER-INSELN
Temoé
Portland-Riff

Zumbiehl · INSELZAUBER UND ZYKLONE

Paul Zumbiehl

Inselzauber und Zyklone

Südsee-Abenteuer zwischen Traum und Wirklichkeit

Pietsch Verlag Stuttgart

Einbandgestaltung: Reinhard Bornemann

Bildquellen: Zeichnungen von Isabelle Autonès,
Unterwasseraufnahmen von Henri Pouliquen,
Foto von der *Kébir* von Patrick Zarlenga,
Übrige Aufnahmen von Paul und Daniel Zumbiehl.

Die französische Ausgabe ist dort erschienen unter dem Titel
»UN ATOLL ET UN RÊVE«

Die Übertragung ins Deutsche besorgte
Hans-Wolfgang Roth

ISBN 3-613-50084-1

1. Auflage 1989

Ein Unternehmen der Paul Pietsch-Verlage GmbH & Co.

Satz und Druck: studiodruck, 7440 NT-Raidwangen
Bindung: Großbuchbinderei Heinrich Koch, 7400 Tübingen
Printed in Germany

Inhaltsverzeichnis

Für Danièle, Alexandre, Nicolas und Nano

Der natürliche Kreislauf der Wetterphänomene war auf dramatische Weise gestört.

Die Zyklone des Jahres 1983, eher Bombardements als Unwetter, haben Polynesien ruiniert. Sie waren eine der Auswirkungen, die sich durch die Verlagerung von El Nino *ergaben, dem größten Wetterregulierungssystem der Welt. Katastrophale Überschwemmungen und Sturmwinde zum einen, Gluthitze und Trockenheit zum anderen überzogen den ganzen Globus mit Elend und Hungersnot.*

Thomas Y. Canby, National Geographic, Bd. 165, Nr. 2, Februar 1984

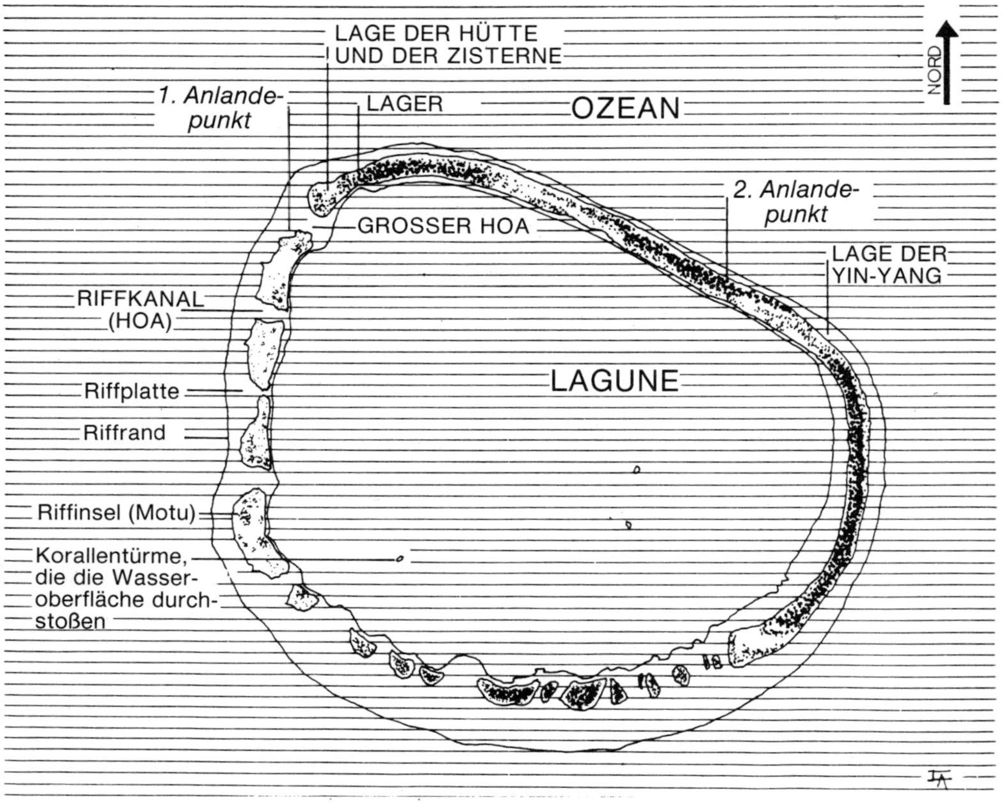

Ahunui

19°38'S, 140°25'W, Durchmesser etwa 6 km

1. Kapitel

Ein Traum wird Wirklichkeit

November 1982

Schwer beladen kämpft die *Kébir* gegen einen sehr frischen Passat an. Nach jeder Welle schlägt der Segler hart auf und nimmt die Brecher einer stark ausgeprägten Sturzsee über, die keinen Zweifel über die Schwierigkeiten aufkommen läßt, die uns bei der Landung erwarten.

Danièle vegetiert in ihrer Kabine nur noch vor sich hin. Sie ist seekrank und kommt nicht mehr zur Ruhe. Seit dem Auslaufen hat sie kaum etwas zu sich genommen. Alles was sie ißt oder trinkt, spuckt sie wieder aus. Ab und zu taucht sie im Cockpit auf, um sich sofort über einen Eimer zu beugen, denn bei ihrem geschwächten Zustand wäre es zu gefährlich, wenn sie sich bis an die Reling wagte.

Sie klagt nicht. Aber ich befürchte, daß sie es bereits bedauert, mit auf die Reise gegangen zu sein...

Unser Ziel ist eine Insel, aber nicht irgendeine Insel.

Der großkörnige Sand, der Kies, die schroffen Felsen, alles ist aus Korallen. In der Mitte der Insel befindet sich eine stille Lagune, aber an der äußeren Umrandung, zum Ozean hin, also dort, wo wir anlanden müssen, liegt ein Riff, ein feindliches, schier unüberwindliches Hindernis. Eine Durchfahrt gibt es nicht: Ahunui ist ein Kranzatoll.

5000 Seemeilen[1] trennen uns von den nächsten kontinentalen Landmassen. Tausende von Atollen umgeben uns, aber seit acht Tagen durchqueren wir eine Wasserwüste. Die Atolle erheben sich zu wenig über dem Ozean, und die Entfernungen sind zum Teil beträchtlich.

Es ist Nacht. Ich habe Wache, den Südwester tief in die Stirn gezogen. Meine Augenlider sind schwer, trotz des Bechers Kaffee. Ich denke an mor-

[1] Seemeile entspricht 1852 Metern.

gen – und an die drei uns begleitenden Männer. Von unserer Entschlossenheit, unserem Können, aber auch von unserem Glück wird der Erfolg einer gefährlichen, fast unmöglichen Landung abhängen.

Ricardo schläft fest wie ein Murmeltier in der Vorderkajüte. Der ruhelose Globetrotter hat Chile und der Fluggesellschaft, bei der er Pilot war, den Rücken gekehrt, um neue Welten kennenzulernen und ein Leben voller Abenteuer zu führen. Zwar kennt er sich mit Atollen nicht aus, aber auf ihn ist Verlaß. Er ist mit allen Wassern gewaschen.

Tane schläft ebenfalls den Schlaf des Gerechten. Der schüchterne und schweigsame *Paumotu*[1] scheint mit seinen 15 Jahren bei uns fehl am Platz. Auch er hat bisher noch kein Riff bezwungen. Aber bei seinem Alter, seinen Fähigkeiten und seiner Herkunft wird er schnell lernen.

Und schließlich Jean-Yves Delanne, der Skipper. Er döst in der Achterkajüte, jederzeit bereit, hinter den Karten, den Büchern, den Funkgeräten und Apparaturen, mit denen sein Refugium vollgestopft ist, hervorzukommen. Mit seinem kräftigen Körperbau, seinem wilden Bart, mal kräftig fluchend, dann wieder zärtlich säuselnd, scheint er in der falschen Zeit zu leben. Ich könnte ihn mir gut als Pirat vorstellen. Sein größter Stolz sind einige Tonnen Dynamit, die er auf irgendein Atoll geschafft hat.

Er kennt sich bestens mit Riffen aus und war auch auf Tahiti der einzige, der sich auf dieses Abenteuer einlassen wollte. Normalerweise werden diese Breiten nicht von Schiffen befahren. Die *Aranui*, jener Schoner, der mich vor einigen Jahren auf das Atoll brachte, hat Schiffbruch gemacht. Die *Kekanui*, die mich später transportierte, hätte beinahe zwei- oder dreimal das gleiche Schicksal ereilt. Nun war der Eigner nicht mehr bereit, mit seinem Boot nochmals ein so riskantes Manöver zu wagen.

Nur die schwache Kompaßbeleuchtung reißt mich in meinem Windschutz ab und zu aus meinen Gedanken: Kurs 110°, nahes Ende eines ständigen Traumes.

Am Anfang war Robinson, ein Buch, eine Illusion, die meine Kindheit verzauberte und mich in meiner Berufswahl bestärkte. Ich würde Tropenarzt werden und auf weit entfernte Inseln gehen, denn nur was fern ist, ist erst richtig schön...

Ich war schon in vielen Ländern gewesen, aber erst 1967, als ich meinen Wehrdienst in der Fremdenlegion ableistete, entdeckte ich Puka-Rua, mein erstes Atoll.

Das Lagerleben unterlag einer strengen Disziplin und hierarchischen Ordnung, was in krassem Gegensatz zur Leichtlebigkeit des nicht minder dyna-

---

[1] Bewohner des Tuamotu-Archipels

mischen Eingeborenendorfes stand. So befand ich mich auf einem hervorragenden Beobachtungsposten. Ich empfand Bewunderung für den angeworbenen, schreckenerregenden Legionär, aber auch Sympathie für den freien, stolzen Paumotu. Ich bekam zwei Kulturen zu sehen, zwei Zivilisationen, die sich das gleiche Fleckchen Erde teilten. Auf der einen Seite die Möglichkeiten der Gruppe, die die Natur nach ihrem Willen veränderte, auf der anderen Seite die Gewitztheit des Individuums, das sich der Natur anpaßte. Von beiden glaube ich, das beste gelernt zu haben. So ging ich auf ganz natürliche Weise an die Verwirklichung eines Traumes: eines Tages einmal allein auf einer Insel zu leben.

Seit damals versorgte ich mich mit allem, was mir für meinen Entschluß dienlich sein konnte. Bei der Fremdenlegion, aber auch später im Zivilleben bereitete ich mich körperlich, technisch und sogar moralisch vor. Ab 1975 unternahm ich drei Expeditionen nach Ahunui, wo ich zusammen mit Paumotu oder abgehärteten Freunden jene Verfahren erarbeitete, dank derer ich in der Einsamkeit einer Koralleninsel leben und gegebenenfalls überleben könnte.

Und schließlich hatte ich meine Arztpraxis aufgegeben – und damit alles, was dies an Komfort, Routine, Sicherheit, aber auch an Hochachtung bedeutet. Jedoch erkaufte ich mir dadurch meine Freiheit. Ich hatte mich zu einer neuen Geisteshaltung entschlossen.

Dies ist also meine vierte Reise nach Ahunui.

Im Spiel von Wellen und Wind, am Vorabend der Landung, weiß ich, ich bin bereit und werde die Abgeschiedenheit verkraften. Eine Sorge bleibt jedoch: Danièle! Seit dem Start ist ihr ständig übel. Wie wird es ihr in Zukunft ergehen? Ihr gegenwärtiger Zustand verheißt nichts Gutes. Aber dennoch, welches Vertrauen, welche Geduld, welchen Mut und welchen Ehrgeiz hat sie während der monatelangen Vorbereitung an den Tag gelegt!

Allem zum Trotz hat sie ihre Familie, ihr Land und ihren Arbeitsplatz aufgegeben, um mir an das andere Ende der Welt, ins absolute Nichts zu folgen. Von Tahiti, wo wir die letzten Handgriffe erledigten, bekam sie lediglich die chinesischen Läden zu sehen, die sie dann wieder verließ, beladen mit Reis, Nägeln, Mehl und Petroleum. Sie hat nur jenen geräumigen Keller ausgiebig kennengelernt, in dem wir unsere Güter verstauten, bevor wir sie dann sorgfältig in Kästen und Kisten verpackten. Bei unseren Einkäufen bekam sie ständig die gleichen Worte zu hören: Taljen, Taue, Käfige, Perlenaustern.

Ich wollte unserer Reise nämlich einen Sinn geben, der ein Abenteuer im Abenteuer werden soll. Ich beabsichtige, die Grundlagen für eine Meeresfarm zu schaffen und Perlenaustern zu züchten, und zwar jene Riesenspezies, die in den geheimnisvollen Lagunengründen die wunderschönen und unvergleichlichen schwarzen Polynesien-Perlen bilden.

Ich bin meiner Sache sicher, aber tief in mir bleibt doch ein Zweifel: Ist es überhaupt vernünftig, das ganze Unternehmen zu zweit, also nur Danièle und ich, durchzuführen? Ist das nicht reiner Wahnsinn? Und wenn ich allein gegangen wäre, so wie ich es seit langem geplant hatte? Wenn ich nicht das Glück gehabt hätte, Danièle zu treffen... Wenn ich nicht zu viel geredet, zu sehr Träume geweckt hätte...

Aber jetzt helfen diese Skrupel auch nicht mehr viel. Der Tag verspricht hart zu werden. Im Augenblick verläuft noch alles bestens, trotz der immer stärkeren Rollbewegungen des Seglers. Er nimmt die Wellen nicht, wie er sollte. Er ist zu schwer, zu beladen mit all unserer Ausrüstung.

Das steuerbords im Bug vertäute Landungsboot beherbergt unsere Tiere. Der stete Wechsel von Stampfen und Rollen drückt eine Schubkarre, Schaufeln, Äxte, Hacken, Brechstangen und mehrere Kanister mit Trinkwasser gegen ein paar Käfige mit Tauben und Hühnern. Dort versteckt sich auch Siki, eine junge dunkelhaarige Hündin. Sie zittert vor Angst und Kälte. Auch sie wartet auf das Ende dieser Reise.

Gegenüber dem Landungsboot lehnt backbords im Bug am stehenden Gut unser eigenes Aluminium-Ruderboot. Es überragt sogar die Kisten mit den Lebensmitteln, dem Werkzeug, dem Angel- und Tauchgerät. Dann kommen zwei Fässer mit Benzin, eins mit Petroleum, ein Außenbordmotor, Sauerstoffflaschen, ein Kompressor, ein Stromaggregat und Sonnenkollektoren. Alles ist seefest an Mastfüßen, Relingstützen, Manntauen und Handläufen verzurrt, was die Manöver an Deck erheblich stört.

Eine große wasserdichte Kiste füllt fast das gesamte Cockpit aus. In ihr befinden sich Funkgeräte, Foto- und Filmkameras, zwei Unterwassergewehre und einige Bücher.

Die Kühlbox für das Filmmaterial versperrt den Zugang zur Toilette. Im Vorderschiff stehen ungefähr 50 Obstbaumsetzlinge, auf dem Achterdeck Winden, Seilrollen, Kabeltrommeln, Planen, Rohre, Bleche und Dachrinnen. Alles unverzichtbare Dinge...

Die *Kébir* leidet. Sie ist eine Jacht, und wir haben sie in einen Frachter verwandelt. Wenn nur die See ruhig bleibt...

2. Kapitel

Die Landung

Es dauert einige Zeit, bis Danièle das Atoll entdeckt. Sie sucht den Ozean ab, aber ihr Blick bleibt nicht an jenem winzigen Unterschied hängen, der sich weit hinten am Horizont zeigt. Nur ganz kurz ist die Insel zu sehen, denn sie verschwindet sofort wieder, wenn wir in ein Wellental geraten. Aber wir kommen ständig näher. Der feine Strich wird stärker, entzieht sich nicht mehr unseren Augen. Langsam läßt sich die stark zerstückelte Nordküste erahnen, dann auch die jenseits der nicht auszumachenden Lagune gelegene Südküste. Zunehmend heben sich die Kronen der Kokospalmen ab, die auf der Kuppe des Strandes aus grauen und groben Korallentrümmern wachsen. Mehr und mehr Vögel schweben über unseren Köpfen. Von Zeit zu Zeit schreckt unser Steven einen Schwarm fliegender Fische auf. Kurz darauf ist es vor uns: das Riff, an dem sich die Wellen brechen und das wir mit unseren Booten überwinden müssen.

»Woran denkst du?« fragt Danièle.

»An die Landung.«

Damit ist alles gesagt. Die Landung ist der Kampf mit dem Atoll. Ein großer, aber auch schwieriger Augenblick.

Langsam runden wir das Riff und halten Ausschau nach einer von Brechern ausreichend entfernten Untiefe, über der die Ketsch ankern kann. Wachsam achten wir auf Farbunterschiede des Wassers, suchen nach einem etwas helleren Fleck als das dunkle Blau des Ozeans, einem Fleck, der nicht sofort wieder in ein Königsblau und dann in ein Blaßgrün übergeht, was schon auf den ansteigenden Riffsockel hinweist. Untiefen gibt es hier und da, zwar nicht gerade häufig, aber dennoch. Auch eine, die unseren Wünschen entspricht, ist bald ausgemacht.

Zweimal rundet der Segler die Untiefe, um ihre Ausdehnung zu erkunden. Es wird ausreichen.

»Anker lassen«, befiehlt Delanne.

Rasselnd sinkt die Kette mit dem Anker schnell in die Tiefe. Wir ankern an der Grenze des Möglichen. Gingen wir noch näher an die Küste heran, konnte das Boot auflaufen. Weiter auf See hinaus griffe der Anker ins Leere. Die uns zur Verfügung stehende Spanne beträgt nur knapp 20 Meter. Sehr, sehr wenig.

»Stelle dir einen riesigen, aus dem Ozean sich steil erhebenden Korallenschornstein vor, der auf einem vulkanischen Sockel steht, dessen Basis sich mehr als viertausend Meter in der Tiefe verliert. Im Lauf der Jahrtausende ist der Vulkan langsam abgesunken, während die Riffkorallen bis an die Wasseroberfläche angewachsen sind und eine dünne Krone aus Kalkgestein gebildet haben. Außen nur die See, in der Mitte aber die Lagune, der Überrest des versunkenen Vulkans...«

Danièle ruft sich meinen Brief in Erinnerung. Aber für Träumereien ist keine Zeit. Wir müssen die Landung in Angriff nehmen.

Wir lassen das Ruderboot zu Wasser. Ich setze mich hinein, und man reicht mir den Motor, den Benzinkanister, die Ruder, den Eimer, den Anker, die Dollen. Mehr nicht. Da wir das Verhalten des Bootes auf dem Riff nicht kennen, möchte ich einen ersten Landungsversuch ohne Ladung wagen. Dann rufe ich Tane zu mir.

Kurz darauf liegt das Korallenriff vor uns. Direkt dahinter schließt sich ein felsiges Unterwassergebirge an, die Riffplatte, die den Strand wie eine Hutkrempe umgibt. Dort werden wir landen, aber zuvor gilt es den scharfkantigen Riffrand zu überwinden. Dolchartige Spitzen, Risse, Spalten, Grate, Vorsprünge, alle Arten von Fallen: Korallen und Kalkalgen, hart wie Granit und rasiermesserscharf, verwehren uns den Zutritt. Dazu bricht sich die See ständig am Riffrand.

Ich kann mich noch genau an jene Stelle erinnern, an der man mich bei meinen früheren Expeditionen angelandet hatte. Der Punkt befindet sich im Lee des vorherrschenden Windes, an der Nordwestspitze des Atolls, wo der Riffrand etwas weniger stark ausgeprägt ist.

Unser Boot schwimmt auf der Dünung nahe den Wellen, die sich durch das lebende Felsgestein in ihrer Bewegung gebremst aufbäumen, dann im oberen Teil zusammenknicken, noch etwas hin- und herschwanken, sich brechen und schließlich ohrenbetäubend in sich zusammenstürzen.

Wir sind praktisch im Entstehungspunkt der Brandung, in einer verletzlichen Nußschale im Angesicht des unendlichen Kampfes zwischen dem Meer und dem Land. Wir warten und beobachten, saugen das Verhalten der See förmlich in uns auf. Die Minuten vergehen, und immer weniger nehme ich die Gegenwart von Tane wahr. Ich fühle mich groß, erhaben. Meine Freude ist unbeschreiblich. Ich passe mich dem Rhythmus der See an. Das Donnern des Riffs, das Hin und Her der Wellen machen mich trunken. Die aufsteigende Gischt und das flimmernde Licht ergreifen von mir Besitz.

Ich bringe das Boot auf Kurs.

Sogleich hat es sein Gleichgewicht verloren. Nur der hintere Teil des Rumpfes schwimmt auf der Welle, der Bug schwebt frei in der Luft.

Unter uns gewinnt die Welle an Geschwindigkeit, streckt sich in die Länge, baut ihre Kraft auf. Dann wird sie schnell rund, überschlägt sich und bricht. Sie ist in der Tiefe gegen das Riff geprallt – wie ein Pferd beim Springen gegen ein Hindernis.

Donner, Aufbäumen, den Motor blitzschnell aus dem Wasser klappen. Eine Sekunde der Unsicherheit, und schon kracht der Kiel gegen die Korallen.

Brutal. Wir spüren, wie das Boot nochmals aufschlägt und ächzend über den Korallengrund schrammt.

Immer noch auf Kurs wird es auf die Küste geschleudert, von schäumender Gischt umgeben.

Tane und ich sind über Bord gegangen und laufen nun an die Dollborde geklammert neben dem Boot her. Wir nutzen jede Welle aus, um es möglichst schnell aus dem hinter uns liegenden Brecherbereich zu bringen.

Die Riffplatte ist jedoch verräterisch. Eine unsichtbare Spalte läßt mich stolpern. Mit halbem Körper rutsche ich unter das Boot, hänge zwischen Kiel und Grund und kralle meine Finger in die Bordwand, um mich wieder hochzuziehen. Angstvoll warte ich auf einen Schlag. Ich fühle mich wie auf einem Amboß, bevor der Hammer herunterschlägt. Dann wären meine Beine zerschmettert, vielleicht auch das Becken.

Nein, das wäre wirklich zu dumm. Nicht jetzt, wo alles gerade erst beginnt. Nach so langem Warten, ein Warten, das bis in meine Kindheit zurückreicht. Mein Wille rebelliert. Mit aller Kraft gelingt es mir freizukommen.

Endlich, nach viel Mühen und nicht enden wollenden Minuten, sind wir außer Gefahr. Nun haben wir Zeit. Gemächlich hieven wir das Boot auf den Strand. Dann werfen wir einen langen Blick zurück. Unsere Blicke kreuzen sich, und wir lachen uns an. Wir klettern zu den Kokospalmen hoch und überschauen das, was für Danièle und mich unser neues Zuhause ist. Dann versuchen wir, wieder zur Ketsch zurückzugelangen.

»Was treiben die bloß da?« wettert Delanne. »Gib mir mal das Fernglas.«

»Die nehmen ein Sonnenbad«, antwortet Ricardo.

»Nein, sie kommen nicht mehr weg. Die See ist zu stark. Wir müssen das zweite Boot zu Wasser lassen.«

Danièle sagt gar nichts. Sie rackert sich ab, Knoten zu lockern, Taue aufzuschießen und Bündel zu stapeln. Aber auch Delanne und Ricardo faulenzen nicht. Alle drei haben von fern die Landung verfolgt und die Schwierigkeiten ermessen können. Wir haben es geschafft, aber das war es auch schon. Jetzt warten sie auf uns, damit wir das Boot beladen, anlanden, zurückkommen, erneut beladen, anlanden, zurückkommen... *Bis zum Erbrechen!*

Die von ihrer Schutzumhüllung befreiten Packen liegen über das ganze Schiff verstreut. Man glaubt, auf einem schwimmenden Flohmarkt zu sein. Delanne tobt. Ricardo hat den Sextanten verstellt, weil er glaubte, das Instrument müsse justiert werden. Weshalb regt Delanne sich eigentlich auf? Der Sextant stimmt nicht mehr. Na und? Wir nehmen das zur Kenntnis, und damit hat sich der Fall. Gegenwärtig ist Ausverkauf an Bord. Als Sonderposten ein vollgestopftes Ruderboot, obwohl es doch gerade erst zu Wasser gelassen worden war.

»Los, *faaitoito*[1]. Halte den *kau*[2] gut im Wasser. Wenn ich rufe, stößt du ab und springst im letzten Augenblick. Wir müssen zurück zur *Kébir*.«

»Ich kann nicht, *Taote*[3]«, antwortet Tane. »Es geht nicht. *Mea ino roa*[4].«

Er hat recht: das Auslaufmanöver ist noch riskanter als die Landung. Den Motor einzusetzen wäre sinnlos, denn die Schraube ginge auf dem Riff zu Bruch. Wir müssen uns mit den Rudern abmühen. Zunächst gilt es, das Boot möglichst nahe an den Riffrand zu bringen. Wenn der Bug im rechten Winkel zum Rand ausgerichtet ist, bietet er den Wellen den geringsten Widerstand. Dann heißt es, Geduld zu üben, den geeignetsten Augenblick auszumachen.

Wir klammern uns am Bootsrumpf fest und warten. Aber die herandonnernden Brecher machen unsere Taktik zunichte. Sobald das Boot auch nur etwas quer zu liegen kommt, ist der Wellendruck so stark, daß wir wieder weit auf die Riffplatte zurückgeworfen werden. Dann müssen wir erneut von vorn beginnen.

Die Wellen nehmen kein Ende. Zwanzig, fünfzig, hundert und noch mehr. Dann scheint eine schwächere Wellenfront gegen den Riffrand anzurollen. Schon sind wir bereit. Die Augen fest auf die Dünung geheftet, die Muskeln gespannt, wieder in der Lage, von einem Augenblick auf den anderen volle Kraft zu entwickeln. Gleich die erste Welle bricht schon weniger stark. Die zweite hebt das Boot etwas an. Jetzt muß gehandelt werden. Wie aus einem

---

[1] *faaitoito:* Habe Mut

[2] *kau:* Ruderboot

[3] *Taote:* Doktor

[4] *Mea ino roa:* Sehr schlimme Sache.

Mit der *Kébir* geht es in das große Abenteuer (Foto: P. Zarlenga).

Oben: Paul und Danièle an Bord. Im Hintergrund die Insel Moorea. – *Unten:* Die Landung. Der erste Kontakt mit dem Atoll.

Mund stoßen wir beide einen Schrei aus, rennen in Richtung auf die offene See und reißen das Boot mit uns auf den Riffrand zu. Der Boden verliert sich unter den Füßen. Ich springe an Bord, werfe mich sofort auf die Ruderbank, stemme die Beine gegen einen Bodenspant und ziehe mit der ganzen Kraft meiner Arme an den Rudern. Einen Sekundenbruchteil später hat auch Tane keinen Grund mehr. Er hievt sich an Bord, als der Wellensog unser Boot auf den Riffrand hinauszieht, genau in die herandonnernde nächste Welle, die uns steil aufsteigen lassen wird, wenn wir sie im rechten Winkel erwischen, oder uns aber auch durch die Wucht ihrer Masse querlegt und kentern läßt, bevor wir wieder auf die Riffplatte zurückgeworfen werden, die wir doch gerade erst verlassen haben.

Viermal hat die See die Oberhand über uns gehabt, und wir sind immer noch auf der Platte. Tane überkommen Zweifel. Das Hao-Atoll ist seine Heimat. Dort gibt es einen breiten und tiefen Kanal im Korallenriff und somit keine Notwendigkeit, das Riff zu überwinden. Wer würde auch so verrückt sein, trotz des Durchlasses sein Boot und sein Leben unter solch schwierigen Bedingungen zu riskieren wie wir nun? Aber auch ein Riffkanal ist nicht ohne Gefahr...

Keine Insel ohne Vermißte. Kein Paumotu, der sich nicht an Schwerverletzte oder gar Tote erinnert, die unter ihr Boot geraten sind. Das Kentern eines Ruderbootes ist häufig ein dramatischerer Schiffbruch als der eines Schoners oder eines anderen großen Bootes, denn der Schock und die Verletzung erfolgen im gleichen Augenblick.

Viermal hat die See sich uns widersetzt. Viermal hat sie uns wie eine abprallende Kugel zurückgeworfen. Aber zum Kentern hat sie uns noch nicht gebracht. Ich will einen weiteren Versuch wagen. Mit mehr Geduld, mehr Aufmerksamkeit, mehr Entschlossenheit in der Startphase werden wir es schaffen, dessen bin ich mir sicher... Aber ich kann meinen Gefährten nicht davon überzeugen. Und wenn wir zu zweit kaum etwas vermögen, wird es allein schon gar keinen Zweck haben. Resignation ist angesagt. Wir müssen auf Verstärkung warten.

Kurz darauf löst sich von der Ketsch das zweite Boot, ein kleines, kielverstärktes Boston Whaler aus Fiberglas und mit einer angedeuteten Brücke. Ricardo liegt auf einer Ladung Rohre im Bug. Dies wird seine erste Begegnung mit einem Riff. Delanne ist am Ruder. Für diesen entschlossenen Mann war eine Viertelstunde Warten und Beobachten ausreichend genug, um die Risiken einer Landung mit einer solchen Ladung abzuwägen.

Er wirft die Fracht an einer kleinen Untiefe so nahe am Riffsockel wie nur möglich über Bord. Dort werde ich sie später holen können. Dann sucht er lange, sehr lange die See nach einer geeigneten Welle ab, bringt das Boot auf

Kurs und landet kurz darauf. Tane und ich stürzen uns auf das Boot.

Nun sind wir also zu viert.

»Alles in Ordnung?« fragt Delanne.

»Ja, schon, aber wir brauchen noch ein paar kräftige Arme. Die See ist für uns beide zu stark. Kaum ist man an den Rudern, treibt man schon wieder auf den Strand zu. Das ist zuviel.«

»Und zu viert?«

»Wenn man ordentlich zupackt, müßte es gehen. Vor allem beim Start sind wir zu schwach. Und wichtig ist, daß nicht zuviel Zeit verloren geht.«

»Also, dann los. Ricardo, zähle mal sieben Wellen ab.«

Unsere Nervosität verliert sich, und wir lachen aus vollem Hals. Der alte Witz mit den sieben Wellen... Dieses Märchen... Die magische Zahl Sieben... Wie oft habe ich schon diesen Unsinn auch aus berufenem Mund gehört...

Nun versuchen wir es mit dem Boston Whaler. Delanne ist an Bord und pullt mit dem Rücken zu den Wellen. Ricardo ist steuerbords am Bug im Wasser. Hinter ihm steht Tane. Und ich bin backbord am Bug. Die Minuten vergehen. Brecher auf Brecher rollt heran, als plötzlich eine stärkere Welle das Boot anhebt und nach achtern zurückwirft. Ich ziehe mit aller Kraft, versuche den Steven in der Achse zu halten, aber Ricardo läßt auf seiner Seite das Boot los und bringt sich in Sicherheit. Auch Tane verhält sich nicht anders. Sofort dreht sich der Boston Whaler um mich, bekommt links Schlagseite und wird auf den Strand zugeschleudert. Dabei überrollt er mich. Ich gerate unter den Rumpf und werde mitgerissen. Hilflos warte ich auf den Schlag, der mir die Beine, die Rippen, vielleicht sogar den Schädel bricht. Soweit es mir nur möglich ist, kugele ich mich zusammen, die Muskeln bis zum Zerreißen gespannt. Wie ein leichter Korken werde ich hin und her geworfen. Mal schlage ich gegen das Boot, mal gegen die Korallen, bis ich schließlich benommen und geschunden, aber auf meinen Füßen stehend der Schaluppe auf ihrem Kurs nachblicke.

Delanne schäumt vor Wut. Er überschüttet den unglückseligen Ricardo mit einer Flut von Verwünschungen und schimpft über die »Feigheit« seines Matrosen, die mich in eine brenzliche Situation gerieten ließ. Delanne verliert jede Beherrschung. Dabei vergißt er vollkommen Ricardos Unerfahrenheit, zu der sich noch die Unbeholfenheit des jungen Paumotu gesellte. Dem Skipper kommt gar nicht erst der Gedanke, daß sich durch diesen Schwall von Vorwürfen eine neue Lage entwickeln kann, in der wir vielleicht auf die Unterstützung unseres chilenischen Freundes verzichten müssen, weil dieser aus Trotz sich jedem weiteren Einsatz widersetzt. Mit Schrecken denke ich an einen Streik. Ich erinnere mich noch genau an die Folgen, die vor einigen

Jahren der Wutausbruch eines Gefährten hatte. Nun sehe ich das gleiche Bild wieder vor Augen. Nie zuvor hatte ich mich mit heikleren Dingen zu befassen, und nie wieder möchte ich ähnliches durchmachen.

»Jetzt reicht's! Auch ich hätte nur rechtzeitig loslassen müssen. Los, wir machen den Kahn wieder fertig, sonst sitzen wir noch die ganze Nacht über hier. Tane und Ricardo bleiben auf dem Atoll.«

Ja, ich hätte vorsichtiger sein müssen. Zweimal bin ich heute bereits einem schweren Unfall um Haaresbreite entgangen. Ich werde das Glück nicht ewig auf meiner Seite haben. Aber nun lasse ich mich nicht mehr überrumpeln.

Auch fehlt uns die Zeit für Streitereien. Delanne beruhigt sich ebenso schnell, wie er aufgebraust ist. Ich hoffe, er schämt sich wenigstens etwas dafür.

Endlich gelingt es uns, das Boot über das Riff zu bekommen. Die eigentliche Landung kann beginnen. Es ist 14 Uhr.

Danièle bereitet an Bord der *Kébir* die Ladungen vor. Delanne und ich bringen sie auf das Atoll. Die beiden anderen ziehen uns bei jeder Fahrt über das Riff. Zuerst die Kisten; sie sind so schwer, daß wir sie kaum zu zweit hieven können. Himmel, daß Werkzeug, Batterien, Lebensmittelkartons, ein wenig Wein, Dachrinnen, Holzbretter, Sparren und andere Dinge so ein Gewicht haben können! Brauchen wir das ganze Zeug wirklich?

Der Wind dreht und frischt auf. Von Stunde zu Stunde wird die See rauher. Nach vier oder fünf Fahrten müssen wir den ersten Landungspunkt aufgeben. Er ist nicht mehr anzulaufen.

Allerdings hat das Riff weiter im Osten eine kaum merkliche Einkerbung, die jedoch genau in der Mitte von einer Felsspitze dominiert wird, die aber nach jeder Welle sichtbar ist. An Land erwartet uns ein schwer begehbarer Kieselstrand. Von der *Kébir* und unserem zukünftigen Lagerplatz wären wir fünf bis sechs Kilometer entfernt, aber es wird dort sein oder nirgends.

Wir müssen den Rhythmus erhöhen, die Ladungen schneller an Land bringen – zumindest das Notwendigste. Es ist schon 18 Uhr, und morgen wird es vielleicht zu spät sein. Für jede Fahrt brauchen wir fast eine Stunde.

Ich wage es mit einem schwerbeladenen Boot.

Knapp passiere ich die so unglücklich, genau in der Mitte gelegene Schikane, dann prallt auch schon das Boot hart gegen den Kiesstrand und kommt zum Stehen. Die Wellen ergießen sich mit steter Regelmäßigkeit in das Boot und verwandeln es in eine Badewanne.

»Verrückt, einfach verrückt. Ihr seid verrückt, echt verrückt!«

Ricardo will seinen Augen nicht trauen. Alles in ihm wehrt sich gegen diesen Anblick. Er schreit seinen Unwillen aus sich heraus.

»Ihr seid verrückt. Verrückt, verrückt...«

»Halt den Mund und pack mit an. Alles wird naß. Nein, nicht das. Zuerst den Kompressor. Laß die Bretter, den Kompressor, hab ich gesagt. Tane, keine Flaschen, nimm die Kartons. Was habt ihr bloß in eurem Schädel?«

»Verrückt, sie sind verrückt...«

»Schneller, sonst werden die Sachen naß!«

Ich stehe bis zu den Oberschenkeln im Wasser und halte das Boot so gut es geht in der unaufhörlichen Brandung stabil, während Ricardo vollkommen nackt – einer seiner Einfälle – über den unter seinen Füßen rollenden Kies stolpert und dann den kleinen Strandwall hochhetzt, um unsere wertvollsten Güter außer Gefahr zu bringen.

Tane wird langsamer. Er kann nicht mehr. Er ist verständnislos und fragt sich, was wir hier treiben. Er läßt sich jedoch nichts anmerken. Wenn es eine gute Eigenschaft bei den Paumotu oder den Tahitern gibt, dann ist es ihre Fähigkeit, keine Gefühlsregungen erkennen zu lassen. Wir, die *Popaa*[1], äußern uns lautstark und gestikulierend, sie bleiben dagegen still und genügsam. Aber nur bis zu einem gewissen Punkt, bis zum *fiu*[2]. Hoffentlich hält Tane durch. Wenn er erst einmal das Stadium des *fiu* erreicht hat, ist alles aus. Dann rührt er keinen Finger mehr, dann ist ihm auch alles egal. Ob die Sache ein Mißerfolg oder eine Schande für ihn wird, ob er seinen Lohn bekommt, nichts kümmert ihn mehr!

Weisheit oder Niedergeschlagenheit? Auch nach 15 Jahren medizinischer Tätigkeit in diesen Breiten kann ich darauf keine Antwort geben. Ich kann nur feststellen. Eine Arbeit, ein Ehemann, eine Beschäftigung, alles kann von einem Augenblick auf den anderen *fiu* werden. Das einmal ausgesprochene Wort beinhaltet die totale Verweigerung.

Die Sonne versinkt rasch im Westen. In den Tropen dauert die Dämmerung nicht lange an. In zehn bis fünfzehn Minuten wird es dunkel sein. Delanne wirft noch einen Satz Rohre ins Meer. Wann werde ich sie wohl bergen können?

»Genug, wir fahren zurück. Für heute reicht's.«

»Augenblick noch, ich habe eine Überraschung.«

Ricardo schwenkt zwei große Palmdiebe in der Luft. Tane hat ihm beigebracht, wie diese Krebsart aufzuspüren ist.

»Sie sind gut«, bestätigte Tane.

Es schert ihn herzlich wenig, daß dieses Tier vom Aussterben bedroht ist.

---

[1] *Popaa:* weißer Mann.

[2] *Fiu:* Ich mag nicht mehr.

Kein Tahiter ist davon abzubringen, einen *kaveu*[1] zu fangen – genau so wenig wie eine Meeresschildkröte übrigens.

Wir nehmen die Krebse an Bord.

Auf der Ketsch erwartet uns eine erschöpfte Danièle. Sie hat das Boot bewacht und darauf geachtet, daß der Anker sich nicht löst. Bei Bedarf hätte sie uns mit einem bereitliegenden Nebelhorn alarmiert. Vor allem aber hat sie unzählige Kisten aus dem Frachtraum oder von der Brücke bis über die Manntaue gehievt. Sie hat keine Zeit gehabt, sich von ihrer Seekrankheit zu erholen. Jetzt kann sie nicht mehr.

Ihr Erstaunen über die Palmdiebe ist groß. Das also erwartet uns: Wesen mit gepanzerten Gliedmaßen und kräftigen Zangen... Es wird für sie nicht bei dieser einen Überraschung bleiben!

Übermüdet, von Übelkeit geplagt, aber ohne verbittert oder gar niedergeschlagen zu sein, findet sie noch die Kraft, den Tisch zu decken. In der Zwischenzeit kocht Ricardo seinen Fang. Delanne spielt am Funk herum, und Tane duscht sich. Auch ich werde es ihm bald nachtun.

Wir essen langsam. Unsere Glieder schmerzen. Es wird kaum gesprochen – nur Wortfetzen.

»Wahnsinn, diese Ladung!«

»Ein verdammtes Glück, ohne Bruch.«

»Morgen müssen wir wieder an die Ostküste.«

»Noch in einem Monat ist das gesamte Gerät an Bord. Viel Spaß!«

»Auf, ins Bett!«

»Wache wie gehabt: Paul von 20 bis 22 Uhr, Ricardo von 22 Uhr bis Mitternacht. Ich übernehme von Mitternacht bis 2 Uhr. Einverstanden?«

Die Sterne, das nahe Atoll, das Donnern des Riffs und die mich überkommende Müdigkeit...

Eine lange Zeit bis 22 Uhr!

---

[1] *Kaveu:* Palmdieb/Kokosnußräuber *(Birgus latro)*

3. Kapitel

Allein auf dem Atoll

4. Dezember 1982, 14 Uhr

Den ganzen Vormittag über luden die Beiboote ihre Fracht ab. Ein wildes Ballet auf dem Riff, denn seit gestern war die See hohler geworden und brach sich kräftig auf der Riffplatte.

Danièle war mit der letzten Ladung in das Ruderboot gestiegen. Auf der Riffplatte warf sie sich ins Wasser und schwamm bis zum Strand, um das Boot zu leichtern. Man hätte es aber ebenso gut als Taufe auffassen können.

»*Maitai ta oe vahiné* – Nicht übel, deine Frau«, meinte der junge Paumotu noch zu mir, bevor er sich ebenfalls ins Wasser stürzte.

Dann ging auch Ricardo über Bord. Zu dritt konnten sie mir nun bei der Landung helfen.

Zum letztenmal brachte ich mein Alu-Boot an den Strand. Es würde mit uns auf dem Atoll bleiben. Aber was für eine Landung war das! Unsere Hühner, Tauben, Hündin und Setzlinge wurden durcheinandergewirbelt und von den Wellen überspült. Wir konnten das Geflügel und die bereits schlimm mitgenommenen Pflanzen gerade noch retten. Die junge Hündin war davongestoben und stand vor Angst zitternd oben auf dem Strand.

Draußen auf See wartete Delanne in seinem Boston Whaler auf seine Männer, die nach dieser letzten Ladung nun schwimmend zurückkehren mußten. Er hatte noch zwei Benzinfässer an Bord, die er einfach ins Wasser warf. Später würde ich sie dann, ebenfalls schwimmend und mit einem Strick zwischen den Zähnen hinter mir her schleppend, auf das Atoll bringen.

Aber zunächst ruht die Arbeit. Die Männer haben den Anker gelichtet und die Segel gehißt. Nun nimmt die *Kébir* Fahrt auf. Ein langer, klagender Ton überlagert das Tosen des Riffs. Nach Art der alten Maori hat Delanne in eine

Muschel geblasen. Den anderen müssen die Ohren gedröhnt haben. Dreimal dringt dieser Abschiedsgruß dumpf, wehleidig und schmerzlich zu uns herüber. Danièle und ich bleiben hier zurück. Tief bewegt sitzen wir auf dem Strand, blicken dem sich immer weiter entfernenden Boot nach.

Allein. Wir sind allein auf dem Atoll.

Wir haben keinerlei Vorkehrungen getroffen, es wieder zu verlassen. Wir haben kein Boot gechartert, kein Abholdatum ausgemacht, keine Versorgungsfahrten vereinbart und auch keine festen Funkzeiten festgelegt. Wir wissen nicht, wann und wie wir in bewohnte Gegenden zurückkehren werden.

Eine gewaltige Einsamkeit legt sich wie ein Schleier über uns. Von nun an wird jeder Gedanke, jede Tat sich direkt auf den Erfolg unseres Abenteuers, und vielleicht auch auf unser Überleben auswirken. Ich fühle mich für Danièle veranwortlich – und für unsere beiden Kinder, die auf Tahiti geblieben sind. Ich darf keinen Fehler machen, nicht Opfer eines Unfalls oder eines Gemütszustandes werden. Ich merke schon, zuviele Gedanken sind gefährlich. Gedanken stimulieren nicht, sie lähmen. Außerdem ist jetzt keine Zeit, sich in Überlegungen zu verlieren. Wenn man schon in sich geht, dann sollten wenigstens Taten daraus erwachsen.

»Los, wir schnappen uns die Kameras und die Filme und bringen sie in den Baumschatten dort. Der Kompressor muß auch aus der Sonne heraus.«

»Paul, sieh dir doch mal die armen Tiere an!«

»Du hast recht. Also zuerst die Hühner.«

Uns fehlt die Zeit, Verschnaufpausen einzulegen oder gar die Landschaft zu bewundern. Wir sind noch ganz durchnäßt von der Überfahrt über das Riff, aber schon stellen sich uns neue Aufgaben.

Die Küste, an der wir an Land gegangen sind, bildet eine gerade, etwa drei Kilometer lange Linie. An das Riff schließt sich ein leicht ansteigender Strand an, der durch vereinzelt stehende Büsche begrenzt wird. Im allgemeinen wird diese Vegetation *miki-miki*[1] genannt. Dahinter erheben sich auf der Strandkuppe, also in ungefähr drei Metern Höhe über dem Meeresspiegel, Kokospalmen. Ihre kümmerlichen Stämme sind ein Beweis für die Unbilden der Gischt und des Wetters. Nur selten sind wirklich schöne Kokosnüsse zwischen den Wedeln auszumachen. Dagegen bilden Pandang ein undurchdringliches Dickicht, das sich bis in ein Meter Höhe wie ein Teppich über den Boden legt. Hier und da ein paar Bäume, meist *kahaia*[2] oder *geogeo*[3].

---

[1] *Miki-miki: Pemphis acidula,* je nach Sprachgebrauch auch das gesamte Buschwerk eines Atolls.

[2] *Kahaia* oder *Tafano: Guettarda speciosa* (ohne deutschen Namen).

[3] *Geogeo* oder *Tahinu: Messerschmidtia argentea* (ohne deutschen Namen).

Hinter der Kuppe fällt das Land unmerklich bis zur Lagune ab, deren Uferstreifen bis dicht an das Wasser tuffartig mit oft unpassierbarem *miki-miki* überwuchert ist.

Der Boden zwischen Ozean und Lagune ist schwer begehbar: zunächst sehr, sehr grobkörniger Sand, der schnell in Kies, vor allem aber in unterschiedlich großen Schotter übergeht, der von Stürmen aus dem Riff gerissen und an Land geworfen wurde. Richtigen Sand oder gar Erde gibt es nicht. Allenfalls eine dünne Humusschicht, die durch abgefallene Palmwedel oder abgestorbene Kletterpflanzen gebildet und hier und dort mit Guano angereichert wurde.

Der Bereich, in dem ich unser Lager errichten möchte, liegt etwa fünf bis sechs Kilometer entfernt.

Wir nehmen uns die stark ramponierten Käfige. Die Vögel machen einen matten Eindruck. Die Reise, die Hitze und die salzige Dusche bei der Landung haben sie mitgenommen. In ihrem zerzausten Zustand tun sie mir leid. Nicht weit von uns spendet ein Baum Schatten. Vielleicht ergeht es ihnen dort etwas besser.

Viel Arbeit erwartet uns. So recht ist uns das gar nicht bewußt, als wir mit der nicht enden wollenden Lastenschlepperei beginnen.

Zunächst die empfindlicheren Dinge: Film- und Fotoausrüstung. Bisher haben wir noch keine Zeit gehabt, ein Stück Film abzudrehen oder gar ein Foto zu schießen. Schade! Dann kommen der Kompressor und das Tauchgerät für unsere Unterwasservorhaben an die Reihe, und schließlich einige Kartons mit Lebensmitteln. Wir schleppen alles auf die Strandkuppe in den Schatten oder bedecken es mit Ölzeug und Kunststoffplanen.

Die Zeit vergeht. Die Spannung wird unerträglich.

»Das kann ich kaum glauben«, hatte uns Axel Frühbuss auf deutsch geantwortet.

Aber es stimmte. Morgen würden wir nach Ahunui aufbrechen, von wo er gerade hergekommen war. Der unglückselige Skipper hatte auf halbem Weg zwischen den Gambier-Inseln und Tahiti mitten in der Nacht Schiffbruch erlitten, weil er wahrscheinlich seinen Navigationskünsten zu sehr vertraut hatte.

Er war schließlich nach Tahiti gelangt und nun am anderen Ende der Insel untergekommen. Wir hatten keine Zeit mehr gehabt, ihm persönlich zu begegnen, da wir in genau 24 Stunden aufbrechen wollten. Wir konnten lediglich ein paar Worte über Telefon austauschen. Frühbuss stand noch unter dem Schock, sein Boot verloren zu haben. Ahunui war für ihn ein unwirtliches Eiland, ohne Menschen, ohne Hilfe, ohne Wasser, ein Nichts, von dem er so schnell wie möglich herunter wollte. Und dann erzählte ich ihm von meinem Vorhaben, dort für unbestimmte Zeit zu leben. In seinen Ohren mußte das verrückt geklungen haben.

Knapp zwei Wochen früher, und wir hätten uns hier getroffen.

»Komm, Danièle, wir sehen uns mal die *Yin-Yang* an. Heute schaffen wir all das sowieso nicht mehr.«

Eine Stunde Fußweg bringt uns in den Ostteil des Atolls.

Vor uns liegt der Segler genau auf dem Riff. Sein Kiel hat sich in einer Spalte verfangen. Bei Ebbe läge er fast frei. Noch nicht einmal die Dünung könnte sich dann am Schiffskörper brechen. Die *Yin-Yang* ist ein elf Meter langer Kutter mit Stahlrumpf. Das Großsegel ist zerfetzt. Die beiden Focksegel sind zwar noch vorhanden, aber in einem erbärmlichen Zustand. Der Rumpf ist in seinem hinteren Drittel aufgerissen, das Ruder abgebrochen, die Schraube verschwunden.

Wir klettern an Bord. Von der Brücke aus scheint noch alles intakt. Die Wanten sind vorhanden, und im Cockpit lassen sich sämtliche Manöver ausführen, mit denen die Segel verändert werden können. Das Windruder steht fest. Der Niedergang ist durch eine Plexiglas-Kuppel geschützt.

Erst als wir die Kabine betreten, trifft uns der Schlag.

»Schöne Bescherung hier unten!«

Unter Deck ist ein großzügiger Raum. In der einen Ecke ein Kartentisch, in der anderen die Kombüse. Zum Bug hin ein wunderschöner, niedriger Tisch, darunter Staufächer. Die Seitenwände des Raums sind von weichgepolsterten Flächen umgeben, auf denen man sich im Schneidersitz niederließ.

In der Vorderkajüte ist – etwas herkömmlicher – für ein Baby eine Hängematte gespannt. Frühbuss reiste nämlich mit Frau und Kind. Überall Teakholz, kleine kupferne Petroleumslampen, dekorative Gegenstände – und eine Bibliothek. Das Ganze ist intelligent hergerichtet und bis ins Detail durchdacht.

Dieses Boot gefällt mir! Und zwar so, wie noch zuvor kein anderes. Ein Trauerbild, dieses Durcheinander. Der Aufprall muß hart gewesen sein. Die Schotts klaffen auseinander, einige Türen sind aus ihren Verankerungen gerissen, viele Staufächer hat der Schlag zerfetzt oder aus den Wänden katapultiert. Wasser steht über dem Fußboden. Kleider, Konserven, Werkzeuge werden hin und her gespült: ein unbeschreibliches Tohuwabohu.

Ich kann mir den Kummer dieses Paares gut vorstellen. In einem kurzen Augenblick ein so schönes Boot zu verlieren, eine Fahrt abrupt abbrechen zu müssen, und einen Traum und ein Abenteuer sich mit einem Mal in ein Nichts auflösen zu sehen. Sie sind davongekommen. Ohne leibliche Schäden zwar, aber alles andere muß für sie hart gewesen sein!

»Wenn wir bloß schon hier gewesen wären...«

Danièle ist skeptisch: »Was hätten wir denn machen können?«

»Ihnen helfen! Versuchen, die Jacht auf die Riffplatte zu bringen – und vielleicht auch auf den Strand! Das Boot reparieren! Du siehst doch, an Bord ist alles vorhanden: Bleche, Bolzen, ein Schweißgerät und alles andere.«

»Und wie hättest du das Boot auf den Strand gezogen?«

»Ich sage ja nicht, daß wir es geschafft hätten, aber zu viert hätten wir das Boot leichtern können, indem wir es total entladen hätten. Man hätte es ziehen können: mit Rundhölzern unter dem Rumpf und mit allem Möglichen, wie Flaschenzügen, Winschen, Taljen, unseren beiden Winden, alles gleichzeitig.«

»Das muß schon irre sein, auf zwei Menschen zu treffen, wenn man vor einer Insel Schiffbruch macht, die man für unbewohnt hält... Vielleicht wäre eine ganz simple Suppe in diesem Augenblick für sie das Höchste gewesen...«

»Die Frühbuss imponieren mir. Alles ist durchdacht und bis ins Letzte ausgeführt. Ein solches Boot ist wohl kaum zu kaufen. Die ganze Arbeit muß er selbst gemacht haben. Und alles nur, um dann auf einem Riff zu enden...!«

»Und wir? Sind wir etwa nicht auch Schiffbrüchige...?«

»Du hast recht. Sogar das Wrack ist da. Gehen wir zurück. Wir haben noch drei Stunden Weg vor uns. Das Boot läuft uns nicht davon.«

Dort, wo wir an Land gegangen sind, glaubt man tatsächlich, die Überreste eines Schiffbruchs vorzufinden. Der ganze Strand ist mit unseren Ausrüstungsgegenständen übersät. Ein wüstes Durcheinander.

Im Vorübergehen greifen wir nach einer Plane, Zwieback, einer Dose Leberpastete, einer Flasche Wasser, einigen Utensilien und trockenen Kleidern.

Als die Sonne untergeht, erreichen wir jenes Lager, das ich während meines dritten Aufenthaltes Anfang 1980 errichtet habe. Von der geräumigen Palmhütte – wir waren damals zu neunt – sind nur noch wenige, nicht weiterverwendbare Reste vorhanden: das zerstörerische Werk von Diola, einem Tiefdruckgebiet, das im November des gleichen Jahres das Atoll überquerte. Die Pfähle, über die wir damals zum Schutz unserer Gerätschaften ein Segeltuch gespannt hatten, stehen allerdings noch. Aber alles ist verrottet und vermodert. Für die erste Nacht wird es wohl reichen. Noch bevor es vollkommen dunkel wird, entrolle ich die Plane – ein Provisorium, an dem sich eine Woche lang nichts ändern wird.

Unterdessen bestreicht Danièle einige Zwieback mit der Leberpastete. Beim Essen leistet uns die Hündin Gesellschaft. Dann gehen wir schlafen.

Wir sind total fertig.

4. Kapitel

Das erste Feuer

Die Sonne steht schon hoch am Himmel. Weiße Seeschwalben liefern sich zu zweit und zu dritt in den Lüften eine wilde Verfolgungsjagd. Mal bringt sie ihre Spielerei weit hinauf in das strahlende Blau, mal fliegen sie knapp über den Wellenkämmen.

Manchmal läßt sich ein Pärchen auf dem Zweig eines *kahaia* nieder, und die Toberei hat kurzzeitig ein Ende. Sobald dann ein dritter Kumpan auftaucht, ziehen sie wieder gemeinsam ihre ineinander verschlungenen Kreise mit dem ihnen eigenen, abgehackten, ein wenig zögernden Flugverhalten, das dem der Schmetterlinge ähnelt. Hier und da segelt im Wind ein anderer weißbrüstiger Vogel tief über der Riffplatte, um dann auf irgendwelche kleinen Fische herabzustürzen. Danach läßt er sich von der Brise zu seinem Ausgangspunkt zurücktreiben und beginnt seine Futtersuche erneut.

Wir sitzen auf unseren Decken und beobachten unsere neuen Gefährten. Uns fehlt die Lust, aufzustehen. Auch die zu unseren Füßen zusammengerollte Hündin scheint noch kraftlos.

»Na, Siki, gut geschlafen?« – »Hopp, auf!«

Sie sieht uns beide an, blinzelt und blickt uns fragend an. Ihr hat weder die Seereise noch die Landung gefallen. Auch ihre neue Umgebung will ihr nicht behagen. Sie zeigt das Verhalten eines skeptischen, verletzten und resignierenden Tieres. Für sie ist dieser plötzliche Rückschlag in ein primitiveres Leben unbegreiflich. Sollte der Einfluß des Menschen bereits so groß geworden sein, daß diese junge Hündin sich aufgibt, ohne auch nur den Versuch zu wagen, sich zu behaupten?

Und Danièle? Wie würde sie sich verhalten, wenn sie hier mutterseelenallein wäre? Oder ich? Ich, der sich doch nach Einsamkeit sehnte?

Die Antwort darauf ist einfach: nicht nachdenken, Erlerntes zur Anwendung zu bringen, handeln.

»Danièle, sei doch bitte so lieb und mach ein Feuer. Ich gehe inzwischen zum Riff, mache eine Kiste auf und bringe unser Frühstück mit.«

Der erste Landungspunkt ist mindestens zwei Kilometer entfernt. Dort schließt ein fast 800 Meter breiter *hoa*[1] an die Riffplatte an. Dunkle Stellen zeugen von den Attacken einer stark hohlen See. Darüber haben die Korallen ihre normale blaßgraue Farbe. Verstreut liegen riesige Korallenblöcke herum, die von Stürmen losgerissen worden sind. Ihrer Färbung zufolge muß das schon einige Zeit her sein. Vielleicht wurden sie sogar von dem großen Zyklon im Jahr 1906 hierher geschleudert. Die ganze Insel ist schließlich voller Erinnerungen an Unwetter und Sturmfluten.

Eine böse Überraschung! Eine der Blechkisten hat beim Ausladen etwas abbekommen. Irgendwelche scharfen Kalkalgen oder Korallen haben das Blech aufgeschlitzt und die Innenbeschichtung aus Kunststoff durchstoßen. In der Kiste: ein Brei aus aufgelöstem Zucker und aufgeweichtem Zwieback, durchmischt mit Bohnen und Linsen. Das ganze Zeug ist unbrauchbar.

Das Mißgeschick ist jedoch kein Beinbruch, denn wir haben unsere gesamten Lebensmittel in weiser Voraussicht auf verschiedene Kisten verteilt. Was hätten wir sonst mit fünf Kilo Kaffee ohne ein Stück Zucker anfangen sollen? Oder wozu alle Kisten öffnen, um nur eine Mahlzeit zubereiten zu können? Wir können den Verlust leicht verschmerzen, denn dank unserer gestrigen Stippvisite auf der *Yin-Yang* sind wir auf ein segensreiches Manna gestoßen. Außerdem scheinen die anderen Kisten intakt.

Ich öffne eine von ihnen und kehre – beladen mit allem, was ich nur tragen kann – zu Danièle zurück.

»Glaubst du, daß du *so* ein Feuer ankriegst?«

Es erscheint unwahrscheinlich, aber Danièle weiß nicht, wie man ein Feuer macht. Sie hat einige Äste auf einen Haufen geworfen und bereits eine halbe Schachtel Streichhölzer verbraucht. Auf diese Art wird unser Vorrat in zwei Wochen dahingeschmolzen sein.

»Mit Papier schon, aber wir haben keins.«

»Nein, paß mal auf. Also zuerst richtest du einen Stoß knochentrockener Palmwedel her, die du eng zusammenrollst. Wenn du keine findest, schneidest du einen – so wie ich jetzt – in kleine Stücke. Aber laß sie zusammen. Nun legst du Reisig darauf und dann etwas dickere Zweige. Ganz oben erst deine ›Knüppel‹. Bei Wind nimmst du zwei Streichhölzer zugleich und gehst sofort beiseite. Das war's dann!«

Schon wenige Minuten später trinken wir heißen Tee. Siki bekommt eine ganze Dose Pastete. Sie freut sich, ihr Schwanz wedelt. Es ist überstanden.

---

[1] *Hoa:* Maori-Wort; bezeichnet auf einem Atoll einen Kanal, über den die See mit der Lagune bei Flut oder Stürmen eine Verbindung bildet.

Im Kokospalmenhain, auf halbem Weg zwischen Ozean und Lagune, steht auf der Strandkuppe, also in drei Metern Höhe über dem Meeresspiegel, ein altes Gemäuer mit einer Zisterne.

Zahlreiche Inschriften belegen, daß die Ruinen aus dem Jahr 1929 stammen. Damals gehörte das Atoll anscheinend einer neuseeländischen Gesellschaft, die hier eine riesige Plantage mit etwa 30 000 Kokospalmen betreiben wollte. Aus dem Geschäft ist offensichtlich nichts geworden, wohl weil das Atoll zu abgelegen und zu unzugänglich war. Aber Bauwerke und Kokospalmen sind noch vorhanden: Für uns ein Segen!

Die Steinhütte ist aus den hier vorfindbaren Materialien gebaut – Korallenblöcke, die mit Kalkmörtel zusammengefügt sind, der in großen Öfen direkt im Boden gebrannt worden war. Sie besteht aus zwei kleinen Räumen mit etwa neun Quadratmetern Fläche. Jeder hat eine Tür und zwei als Fenster gedachte Wanddurchbrüche. Der Boden ist mit einer bräunlichen, ekelerregenden Masse überzogen – ein Hinweis darauf, daß die Hütte als Lager für Kopra benutzt wurde.

Hier können wir unsere ganzen Reichtümer vor der See in Sicherheit bringen. Außerdem wird uns die Hütte als Zuflucht dienen, wenn schwere Stürme über das Atoll ziehen sollten. Im Augenblick werden wir uns hier jedoch nicht niederlassen. Der Platz ist von einer dichten Vegetation so abgeschottet, daß weder die See noch die Lagune zu sehen sind. Die darin hausenden Moskitos und Ratten haben eine zusätzliche abschreckende Wirkung auf uns.

Neben dem Gemäuer befindet sich eine Zisterne. Sie hat für uns einen unschätzbaren Wert, denn auf dem Atoll gibt es weder eine Quelle noch eine andere Wasserstelle. Wenn wir am Lagunenstrand möglichst nahe am Wasser ein Loch grüben, stießen wir vielleicht auf eine dünne Schicht Süßwasser, die im Rhythmus der Gezeiten über dem Brackwasser schwappen würde. Aber sicher ist das nicht. Während meiner Militärzeit hatten wir auf Puka-Rua schon beim erstenmal eine glückliche Hand gehabt. Jedoch probierten wir einige Monate später auf der Nachbarinsel Reao das gleiche Verfahren vergebens.

Auf Atollen sind Zisternen, in denen das Regenwasser gesammelt wird, wesentlich sicherer, weshalb sie auch überall zu finden sind. Gespeist werden diese Zisternen über Wellblechdächer, jenes von nur kurz verweilenden Touristen bemängelte Bauelement, das aus der Landschaft der flachen Inseln nicht mehr wegzudenken ist. Natürlich wäre ein *niau*[1] viel malerischer, aber nur wenn es eine Meerwasser-Entsalzungsanlage gäbe...

---

[1] *Niau:* aus geflochtenen Palmwedeln gefertigtes Dach.

Schon im Hinblick auf spätere Aufenthalte habe ich während meiner zweiten Reise zum Atoll 1978 ein Wellblechdach auf die Hütte gesetzt. Damals waren wir zu zwölft: vier Popaa und acht Paumotu. In einer Atmosphäre voller Freundschaft arbeiteten wir einen Monat lang auf Ahunui – eine Zeit, an die ich mich gerne erinnere. Das Dach scheint noch in gutem Zustand, aber die Zisterne selbst müßte eine neue Abdeckung bekommen. Ich werde mich später darum kümmern.

In einiger Entfernung ruhen zwei Erwachsene und ein Kind: drei Gräber, deren Inschriften sich im Lauf der Zeit verwischt haben.

Die Grabstätten, die Hütte und der Wassertank sind die einzigen Überreste einer menschlichen Besiedlung der Insel. Das Ganze erweckt einen Eindruck von Strenge, Angst und vielleicht auch Bedrohung... Ich möchte jedoch nicht daran denken. Wir haben genug zu tun: zahllose Pakete schleppen, soviele Dinge verrichten. Und das alles, bevor das Wesentliche in Angriff genommen werden kann: der Bau der Unterwasserplattformen für die Perlenaustern.

Zwischen den Landungspunkten und der alten Hütte beginnt bald ein reger Pendelverkehr. Wir bedauern zutiefst, daß die beiden Landungspunkte so weit voneinander entfernt sind. Aber was hätten wir machen sollen? Schade, daß wir keinen Jeep, keinen Traktor oder sonst ein motorisiertes Gefährt haben! Die Frage wäre nur gewesen, wie wir dieses Hilfsmittel vom Segler auf das Atoll transportiert hätten. So verfügen wir lediglich über eine alte Schubkarre! Wir nutzen sie mehr schlecht als recht, denn die Bodenverhältnisse sind unmöglich.

Abends sind wir hundemüde; jeder von uns beiden ist wie zerschlagen vom vielen Tragen, Schieben, Ziehen, Abrackern auf dem grobkiesigen Untergrund. Unsere Hände und Knöchel sind voller Schrammen, die schlecht verheilen und im Salzwasser höllisch schmerzen.

Im Bett denke ich über verschiedene Verbesserungen an der Schubkarre nach: Längere Griffe könnten die für das Anheben nötige Kraft reduzieren, ein zweites Rad würde Gleichgewichtsprobleme verringern. Mir fallen auch die Ausleger der tamilischen Katamarane ein, dank derer die Fischer ihre schweren Boote transportieren konnten. Ich überlege mir verschiedene Systeme.

Aber dennoch, wenn ich die Lasten und die Schwierigkeiten des Weges vor Augen sehe, ist es immer noch einfacher, die kleinen Lasten allein und die schwereren oder größeren zu zweit zu tragen – vor allem wenn die Last möglichst hoch, also außer Reichweite gefährlicher Felsbrocken, an zwei Riemen hängend transportiert wird.

Außerdem zwingt uns der Zeitdruck, unsere Schätze zusammenzuraffen und bis zum Gemäuer zu schleppen. Die Uhr arbeitet gegen uns. Unsere mit dem Salzwasser in Berührung gekommenen Pflanzen gehen langsam zugrunde. Auch die Qualität unserer Filme dürfte sich unter den Planen nicht verbessern. Die mechanischen Teile der Kameras beginnen ebenso zu rosten wie die Werkzeuge unten in den Kisten.

Die Tage vergehen, und wir entdecken immer mehr beschädigte Verpakkungen. Nahrungsmittel sind verdorben oder von Einsiedlerkrebsen angeknabbert.

Alles muß dringend weggeschafft werden. Alles ist weit zu tragen. Alles ist schwer. Und wir sind nur zu zweit.

Abends habe ich kaum Zeit, auf Unterwasserjagd zu gehen. Aber meist bin ich gerade erst eine Minute im Wasser, dann zeigt sich schon ein Riesenbarsch. Was nun folgt, hat nichts mehr mit vergnüglichem Schnorcheln oder Sporttauchen zu tun: plubb, zack und die Beute zappelt an der Harpune!

Das Funkgerät muß installiert werden. Ich muß Hao kontaktieren, um die Austernsendung hinauszuschieben. Wir haben noch nichts vorbereitet, und ich vermute, daß das seit einigen Tagen herrschende ruhige Wetter den Eigner des Kutters dazu verleitet, die Reise früher als vereinbart zu starten.

Also müssen das Funkgerät und die Batterien aufgeladen werden. Dann gilt es, in die Kokospalmen zu klettern, um die 40 Meter lange Antenne zu verspannen... Nein, so nicht. Ich könnte mir den Hals brechen. Besser, eine Leiter bauen. Das bedeutet jedoch, die Säge, die Axt, den Hammer und die Nägel holen... Kilometerweit laufen. Äste müssen zu Sprossen und Holmen zurechtgeschnitten und miteinander verbunden werden. Oben in den Palmen verspanne ich dann die Antenne, fixiere das Koaxialkabel und berichtige die Ausdehnung. Tage vergehen.

Es muß funktionieren...

Nein, aus dem Empfänger dringt nur Rauschen, Pfeifen, Krachen – nichts Verständliches. Ich habe aber alles genau nach Anleitung gemacht. Die Drähte sind richtig angeschlossen, auch Koaxialkabel und Mikro. Ja, stimmt. Außerdem kann man sich mit den Klammern nicht irren. Ich drehe an den Knöpfen – etwas nach rechts, etwas nach links. Die Zeiger pendeln sich in der korrekten Stellung ein. Anscheinend gibt es gar kein Problem...

Aber nichts kommt, nur ohrenbetäubende Störgeräusche. Ich koche. Hoffentlich hat das Funkgerät nichts abbekommen. Auf Tahiti haben mich die Techniker von Thomson geduldig in die Behebung der gängigsten Pannen eingewiesen. Aber wenn ich auch die Polarisierung regeln, einen Transistor auswechseln oder einen Kondensator löten kann, bin ich trotz allem kein Fachmann. Wenn das Funkgerät beschädigt worden ist, müssen wir eben darauf verzichten. Das ist zwar möglich, aber wir wären somit ohne jegliche

Verbindung und Sicherheit. Ich werde mich morgen um das Problem kümmern.

Es wird dunkel.

Die Funkantenne

Oben: **Eins der drei Gräber. Daneben die Setzlinge, die wir mitgebracht haben. –** ***Unten links:*** **Die** ***Yin-Yang*** **war auf das Riff von Ahunui aufgelaufen** (Foto: A. Frühbuss). – ***Rechts:*** **Am seewärtigen Nordstrand.**

Oben: Der Wind fegt über die gesamte Länge der Insel hinweg. – *Links:* Durch dieses Dikkicht muß ein Weg geschlagen werden, um die Ausrüstung ins Lager schaffen zu können. – *Unten:* Den ganzen lieben langen Tag: sägen, hämmern, zusammenfügen, bauen.

5. Kapitel

Die Perlenaustern

10. Dezember 1982

»Danièle, siehst du?«

»Was?«

»Den Kutter da draußen.«

»Ich sehe gar nichts.«

»Warte, er wird gleich wieder auftauchen. Da, siehst du ihn?«

»Nein.«

»Er wird in einer halben Stunde am Riff sein. Dann haben wir zehntausend Austern am Hals und nichts vorbereitet. Verdammtes Funkgerät.«

»Wir hätten mit ihnen in Hao einen Termin ausmachen sollen, damit wir mehr Zeit haben.«

»Das habe ich doch. Aber du siehst, sie sind trotzdem gekommen. Sie sind eben Paumotu. Und die kannst du nicht herbestellen wie einen Lieferanten. Sie arbeiten, wenn sie Lust haben, und hören auf, wenn sie wollen. Außerdem fahren sie nur bei schönem Wetter auf See hinaus – und das mit Recht.«

»Nur bei schönem Wetter?«

»Kannst du dir vorstellen, bei schlechtem Wetter auf einem Boot zu sein. Ich nicht – und sie auch nicht. Der Pazifik ist riesengroß. Und Bezugspunkte gibt es nicht. Egal ob Paumotu oder Tahiter, sie wissen nicht, wie man die Position bestimmt.«

»Dabei sagt man ihnen doch nach, exzellente Seeleute zu sein.«

»Seeleute, ja. Aber keine Navigatoren. Wenn es hart auf hart kommt, verirren sie sich wie jeder andere. Du kannst der beste Seemann sein und einen guten Orientierungssinn haben, aber ein sechs Kilometer durchmessendes Atoll siehst du bei schönem Wetter erst aus zwölf Kilometer Entfernung – und überhaupt nicht bei schlechtem Wetter. Tahiter oder nicht, du fährst daran vorbei.«

»Kommt das oft vor?«

»Ziemlich oft, ja.«

»Und was machen sie dann?«

»Was sie machen? Sie hoffen, daß die Armee sie findet. Es ist irre: die Armee reißt sich die Beine für sie aus, und ich bin mir noch nicht einmal sicher, ob sie sich dessen bewußt sind. Allerdings muß man ihnen zubilligen, daß sie – trotz schlechter Navigationskünste – wahnsinnig gute Schiffbrüchige sind. Die Tahiter sind unheimlich ausdauernd und brauchen lange, bis sie endgültig die Hände in den Schoß legen. Na, siehst du sie jetzt? Zieh einen Badeanzug und die Schwimmflossen an. Wir müssen die Austern so schnell wie möglich in die Lagune bringen. Verfluchtes Funkgerät!«

»Paul, nun beruhige dich doch!«

Sie sind zu sechst an Bord. Gestern abend sind sie von Hao gestartet. Im Mondschein haben sie sich in der Nähe von Paraoa gehalten, einem unbewohnten Atoll auf halber Strecke.

Sie wußten, daß sie Ahunui spätestens eine Stunde nach Tagesanbruch sehen mußten. Wenn nicht, hätten sie aufgrund der Morgenstunde noch etwas Zeit gehabt, das Atoll zu suchen, indem sie auf dem Ozean eine Art Planquadrat abgefahren hätten – etwa eine halbe Stunde für jede Seite des Quadrats. Hätten sie nach dieser Suchfahrt das Atoll nicht ausgemacht, wären sie auf Nordkurs nach Hao gegangen – in der Hoffnung, auch ihren Ausgangspunkt nicht zu verfehlen. Sicherlich führen sie gerade soviel Treibstoff mit, daß sie eine Reserve für höchstens zwei, drei Stunden haben. Diese Männer sind ganz schön mutig.

Und wieder kreisen meine Gedanken um diesen winzigen Punkt in der unermeßlichen Weite des Ozeans. Was wäre, wenn wir das Atoll mit den erbärmlichen, uns zur Verfügung stehenden Mitteln verlassen müßten? Was haben wir denn? Die Wahl zwischen dem außenbordgetriebenen Aluminiumboot – auf die Gefahr hin, daß uns irgendwo der Treibstoff ausgeht – oder eine total verrottete, 4,20 m lange Jolle. So oder so ein riskantes Unternehmen!

»Hast du den Schrott gesehen? Sie haben noch nicht einmal einen Anker«, stelle Danièle erstaunt fest.

»Wundert dich das?«

»Aber das Boot ist doch neu und muß ein Vermögen gekostet haben?«

»Mach etwas gegen Gewohnheiten. Ein Paumotu, der das entsprechende Geld hat, gibt – ohne mit der Wimper zu zucken – drei bis vier Millionen

Franc[1] aus, um sich einen Kutter zu kaufen. Die 15 000 Franc für einen Anker sind ihm jedoch zuviel. Also holt er sich irgend etwas vom Schrottplatz und knüpft ein Tau daran. Viele dieser Konstruktionen haben noch nicht einmal eine noch so kurze Kette. Die Gefahr, sich vom Ankerplatz loszureißen und vielleicht das Boot zu verlieren, sehen sie nicht. Sie sind mutig, aber auch ganz schön halsstarrig...«

Dreimal wird das ankerähnliche Gebilde über Bord geworfen, in der Hoffnung, daß es sich irgendwo festhakt. Endlich klappt es. Zum Glück ist das Wetter gut!

Jetzt müßten die Männer von Bord gehen.

Aber nichts tut sich. Sie bleiben auf dem Boot und frühstücken erst einmal, bevor sie sich an die Arbeit machen. Lautes Lachen dringt zu uns herüber. Ich weiß genau, was für feinsinnige Witze sie sich erzählen. Ein weises Verhalten, sich in Form zu bringen. Anscheinend sind die Männer bestens gelaunt.

»Ich glaube, das ist eine gute Mannschaft. Du wirst sehen, lange brauchen sie nicht.«

»Sie müssen uns für verrückt halten, ganz allein hier zu sein.«

»Sie uns für verrückt halten? Sie scheren sich keinen Deut darum. Paumotu sind oft allein an den unmöglichsten Orten – und mit noch weniger als unsere Habseligkeiten. Sie sind knochenharte Burschen...«

Eine halbe Stunde später ist die Aktion in vollem Gang. Zwei Männer sind auf dem Kutter, zwei andere fahren mit dem Beiboot aufs Atoll und zurück, und die anderen beiden helfen uns beim Transport der Perlenaustern, die wir sofort in die Lagune bringen.

Die Lagune: der schönste, malerischste und erhabenste Ort des Atolls. In den vergangenen Tagen haben wir allerdings kaum die Zeit gehabt, sie unter diesem Aspekt zu betrachten, sondern sie eher als Nahrungsquelle, als Fischteich angesehen. Heute jedoch haben wir diesen Eindruck. Die ganze Palette der Blau- und Grüntöne zeigt sich uns. Nicht die leiseste Brise geht. Ein ätherischer Anblick. Auf der anderen Seite, wo der Palmenhain nur noch einen schmalen Strich bildet, verschmelzen Himmel und Wasser vollkommen.

Wir müssen endlich fertig werden, mit den Austern, dem Gepäckschleppen, dem Bauen und den ganzen Vorbereitungen, endlich die Zeit haben, das Atoll genießen zu können.

Ich würde gerne das Arbeitstempo erhöhen, aber das Gewicht der Lasten, die Hitze, die Entfernungen stehen dem entgegen. Wie so oft bestimmen die

---

[1]) (d. h. 1 CFP = 0,055 FF)

Natur und unser Leistungsvermögen den Rhythmus. Ohne rechten Antrieb schlafft der Mensch ab. Der Transport der Perlenaustern zieht sich in die Länge, und als die letzte Kiste endlich in der Lagune versenkt wird, ist es bereits spätnachmittags.

Seit dem Morgen habe wir uns keinen Augenblick Ruhe gegönnt. Unsere Mägen knurren.

Ich biete den sechs Männern an, mit uns zu essen. Wir werden vielleicht monatelang keine Menschenseele mehr zu Gesicht bekommen. Aber nein, nur Iotefa (Joseph), der Besitzer des Kutters, begleitet uns zu unserem Lager. Das einzige, das er sich anbieten läßt, ist ein Kaffee – um die Wartezeit zu überbrücken, bis ich das Geld für seine Bezahlung hervorgesucht habe. Das Taktgefühl der Inselbewohner verbietet, daß sie sich über etwas wundern, und gebietet, nichts zu sehen. Iotefa getraut sich gerade, uns zu fragen, wie lange wir auf dem Atoll bleiben wollen – und ist auch schon von seiner eigenen Kühnheit betroffen.

Auch seine fünf Mannschaftsmitglieder haben anscheinend keine Meinung zu unserem Vorhaben gehabt. Ich bin mir jedoch sicher, daß jeder von ihnen ohne unser Wissen unser Lager besichtigt hat. Die Mühe, unsere Gerätschaften zu kontrollieren, kann ich mir sparen: es wird nichts fehlen.

Unter anderen Umständen – während eines Trinkgelages an einem Samstagabend zum Beispiel – wären die Männer wohl gesprächiger und lustiger gewesen, der eine oder andere durch die Wirkung des Alkohols vielleicht sogar aufdringlich oder schlimmstenfalls aggressiv geworden. Dann kann es schon einmal vorkommen, daß man einen einfältigen Touristen anpöbelt und ausraubt. Jedoch wäre es eine Schande, einem Paar auf einer einsamen Insel auch nur eine Winzigkeit zu stibitzen. In solchen Fällen zeigt man Verständnis und Respekt.

Vor dem Start in Hao hat unser alter Freund Trassy Jotefa ein Paket anvertraut. In ihm finden wir einen Brief, zwei Stangen Weißbrot und eine Flasche Rotwein. Wir sind erst seit kurzem auf der Insel, und schon bekommen wir Post. Ich gebe unserem Besucher einen großen Palmdieb für unseren Freund mit. In Polynesien verlangt die Sitte ein Gegengeschenk, und ich möchte nicht gegen diesen Brauch verstoßen. In aller Eile schreiben wir auch noch zwei Briefe an unsere Familien. Dann verläßt Iotefa uns wieder.

»*Mauruuru. Parahi ia.* – Vielen Dank. Auf Wiedersehen.«

»Ja, auch dir vielen Dank, Iotefa. Und alles Gute. Verirr dich nicht.«

Er lacht. Er sich verirren? Ein guter Witz! Als ob das möglich wäre...

Wir sind erneut allein auf dem Atoll.

Das Wetter ist ungewöhnlich ruhig. Keine Palme wiegt sich im Wind. Nicht eine Schaumkrone ist auf See zu sehen. Die Stimmung hat etwas

Irreales, Bedrohliches. Der Horizont scheint zu zerfließen. Ist das noch der Himmel oder schon der Ozean? Ein sehr blasses Blau erlaubt keine Unterscheidung mehr. Die ganze Natur erweckt den Eindruck, eine Pause eingelegt zu haben. Die Atmosphäre ist zum Zerreißen gespannt. Stille, Ruhe, Verzauberung.

Mehr als eine Stunde lang sitzen wir nebeneinander, nehmen den Frieden in uns auf und sehen dem sich immer weiter entfernenden Kutter nach. Auf dem Riff wirft die Dünung große Wellen auf, in deren klarem Wasser sich die Fische wie in einem Aquarium zeigen. Zwei oder drei Sekunden nur türmt sich die See auf, aber welch ein Anblick bietet sich uns: grüne oder blaue Papageienfische, schwarze Doktorfische mit roten Punkten; andere Fische sind gelbblau gestreift; hier und da ein junger Kaiserfisch.

Zunächst vage, dann immer deutlicher vernehme ich eine leise Stimme in mir. Vor meinen Augen sehe ich etwas Bekanntes. Die erdrückende Stille, eine spiegelglatte See, die Kalme und die dennoch starke, sich brechende Dünung. Sie muß doch durch irgend etwas bewirkt werden, etwas vielleicht sehr weit Entferntes. Aber durch was, wenn nicht durch den Wind? Sicher ein Sturmwind, der die Wellen bis in die Kalmen vor sich hertreibt.

Jetzt erinnere ich mich. Vor 15 Jahren auf Puka-Rua, als ich mit dem *Tavana Piti*[1] Fische harpunierte... Es war ein Sonntag, und wir nutzten eben jenes Aquarium-Phänomen, um in den Brechern mit Harpunen Fische zu stechen. Am nächsten Tag tobten die See und der Wind so heftig, daß ein Verlassen der Insel mit den Booten unmöglich war.

Dann vor vier Jahren, hier auf Ahunui mit Madec. Wir hatten vom Boot aus eine Perlenauster auf dem Grund der Lagune entdeckt, so ruhig war das Wasser. Wir glitten langsam über die Lagune. Man brauchte sich bloß über Bord zu lehnen, um wie durch ein Bullauge in die Tiefe sehen zu können. Unser Aufenthalt auf dem Atoll ging zu Ende. Es war unsere letzte Fahrt über die Lagune, und mein Freund und ich wollten allein sein.

Am nächsten Tag warteten wir bei schlechtem Wetter auf die Ankunft der *Kekanui.* Am übernächsten Tag herrschte Sturm. Und dann vergingen noch drei weitere Tage, bis wir die Insel unter erschwerten Bedingungen verlassen konnten.

Unser Lager bietet keinen erfreulichen Anblick. Lediglich eine mickrige Kunststoffplane, die ich am ersten Abend in aller Eile verspannt habe. Wenn meine Vermutungen zutreffen, muß gehandelt werden.

»Wir werden das Zelt aufschlagen. Das Wetter gefällt mir nicht.«

»Aber es ist doch ruhig.«

---

[1] *Tavana Piti:* »2. Häuptling«, d. h. der Vizehäuptling der Insel.

»Zu ruhig. Sieh dir mal die starke Dünung an. Sie kommt von Westen und wird nicht von den Passatwinden erzeugt. Wahrscheinlich ist ganz weit draußen ein Sturm.

»Und der kann bis zu uns kommen?«

»Ziemlich sicher sogar. Heute nacht können wir noch unbesorgt sein, aber ob morgen auch, bezweifle ich. Auf jeden Fall sollten wir vorsorgen.«

Oben in der kleinen Hütte liegt seit Jahren eine sorgfältig gefaltete und gut verstaute großflächige, kakifarbene Plane aus starkem, gummiüberzogenem Segeltuch mit einer Vielzahl von Ösen an den Rändern. Sie mißt acht auf sechs Meter und wiegt etwa 50 Kilogramm. Anscheinend diente sie früher als Schutzplane für zwei nebeneinanderstehende Militär-Lkw. Auch uns wird sie nun Schutz bieten, allerdings nur, wenn sie über einen soliden Unterbau gespannt wird.

Der ganze Abend, ein Teil der Nacht und der gesamte nächste Tag sind nötig, um aus Kahaya-Stämmen Pfähle zurecht zu schneiden, sie an Ort und Stelle zu schleppen, sie in den Boden zu rammen und als Streben und Firststäbe hochzuhieven. Wir arbeiten wie die Wilden. Während ich das Holz maßgerecht säge, kümmert sich Danièle mit Hacke und Spaten um die Löcher im Boden. Langsam nimmt unsere Konstruktion Gestalt an: sieben Stützpfeiler, vierzehn Schrägen, zwei Pfähle für den Eingang und drei Balken für die Firstleine. Mit Beil und Säge fabrizieren wir starke Zapfen, die wir mit Klammern oder großen Zimmermannsnägeln fixieren.

Dann ziehen wir die Zeltplane über. Zum Schutz des Segeltuchs haben wir rauhe Holzstellen mit Kokosnußfasern umwickelt. Schließlich verzurren wir alles mit dicken Nylontauen. Die Seitenteile der Plane können bis auf den Boden herabgelassen und mit Steinen beschwert werden. Andererseits ist es aber auch möglich, das Segeltuch auf den Trägern bis fast zum First hochzurollen. So haben wir je nach Wetter entweder einen relativ dichten Schutz oder eine gut durchlüftete schattige Fläche.

Was habe ich nicht alles für Knoten geknüpft: Slipsteke an den Rundhölzern, doppelte Schotsteke an den Ösen, Kreuzknoten und Pahlsteke. Fast die ganzen Wanten eines Segelboots. Aber sind wir nicht auch auf einem großen, steinernen Schiff?

Unsere Konstruktion weist zwei dreieckige Öffnungen auf. Die Öffnung zum Land hin ist weniger von Bedeutung, denn es wehen nur selten Winde aus dieser Richtung. Außerdem bildet die leicht erhöhte Strandkuppe mit ihrem Kokospalmen- und Pandangbewuchs einen Schutz.

Die nach See gehende Öffnung setzt uns allerdings der Brise, der Gischt und den vorherrschenden Winden aus. Deshalb verschließen wir sie mit einer ganz speziellen Plane, mit der früher einmal die Nasen von Jagdflugzeugen abgedeckt wurden. Auch sie stammt aus Armeebeständen...

Nun bin ich zufrieden. Unser Zelt scheint auch einem starken Wind die Stirn bieten zu können. Aber dennoch befürchte ich, daß ein Zyklon dieser Konstruktion aus Holz und Segeltuch all unserer Sorgfalt zum Trotz keine Chance lassen wird. Die Nähe der See bestärkt mich zusätzlich in meiner Beunruhigung. Wir sind nicht weit genug entfernt vom Wasser, nur wenig über dem höchsten Punkt, der von der starken Dünung erreicht wird. Leider läßt uns das Gelände keine andere Wahl. Hinter uns ist der Boden grobkiesig. Wenn wir das Lager nur um ein paar Meter verlegen wollten, müßten wir zuerst ein paar Tonnen Steine – mit den Händen – beiseite schaffen.

Ebenso wenig können wir uns entschließen, in den Palmenhain umzuziehen. Wir sind von so weit hergekommen, um allein inmitten des Ozeans zu leben, und nun wollen wir uns nicht in ein stickiges, keine freie Sicht bietendes und von zig Tausenden Ratten und Moskitos bevölkertes Dickicht verkriechen.

Darüber hinaus ist die Gefahr eines heraufziehenden Zyklons äußerst gering: Die Statistik weist nur alle 25 Jahre einen Zyklon auf. Optimismus ist alles!

Als es dunkel wird, zerreißt der erste Blitz den Himmel. In aller Eile bringen wir unsere Sachen und etwas trockenes Holz in Sicherheit. Wir laufen noch schnell zur Hütte hinüber, um die Dachrinnen an dem Wellblechdach anzubringen. Danièle leuchtet mir mit der Taschenlampe. Zwar schaffe ich es nicht mit letzter Perfektion, aber immer noch besser als nichts. Auf jeden Fall werden ein paar Kanister mit dem dringend benötigten Süßwasser gefüllt werden.

Heftiger Regen schüttet mit brutaler Gewalt herab. Wir müssen unter das Zelt flüchten.

Es blitzt so schnell hintereinander, daß der Himmel manchmal einige Sekunden lang hell erleuchtet bleibt. Der Donner kommt immer näher und überdeckt bald das Prasseln des Regens. Noch einige Zeit spähen wir in den Himmel, lauschen in die tobende Natur und atmen den neuen Duft der durchtränkten Erde ein...

Siki scheint unsere Freuden nicht teilen zu können. Sie hat sich unter unsere Betten verkrochen, wo sie eingerollt – die Schnauze zwischen den Vorderpfoten – vor Angst zittert.

In unmittelbarer Nähe rollen die Brecher gegen das Land, das Zelt gibt knarrende Geräusche von sich, über uns grollt der Donner, sintflutartiger Regen geht über dem Atoll nieder, Blitze machen die Nacht zum Tag: wir sind in Alarmbereitschaft.

Der in den Regenschauern am frühen Morgen nur schemenhaft auszumachende düstere Himmel läßt keine Freude aufkommen. Möglichst lange schieben wir das Aufstehen hinaus und bleiben in unseren Schlafsäcken.

Trotzdem, ein schöner, heißer Tee mit etwas Zucker... Und schon wenig später flackert ein Feuer, dessen Flammen den rußgeschwärzten Boden des Wasserkessels umzüngeln. Das Zelt bietet so viel Platz, daß wir bequem hin- und hergehen und sogar problemlos ein Feuer machen können. Die Grundfläche beträgt mehr als 40 Quadratmeter – ein kleines Apartment!

»Man sollte vielleicht mal nach den Perlenaustern sehen. Kommst du mit?«

Ölzeug, Sandaletten, und es geht hinaus in die Sintflut.

Alles ist grau und trist. Die Lagune ist entfesselt. Kurze, sägezahnartige Wellen klatschen ans Ufer. Der Wind fegt über die Lagune hinweg. Die Austern sind am schlechtesten Platz überhaupt. Unzählige, kleine Brecher schleudern sie hin und her. Sie werden mit ihrer ganzen Masse gegen die Öffnung der Tragenetze gedrückt. Manche wurden schon herausgespült. Hier und da finden sich welche auf dem Strand. Mutlos werfen wir sie zurück ins Wasser. Hätten wir sie doch bloß besser in die Lagune gebracht! Hätte ich wenigstens ein paar Tage Zeit gehabt, die Käfige zu bauen! Der Draht ist da, aber ich wollte ja alles alleine machen. Sobald das schlechte Wetter vorbei ist, gehe ich an die Arbeit.

Das Funkgerät geht immer noch nicht, ebenso wenig am nächsten, wie am übernächsten Tag. Wir empfangen noch nicht einmal den Fetzen eines Wortes. Auf die Gefahr hin, mir den Hals zu brechen, klettere ich akrobatenhaft in strömendem Regen sieben, acht Meter auf einer brüchigen Leiter, die gegen einen sich hin- und herwiegenden Baum gelehnt ist, in die Höhe, um die Ausrichtung der Antenne zu verändern. Ich schalte die Batterien parallel, mache mich an das Stromaggregat heran, probiere zahllose Möglichkeiten aus – ohne Erfolg.

Am vierten Tag kehrt endlich Frieden ein. Das Wetter bessert sich. Sogar ein heller Schimmer ist am Horizont auszumachen: zunächst ein blaßgrauer Strich, dann ein Hauch von Blaugrau. Bei genauem Hinsehen gewinnt das Blau an Kraft und verdrängt die Grautöne. Es wird wieder schön. Wagen wir einen erneuten Versuch mit dem Funkgerät.

Es geht!

Und sehr bald wissen wir auch, weshalb. Lisa, ein kräftiges tropisches Tiefdruckgebiet, dem nur wenig von einem Zyklon fehlte, ist über Tahiti gezogen und hat die Sendeantennen stark beschäftigt. Unser Funkgerät konnte also gar nichts empfangen.

Eine Sorge weniger!

6. Kapitel

Nur für Kerngesunde

Danièle ist wunderbar. Tatkräftig geht sie an die ihr gestellten Aufgaben heran und bewältigt sie mit Erfolg. Sie beklagt sich nie, das heißt, fast nie. Ab und zu läßt ihre Energie natürlich nach, aber diese Tiefpunkte sind schnell vergessen. Schleppen, bauen, fischen, ständig arbeiten – so also sieht das Leben auf einer Insel aus. Danièle hatte es sich anders vorgestellt, und ich habe die Hilfe meiner Gefährten während meiner vorausgegangenen Aufenthalte gründlich unterschätzt. Erst jetzt erfahre ich, welche Welten zwischen einer zehnköpfigen Gruppe und einem Paar liegen.

Und wenn ich nun ganz allein wäre, wie ursprünglich geplant? Aber auch zu zweit sein bedeutet nicht, daß sich die Arbeit einfach halbieren ließe, denn Arbeit ist für zehn oder noch mehr Personen da...

Der größte Teil unserer Gerätschaften, darunter auch das Ruderboot, befindet sich immer noch auf dem einige Kilometer im Osten gelegenen seewärtigen Strand. Für jede Tour hin und zurück müssen wir zweieinhalb bis drei Stunden marschieren. Auf dem direkten Weg über die Lagune könnten wir viel Zeit sparen. Aber dazu müßten Geräte und Boot durch den Palmenhain gebracht werden.

Ich befestige eine Winde an einem Baum, um mit ihr das Boot etwa hundert Meter über den sandigen Uferstreifen bis an die Vegetation heranzuziehen. Es scheint zu klappen, auch wenn der Kiel dabei über den Boden schabt. Mit ein paar Rundhölzern müßte es besser gehen. Also zurück zum Lager, um die Säge und Werkzeug zu holen, und dann wieder hierher.

Alles ist installiert. Wir legen uns ins Zeug. Es gleitet, aber wie langsam. Wir strengen uns noch stärker an. Zentimeter um Zentimeter zieht die Winde das Boot hoch. Dann kracht es. Die Winde hat am Baumstamm gehalten, obwohl sich dieser bedrohlich bog, aber der mit dem Dollbord verschweißte Befestigungspunkt hat dem Zug des Taues nicht standgehalten.

Wir beginnen von vorn. Zuvor haben wir das Boot mehrfach mit einem starken Tau so umwickelt, daß die Kraft auf das Heck einwirkt. Wir ziehen. Diesmal hält es, aber wir kommen kaum voran. Auf diese Art und Weise schaffen wir es nie. Offensichtlich können wir unsere schöne Idee vergessen. Also müssen wir wieder schleppen...

Die Schwierigkeiten beginnen jedoch erst auf der Kuppe am Rand des Baumbestandes: Kokospalmen, Pandang und Kahaya sind von Miki-Miki umschlungen. Ein fast undurchdringlicher Dschungel!

Mehrere Tage lang schaffen wir uns mit Säge, Axt und Machete einen Weg, der uns eine Verbindung vom Ozean zur Lagune bietet. Wir müssen Korallenblöcke beiseite schaffen, massenweise hervorspringende Kanten glätten, Löcher mit Kies auffüllen, manche Abschnitte sogar mit Palmwedeln polstern – kurz, eine Piste anlegen, auf der wir unser ganzes Gepäck problemlos transportieren können.

Als erstes kommt das Boot an die Reihe. Meter für Meter. Auf dem Kai in Tahiti erschien es uns ganz leicht. Aber auch nachdem wir nun den Weg angelegt haben, bleibt es Knochenarbeit. Die Sonne brennt erbarmungslos, und die Moskitos stürzen sich auf uns herab – trotz der Mittel, mit denen wir uns reichlich eingerieben haben. Danièle schafft nicht mehr als vier, fünf Meter an einem Stück. Allein wäre ich verloren.

Freude kommt erst auf, als wir die letzten Schrammen hinter uns haben und endlich das Boot auf der Lagune zu Wasser lassen können. Anschließend baden wir erst einmal, faulenzen etwas und trinken die Milch einiger frischgrüner Kokosnüsse. Wir lachen, stellen uns vor, daß nun alles so viel einfacher sein wird. Wir sind einfach glücklich. Dabei stehen wir gerade am Anfang!

Als nächstes müssen Motor, Benzinkanister, Kisten und Kästen, unsere Pflanzensetzlinge und die restliche Ausrüstung herbeigeschafft werden.

Jede Rückkehr zur Lagune ist ein kleines Fest. Das vorsichtshalber an einem Tau festgemachte Boot schaukelt auf dem Wasser, wartet darauf, uns die Arbeit abzunehmen.

Wie schön, endlich können wir den Motor anwerfen und zwischen den Korallenbänken nahe dem Strand hinausfahren in die blaue Weite unserer Lagune. An uns vorbei ziehen Kilometer um Kilometer schwer begehbares Dickicht, mühsames Korallengeröll und hinterlistige Stolperstellen. Wir jedoch haben unsere Beine hochgelegt und können in aller Ruhe zu den am Himmel kreisenden Vögeln hochsehen.

Auf einem Atoll zu leben will nicht viel heißen. Wie ist es denn da? Gibt es eine Durchfahrt durch das Korallenriff? Bewohner? Na, so schwer ist das doch nicht. Die reinsten Ferien. Viel Sonnenöl mitnehmen und möglichst etwas Kaltes zu trinken haben...

Aber hier gibt es weder eine Durchfahrt noch eine geeignete Landestelle – geschweige denn helfende Hände. Hier ist alles anders. »Nur etwas für Kerngesunde«, hatte Madec vor vier Jahren gesagt...

In den folgenden Tagen schaffen wir unsere Sachen ins Lager. Der einige hundert Meter lange Pfad vom Landepunkt an der Ostküste bis zur Lagune erweist sich als recht mühsam. Aber dann geht es mit dem Boot über die Lagune bis zu einer nahe dem Lager gelegenen Anlegestelle. Die letzten Meter Weg bis zu unserem »Heim« hat Danièle angelegt. Wir können alles in die Schubkarre laden und uns so ein bis zwei Stunden Mehrarbeit am Tag ersparen.

Vom Landepunkt an der Westküste aus wird uns jedoch der Weg über die Lagune für den Transport nicht von Nutzen sein. Wir müssen alles über Land schleppen. Zum Glück haben meine Gefährten und ich während meines ersten Aufenthaltes 1975 einen Weg geebnet.

Zu siebt zogen wir damals die ersten Pfade. Vom Schoner brachten wir 400 Bäume und 15 Tonnen tahitischen Ackerboden auf das Atoll. Eine Knochenarbeit...

Jetzt ist es allerdings ungleich schwerer. Möglichst oft bedienen wir uns der Schubkarre. Aber leider ist sie nicht immer verwendbar. So zum Beispiel nicht für die Wellbleche. Sie sind scharfkantig und bieten dem Wind viel Angriffsfläche. Ihr Transport bereitet uns Kummer. Dann kommt uns die erfolgreiche Idee, sie auf einer Art breiter und kurzer Leiter zu tragen.

Bleiben noch die Fässer, von denen jedes 200 Kilo wiegt. Das einfachste wäre, sie zu rollen. Aber das schwierige Gelände läßt es nicht zu. Also muß das Benzin in tragbare Mengen herausgepumpt werden.

Es läßt sich alles machen...

Der *fare*[1] muß hergerichtet werden. Den ersten Raum baue ich als Lager aus. Den zweiten werde ich als Werkstatt nutzen, um endlich unsere Austernzucht in Angriff zu nehmen. Aus allen nur verfügbaren Brettern fabriziere ich Gestelle. Schließlich greife ich sogar auf Treibholz vom Strand zurück. Als Stützen dienen mir Stämme der Kokospalmen, als Streben Kahaya-Äste. Einen ganzen langen Tag bringe ich mit Sägen, Nägel einschlagen und Einpassen zu!

Danièle sortiert unsere Sachen, wobei sie alles beiseite legt, was uns von Nutzen sei kann: verrostete, krumme Nägel oder auch Packpapier, mit dem wir zum Beispiel bei starkem Wind leichter ein Feuer machen können. Lebensmittel verstaut sie in Behältern aus Kunststoff oder Metall, nachdem sie zuvor den Boden mit einem Insektizid bestäubt hat.

---

[1] *Fare:* Haus oder Hütte.

Ein ganz besonderes Auge werden wir auf Ratten, Einsiedlerkrebse, Ameisen und auf die Küchenschaben haben müssen, die sich trotz aller Vorsichtsmaßnahmen in die Kartons eingenistet haben. Später werden sich noch Kornwürmer aus einigen von der *Yin-Yang* geborgenen Büchsen Reis zu diesen lieben Tierchen gesellen... Das Leben ist nicht leicht!

Das Wasser in der Zisterne ist merklich weniger geworden. Wenn es nicht demnächst regnet, haben wir mit einem neuen Problem zu kämpfen. Damit noch mehr Trinkwasser bei jedem Regen gespeichert werden kann, muß die Auffangfläche vergrößert werden.

Dazu würde mir ein Schuppen an der Südseite der Hütte dienlich sein. Mit seinem Dach wäre er nicht nur ein guter Platz für den Hühnerstall, sondern auch ein Unterstand für uns – vielleicht sogar eine zweite Werkstatt.

Wellblech haben wir genug. Auch an Holz fehlt es nicht. Ich muß es bloß noch schlagen.

Also Sägen, Heranschleppen, Zuschneiden, einen Dachstuhl bauen... Alles wie gehabt, nur viel mühseliger. Die meiste Arbeit bereiten die zu Pfählen zurechtgesägten Palmenstämme. Wir klemmen Brecheisen unter die Stämme und hebeln sie so zur Baustelle – Meter um Meter, einige hundert Meter.

Langsam nimmt unser Schuppen Gestalt an. Rechts ein mit Maschendraht verspannter, geräumiger Lattenverschlag: der Hühnerstall. Darüber der Taubenschlag. Ein System aus Türchen, Nistplätzen und Trinkstellen vervollständigt die Konstruktion. Links eine Art Veranda, die nach zwei Seiten offen ist. Stehen erst einmal Tisch und Schemel, wollen wir hier unsere vielfältigen Arbeiten verrichten.

Über allem das Dach. Es ist nicht mit dem der Hütte verbunden, was die Gefahr halbiert, es bei einem Zyklon davonfliegen zu sehen. Gemeinsam bilden beide jedoch nun eine ausreichende Auffangfläche für Regenwasser.

Als letztes bringe ich die Regenrinnen an, die ich mit einem doppelten Filtersystem versehe: ein erster aus Maschendraht, um vom Wind in die Rinne gewehte Blätter abzuhalten, und ein zweiter aus Moskitonetz gegen dünne Zweige und vor allem Rattenkot. Meine Erfindung funktioniert sogar so gut, daß wir später jeden Tag die Filter reinigen müssen. Wenn uns die Vorsehung nun mit einem starken Regenguß bedenkt, könnten wir die Zisterne mit 6000 Litern Trinkwasser füllen – ein Vorrat für Monate.

Zu unserer Ausrüstung zählen auch photoelektrische Zellen, mit denen ich über einen Satz dazwischengeschalteter Batterien das Funkgerät und die Kühlbox betreiben will. Damit die Zellen auf dem Dach der Hütte installiert werden können, muß ein solides Lattengestell gefertigt werden. Damit nichts dem Zufall überlassen bleibt, verschraube ich es mit rostfreien Bolzen.

Auch das Funkgerät habe ich nicht vergessen. Es steht in unserer Hütte auf dem höchsten und trockensten Platz. Die Horizontalantenne muß maximal verspannt werden. Um zu verhindern, daß sie reißt, wenn starke Winde die Palmen hin und her wiegen, haben wir an dem einen Ende ein System von Seilrollen und Gegengewichten installiert.

Auch im Lager tut sich etwas; wir richten drei unterschiedliche Teilbereiche her.

Zunächst das Zelt, an dem wir täglich Verbesserungen vornehmen. Wir steigern die Durchlüftungsmöglichkeiten und vergrößern mittels einer weiteren Plane die Wohnfläche. Nach und nach fabriziere ich auch die Möblierung: ein Bett, ein Tisch, Schemel, Regale. So wird das Zelt zum Wohnbereich.

Etwas entfernt stellen wir unter einer Baumgruppe einen zweiten Tisch sowie weitere Schemel und Regale auf. Hier lagern wir auch eine kleine Trinkwasserreserve, einige Lebensmittel und Angelgerät. Dies ist unser Eßzimmer.

Die alte Hütte aus geflochtenen Palmwedeln wird zum *fare tutu,* d. h. zur Küche, umgewandelt. Dort haben wir ein Loch gegraben und es von drei Seiten mit breiten, flachen Steinen umschichtet, auf die wir ein Gitterrost legen: unsere Kochstelle. Um eine niedrige Sitzbank herum befinden sich in Reichweite und wohlgeordnet diverse Küchengeräte und viele Behälter mit Gewürzen, die wir uns vom Wrack der *Yin-Yang* besorgt haben. Im hinteren Teil der Hütte lagert eine große Menge Feuerholz.

Unterdessen sind die Austern jedoch nicht in Vergessenheit geraten. Nahe dem Steinhaus haben wir ein breites Stück Land gerodet und geebnet, auf dem wir uns nicht nur bequem bewegen, sondern auch die Drahtrollen abwickeln können, um endlich die Käfige zu bauen, die den jungen Austern Schutz vor gefräßigen Räubern bieten sollen. Dann werden Schnapper, Rochen, Igel- und Hornfische nicht mehr über unsere Zucht herfallen können.

In den kommenden Monaten will ich aus Rundhölzern noch eine Helling bauen, um das Boot auf den Strand ziehen zu können. Mit einem System aus Tauen und Seilrollen würde ich es jeden Abend an Land bringen, wo es vor einer starken Windbö sicher wäre. Um es tagsüber festzumachen, werde ich im seichten Wasser einen schweren Gegenstand mit einer Vertäuboje versenken.

Dann muß nur noch die kleine Jolle vom Palmenhain bis zur Lagune gebracht werden. Sie stammt noch von einem meiner früheren Aufenthalte auf dem Atoll und liegt seitdem vollkommen unberührt da. Wer hätte sie auch schon entdecken können? Wie dem auch sei, die Jolle ist jedenfalls schwerer, als es scheint.

Um vor allem Danièle weitere Plagerei zu ersparen, entwerfe ich eine Art dreirädriges Fahrgestell. Neben der Schubkarre verfüge ich nämlich noch über einen alten Karren, mit dem auf einem Militärflugplatz das Feuerlöschgerät transportiert wurde. Nachdem ich die Wanne von der Schubkarre abgeschraubt habe, drehe ich sie herum. So werden die Auflagerohre der Wanne zu Stützen für den Jollenbug. Dann baue ich den Karren dergestalt um, daß er als Schlitten unter den Kiel paßt. Anschließend verbinde ich alles mit Eisendraht, Leisten und Bolzen. Und schon haben wir ein prima Fahrgestell, das zudem noch schmal genug für die von uns angelegten Wege ist.

Als nächstes baue ich dann ein Lebendbecken für Fische und Langusten.

So vergehen erst Wochen, dann Monate voller oft ermüdender Arbeit. Es ist jedoch auch eine schöne Zeit, in der wir bewußt an jede Tätigkeit mit Eifer herangehen.

Abends erfreuen wir uns dann an unserem Tageswerk und fiebern bereits vor dem Einschlafen dem neuen Tag entgegen. Wir wissen: Unser Leben gehört uns. Es weist uns die Richtung, in die wir gehen wollen.

Nach und nach wird das Atoll unser Zuhause.

7. Kapitel

Unterwasserjagd

»Meinst du nicht, wir sollten für heute die Arbeit liegen lassen?« schlägt Danièle vor. »Es ist so schön, und ich möchte gerne zur Lagune, baden, faulenzen.«

»Gute Idee. Dann kann ich in aller Ruhe tauchen, nach den Austern sehen und neue Fischgründe ausfindig machen. Ich bin nämlich auch erledigt.«

»Einverstanden. Ich komme mit. Aber nicht sofort. Sieh nur, wie ruhig die See ist.«

Vor uns verschmilzt der azurblaue, perlmuttfarbene Ozean mit dem Himmel. Ab und zu taucht ein fliegender Fisch aus dem Wasser auf, gewinnt an Höhe, gleitet lange in der Luft und versinkt wieder. Gerät er jedoch an einen Wellenkamm, bleibt der Körper aus dem Wasser und der Schwanz peitscht in der Gischt. So kann er sich noch höher und noch weiter katapultieren. Wird der Flug noch von der Brise unterstützt, kann er große Strecken, bis zu 300 Metern, zurücklegen – vielleicht sogar noch mehr, wenn ein Barrakuda hinter ihm her ist.

»Danièle, siehst du die Schlieren da?«

»Ja, wie von Öl.«

»Das ist auch Öl, besser gesagt Tran!«

»Wieso?«

»Wahrscheinlich von einem Pottwal. Jetzt sollten wir besser nicht tauchen.«

»Sind Pottwale gefährlich?«

»Pottwale? Nein, ich glaube nicht. Aber so genau weiß ich das nicht. Mit ihrem bezahnten Maul könnten sie dich ohne weiteres durchbeißen, aber ich habe noch nie derartiges gehört. Die einzigen bekannten Angriffe gingen von verletzten Tieren aus und richteten sich gegen Fischerboote[1]. Allerdings lockt

---

[1] Am 20. November 1819 versank der Walfänger *Essex* nach einem Angriff im Pazifik. 1820 ereilte die *Albatros* ebenfalls im Pazifik das gleiche Schicksal. In beiden Fällen entgingen nur wenige Überlebende dem Tod, nachdem sie Hunderte von Seemeilen in kleinen Rettungsbooten zurückgelegt hatten. Unter den Schiffbrüchigen war es sogar zu Kannibalismus gekommen.

der von ihnen ausgeschiedene Tran manchmal Haie an, und zwar die größten. Weißspitzenmenschenhaie und Tigerhaie können es kilometerweit wittern. Der Tran ist daher auch ein beliebtes Lockmittel für Haie.«

»Und du wolltest tauchen?«

»Aber doch nicht da. Wir sprachen von der Lagune. Und Pottwale schwimmen in keine Lagune, zumindest nicht in eine geschlossene Lagune.«

»Bei einem Kanal ist das aber anders. Erinnerst du dich noch an den Walhai, den du einmal gesehen hast?«

»Das war auf Rangiroa, und ich bin genau auf ihn draufgefallen. Aber Walhaie sind ungefährlich, allerdings ziemlich beeindruckend. Er ist ziemlich lange in der Lagune geblieben, und fast immer an der gleichen Stelle. Das Kia-Ora[1] organisierte sogar Besichtigungsfahrten für seine Gäste. Ich glaube, das ging so an die drei Wochen.«

»Wenn ein Walhai in eine Lagune kommen kann, dann können doch auch andere Haie hinein?«

»Aber sicher. Sobald ein Kanal da ist, schwimmen sie in die Lagune. Auf Rangiroa habe ich vier Meter lange Tigerhaie jagen sehen. In so geringer Wassertiefe, daß man sogar noch stehen konnte! Desgleichen auf Fakarava. Allerdings habe ich noch nie von weißen Haien in einer Lagune gehört, aber das will nichts heißen. Auch von Walhaien war das zuvor nicht bekannt.«

»Und Delphine?«

»Ich habe einmal eine ganze Herde Delphine in dem kleinen Kanal gesehen, über den man vom Yacht-Club zum Taaone[2] kommt. Der ist wirklich nicht tief, und mit dem ganzen Schiffsverkehr dort ist das fast unvorstellbar. Was meinst du, wie es dann bei unbewohnten Atollen ist... Sobald ein größerer Kanal vorhanden ist, kommen mit dem Wasseraustausch von Ozean und Lagune auch irgendwann einmal Seebewohner in die Lagune.«

»Auch große Wale?«

»Nein, große Wale wohl nicht. Aber mit Sicherheit weiß ich es wirklich nicht.«

Es ist etwa sieben Uhr morgens. Blauschnäblige Tölpel ziehen über uns hinweg und verschwinden am Horizont. Vielleicht »Langschläfer«, allerdings glaube ich eher, daß sie bereits auf ihrem zweiten oder dritten Nahrungsflug sind.

---

[1] Kia-Ora: Bekanntes Hotel auf Rangiroa.

[2] Taaone: Bucht von Tahiti, in der Lagune der Nordküste.

Ich mag diese Vögel mit ihrem regelmäßigen und kräftigen Flug. Sie vermitteln einen Eindruck von Entschlossenheit, so exakt ist ihre Flugbahn. Allein, zu zweit oder in Gruppen fischen sie fern der Küsten, anscheinend ohne System. Dabei behalten sie sich gegenseitig auch auf große Entfernungen im Auge. Sobald einer einen Fischschwarm erspäht hat, fliegen sie alle schnell zu der Stelle hin. Mit zusammengelegten Flügeln und langgestrecktem Hals schießen sie auf ihre Opfer herab. Ja, sie verfolgen sie sogar unter Wasser, indem sie ihre Flügel wie Flossen einsetzen.

Bonitos jagen kleine Fische; Tölpel finden ihre Nahrung unter beiden. Die kleinen werden verschlungen, und den großen wird ein Stück Fleisch herausgerissen. Haie greifen alles an; ihnen ist es egal, ob sie eine dünne Haut oder ein dichtes Federkleid durchbeißen müssen. Ein Kreischen, ein Wegtauchen, ein Brodeln: Vögel und Fische sind sich gegenseitig Beute, hungrige Verfolger und angsterfüllte Verfolgte, in Strömen von Blut, im Wahnsinn eines kollektiven Gemetzels.

Ich erinnere mich, wie mein Freund Taro und ich vor Aufregung aufschrien, als wir einmal unsere Angelschnüre in diesem Hexenkessel ausgeworfen hatten.

Die Vögel sind wunderbar! Wir sehen ihnen lange nach.

Um uns herum nimmt das Atoll ein anderes Bild an. Auf ihrem Weg zum Zenit erdrückt die Sonne alles: Konturen und Farben. Nach und nach verschwinden die Schatten, die Steine werden flacher, Nuancen verschwimmen zu einem Blaßgrau auf dem Riff und zu einem grellen Weiß auf dem korallinen Kiesstrand. Das leuchtende Grün der Palmen verwandelt sich in ein Graugrün, und die fahle Farbe der welken Blätter in ein mattes Braun.

Die Wellen laufen auf der Riffplatte aus, still, als ob sie ihr Bedauern ausdrücken wollten. Als letzten Gruß gerade einen kleinen Gischtkamm. Wie wir, scheint die Natur eine Ruhepause einzulegen. Selbst das Donnern des Riffs ist schwächer geworden, erstickt, aber doch nicht ganz verschwunden. Dieses Geräusch wird immer da sein. Es ist der Motor der Insel, ihr Lebenszeichen. Ein stilles Atoll? So etwas gibt es nicht.

Die Lagune reizt mich, und ich möchte, daß Danièle mit mir auf Unterwasserjagd geht.

»Nimmst du heute dein Gewehr mit?«

»Wenn du willst. Aber du weißt doch, daß ich nicht damit umgehen kann.«

»Wenn du es versuchst, klappt es auch. Du mußt es nur wollen. Also, los.«

»Das Gewehr ist zu schwer zu spannen. Kannst du mir nicht längere Spanngummis anbringen?«

»Das wäre falsch. Mit zu weichen Spanngummis müßtest du so nahe an die Fische heran, daß sie davonschwimmen würden, bevor du zum Schuß kämst.«

»Wenn ich das Gewehr nicht spannen kann, brauchen sie auch nicht zu flüchten.«

»Wollen wir jetzt reden oder tauchen?«

Schwimmflossen, Maske, Schnorchel, Kombi, Gürtel, Messer, Handschuhe, Gewehr: eine Ausrüstung, die ich mit größter Sorgfalt zusammengestellt habe und bei der ich jedes einzelne Teil nur äußerst ungern gegen ein anderes Modell austauschen würde.

Vor unserer Abreise hatte ich Danièle lang und breit erklärt, warum ich mich gerade für dieses Ausrüstungsteil entschieden hatte. Größte Bedeutung, vor allem bei Apnoe, maß ich der Maske bei. Sie mußte unbedingt dicht sein, denn wenn auch nur etwas Wasser eindringt, wird die Sicht des Tauchers beim Abstieg getrübt. Außerdem kann dann die Maske nicht entleert werden. Die Nase muß gut zugänglich sein, damit ein Druckausgleich ausgeführt werden kann, der ansonsten zu wahnsinnigen Ohrenschmerzen führen würde. Und schließlich sollte das Glas dem Sehvermögen des Tauchers (kurz-, weit- oder normalsichtig) angepaßt sein.

Bei den Schwimmflossen fiel meine Wahl auf ein ziemlich schweres Modell mit Öffnungen. Nicht die erzielbare Leistung, sondern Komfort und Robustheit waren dabei die entscheidenden Kriterien.

Das Messer! Ich hatte unzählige ausprobiert, und jedes hatte mich enttäuscht. Schließlich fand ich ein geeignetes Objekt mit einer soliden und zuverlässigen Klinge aus echtem rostfreien Stahl: die Schneide so scharf wie ein Rasiermesser und der Rücken mit Sägezähnen zum Entschuppen von Fischen. Der geriffelte Holzgriff liegt gut in der Hand. Weniger zufrieden war ich mit dem Futteral. Ich wollte das Messer in einer festen Scheide an der rechten Wade tragen.

Die Handschuhe, nein, der Handschuh. Ich trage nämlich nur einen, den linken, um mich an Korallen festzuhalten und erjagte Fische vom Pfeil zu lösen. Anstelle eines speziellen Taucherhandschuhs aus eng anliegendem, gegerbten Leder entschied ich mich für einen weiten Gärtnerhandschuh, der wesentlich leichter anzuziehen und rasch abzustreifen ist.

Meine rechte Hand bleibt immer frei, damit mich nichts behindert, wenn ich das Gewehr bediene oder zum Messer greife.

Dann das Gewehr! Kein handelsübliches Gerät stellte mich voll zufrieden. Also mußte eine Eigenkonstruktion her, eine Aufgabe, die mein Freund Chazottes übernahm. Das Gewehr ist eins der wertvollsten Geschenke, die er mir je gemacht hat.

Der Schaft ist aus Holz, 1,20 Meter lang und mit einer Nut für die Führung des Pfeils versehen. Er läuft aus in einem pistolenartigen Knauf mit einem sehr weichen Abzug. Der hintere, obere Teil des Knaufs ist herausgearbeitet, um ein Abrutschen beim Spannen zu verhindern. Die Spanngummis sind bereits in sich gebogen, damit nicht ein Zentimeter Zugkraft verloren geht, und mit besonders robusten Bügeln versehen.

Und schließlich der Pfeil: aus rostfreiem Stahl, möglichst dünn, mit einem Durchmesser von sechs Millimetern, nur einem Dorn und einer Länge von 1,50 Metern. Bei Tauchgängen im offenen Meer, wo man leicht auf große Haie stoßen kann, verwende ich einen speziellen Pfeil mit einem Gewinde an der Spitze. Bei Bedarf kann ich so sehr schnell einen Aufsatz aufschrauben: einen Zylinder aus rostfreiem Stahl mit einem Aufschlagzünder und einer Patrone[1] mit Vollmunition.

Am Knauf habe ich eine sechs bis acht Meter lange Schnur mit einer kleinen Boje angebracht. In tiefem Wasser kann ich zum Luftholen an dieser Leine auftauchen, dabei einen großen Fisch weiter ermüden, ohne Gefahr zu laufen, daß er sich im Kampf losreißt. In den Gewässern von Tahiti hing ich auch manchmal meine Fänge an die Leine. Ein dort zwar seltener, aber jederzeit möglicher Hai hätte sich dann in einiger Entfernung zu mir über die Beute hermachen können.[2] Hier bei Ahunui sind Haie jedoch allgegenwärtig, und ich hänge keinen Fang an die Leine. Ein Rudel Haie, selbst acht Meter von mir, nein danke! Wir werden unseren Fang immer sofort aus dem Wasser bringen müssen.

Danièle hatte meinen damaligen Erklärungen geduldig zugehört und dann einfach gesagt: »Meinst du nicht, daß du ein bißchen von all dem besessen bist?«

Die Lagune empfängt uns mit dem Zauber ihrer Farben. An diesen Grün- und Blautönen werde ich mich nie sattsehen können. Auch wenn ich mich ständig wiederhole, ich erliege dem Charme der stillen Lagune jedesmal erneut. Aber ich bin mir nicht sicher, ob das allein an den Farben liegt. Eine von einem Palmenkranz umgebene Lagune, die mit einem kleinen Rundblick aufgenommen werden kann, ist eine Welt für sich: ein perfektes Mikrokosmos, ein Schmuckstück in einer leuchtenden Schatulle, ein Kleinod, das von Tausenden von Leben in der Luft, auf dem Land und im Wasser erfüllt ist.

---

[1] Patrone vom Kaliber 223. Für eine Jagdpatrone vom Kaliber 12 zum Beispiel wäre ein Aufsatz mit einem so großen Durchmesser nötig, daß der Pfeil das Wasser nicht mehr durchdringen könnte. Dieses System wäre erst bei direkter Berührung wirksam, was nicht wünschenswert ist.

[2] Einem unerfahrenen Unterwasserjäger rate ich, seinen Fang nie am Gürtel zu tragen.

Aber sehen allein reicht nicht. Man muß auch berühren, riechen, hören, ja sogar schmecken. Man muß mit nackten Füßen über den grobkörnigen Sand aus korallinen Trümmern und kleinen Muscheln laufen, sich die Beine an den dornigen Büschen am Strandrand zerkratzen, die Schalen der Riesenmuscheln aufheben und betasten.

Man muß auch den fauligen Geruch der von Stürmen an Land gespülten abgestorbenen Korallen in sich aufnehmen, das metallische Knistern der Palmen in der Brise hören und die Rufe der einzelnen Vögel in Ästen oder auf der Jagd erkennen.

Schließlich und vor allem muß man sich in das lauwarme Wasser gleiten lassen, dessen zärtliche Berührung für mich einer nahezu sinnlichen Freude gleichkommt. Schon immer sind mir diese Reize als Wonne und Euphorie erschienen. Aber trotzdem bin ich mir bewußt, dann für einige Sekunden leicht verletzbar zu sein.

Wahrscheinlich deshalb eile ich nicht überstürzt ins Wasser. Ob übervorsichtig in den Augen meiner Tauchkameraden oder komisches Verhalten nach Meinung anderer, ich habe dem nie Beachtung geschenkt. Für mich steht immer die Sicherheit im Vordergrund, mich gefahrlos meinem süßen Vergnügen hinzugeben – und sei es auch nur für einen Moment –, um dann wieder zu einem klargeistigen und entschlossenen Jäger zu werden.

Auch Danièle geht nun ins Wasser, sacht und geräuschlos, um die Haie nicht zu sehr zu alarmieren. Die aus nächster Nähe werden ohnehin ziemlich schnell herbeieilen, und die, die in einiger Entfernung ihre Runden ziehen, müssen ja nicht unbedingt auch angelockt werden.

Wir schwimmen nebeneinander, gleiten einen Augenblick lang über unseren Schatten, der flimmernd auf den gut zehn Meter tiefen Kiesgrund geworfen wird.

Wir befinden uns in einem der wenigen Hoa des Atolls, ein Hoa, in dem sich der Rhythmus der Gezeiten bemerkbar macht, durch den die Fische je nach Strömung, Wetter oder Jahreszeit in die tiefe See oder die Stille der Lagune gelangen können. Obwohl einer der bedeutesten von Ahunui, ist dieser Hoa doch nur ein Durchlaß, ein einfacher Graben, der eine Kabellänge[1] lang und eine halbe breit ist. Auf der einen Seite schließt der Hoa direkt an die Riffplatte an und geht dann auf der anderen nahtlos in die Lagune über.

Zwar ist die Riffplatte nicht unbedingt schiffbar, aber dennoch tief genug, daß sich unzählige Fische durch schmale Spalten durchschlängeln können.

---

[1] Kabellänge: maritimes Längenmaß nach der Länge eines Ankerkabels, entspricht 1/10 Seemeile bzw. etwa 185 m.

Größere Fische schwimmen entweder mit halbem Körper aus dem Wasser oder bei hohen Flutständen in die Lagune.

Bunte Papageifische, eng zusammenstehende Stachelmakrelen, Barsche in geschlossenen Schulen, Schmetterlingsfische, Trompetenfische, Pfeifenfische und viele andere bilden hier ein gigantisches, zauberhaftes Ballet.

Mitten im Kanal erhebt sich wie eine Trutzburg ein Korallenmassiv, das reich an Grotten, Vorsprüngen, Labyrinthen und Verstecken aller Art ist – kurz, ein Raubritternest. Soldatenfische, Riesenzackenbarsche, Kaiserschnapper, Moränen, Kaiserfische, sie sind alle da, jederzeit bereit, nach Beute zu schnappen.

Hier und da ein Hai, stolz, majestätisch, ein Wunder an Perfektion.

Das mannigfaltige Leben, die Farben, die Schönheit betören uns. Fast unbeweglich gleiten wir dahin – gleichermaßen Beobachter wie Beobachtete. Wir haben Zeit.

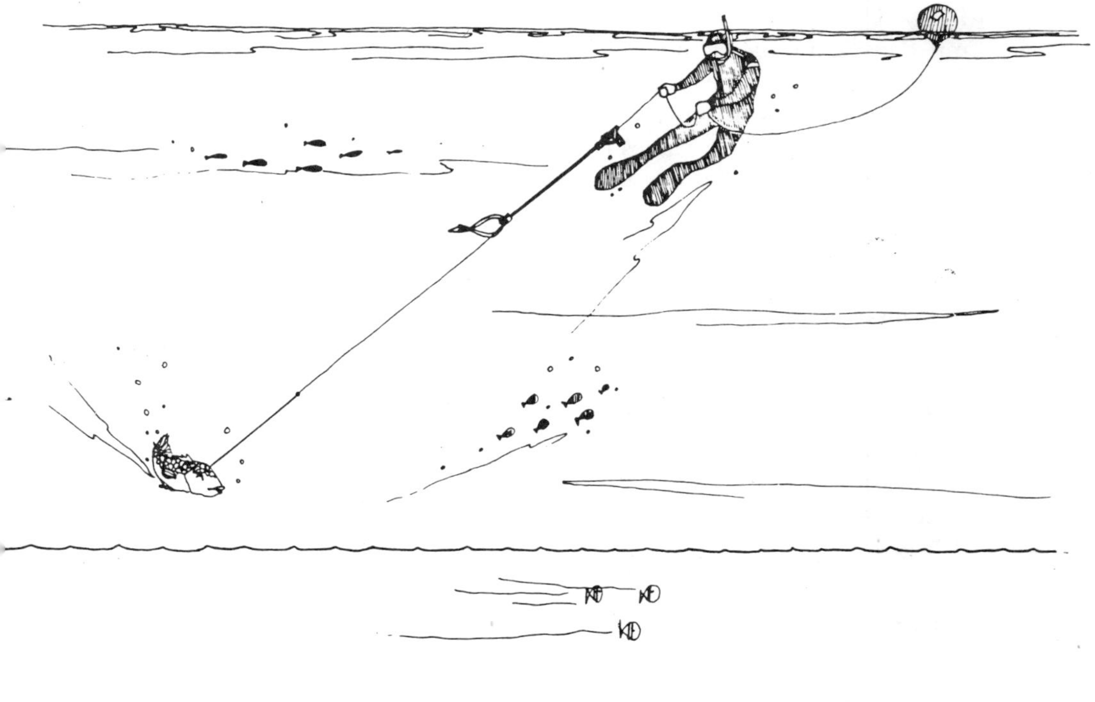

Unterwasserjagd

Es ist schon ewig lange her, daß ich mit der Unterwasserwelt Bekanntschaft gemacht habe. Ich werde ihr nicht überdrüssig. Nie! Unter Wasser bin ich ein anderer Mensch in einer anderen Welt. Ich bin bewußter, reicher, aber auch verantwortungsvoller. Ich erinnere mich noch an die Anfänge, als ein Hai meine ganze Aufmerksamkeit band und mich so gegenüber allem anderen handlungsunfähig machte.

Wie verhält sich denn Danièle?

Sie starrt auf die drei uns umkreisenden Haie, vor allem auf den größten von ihnen. Sie scheint hypnotisiert. Lähmt sie die Angst?

Ich berühre ihre Schulter. Sie macht eine erschreckte Bewegung und sieht mich fragend an. Wir gehen mit dem Kopf über Wasser, um sprechen zu können.

»Na, geht's?«

»Die Haie...«

»Hast du Angst?«

»Sie sind schön, wunderschön!«

Sie schreit den Satz fast. Ich spüre ihre spontane Begeisterung. Es ist alles in Ordnung: Danièle hat instinktiv das richtige Verhalten an den Tag gelegt. Ich weiß jetzt, daß wir auch unter Wasser Gefährten sein werden, und kann mit dem Kopf wieder untertauchen. Außerdem halte ich nicht gerne die Nase in die Luft, ohne zu wissen, was um mich herum vorgeht.

Still steht im Korallenlabyrinth eine Gruppe Papageifische, darunter ein wunderschönes großes, blaues Exemplar[1]. Das will ich!

Wichtig ist nun, daß der Fisch nicht mein Interesse an ihm merkt. Ich muß mich ihm ganz zwanglos nähern. Fünf-, sechsmal tief einatmen, nicht mehr, nicht bis zur Hyperventilation. Den Kopf ostentativ abwenden, ohne Flossenschlag hinter ihn schwimmen, genau vertikal zu ihm. Den Schnorchel freihalten, damit keine Luftblasen gebildet werden. Mit Daumen und Zeigefinger die Nase kneifen und blasen, um einen Überdruck zu erzeugen und das Trommelfell zu entlasten. Dann in den Schutz einer Korallennische. Alle anderen Fische ignorieren, selbst wenn sie im Augenblick noch so schön, noch so nah und noch so verwundbar erscheinen. Nicht bewegen, warten, bis die auserwählte Beute sich mit der Flanke zeigt – oder noch besser leicht quer. Das Gewehr in Anschlag bringen und mit Gefühl auf den Abzug drücken.

Der Pfeil ist geräuschlos davongeschossen. Ein dünner und langer Pfeil, der das Opfer nicht töten wird, weil er praktisch keine Aufschlagkraft hat.

[1] *Scarus gibbus* (*uhu raepu* auf Maori)

Aber trotzdem hat er Wirkung. Beim Auftreffen dringt eine Nadel mühelos in das Fleisch. Bei einem Frontalschuß wäre sie am Schuppenpanzer abgeprallt, hätte vielleicht eine, aber nur eine herausgerissen. Von hinten jedoch, wo der Schuppenschutz weniger wirksam ist, schlägt die Spitze voll in den Papageifisch ein. Er zappelt und kämpft wie der Teufel. Die anderen Fische flüchten erschreckt.

Jetzt muß es schnell gehen. Für einige Augenblicke sogar sehr schnell. Keinesfalls den Fisch an der Leine oder am Pfeil herziehen. Im ersten Fall würde sich die Leine unentwirrbar um meine Beine schlingen, und im zweiten Fall fände die Beute einen Widerstand, durch den sie sich losreißen und davonmachen könnte. Im Gegenteil, ich muß nun auf den Fisch zutauchen, ihn festhalten und umgehend auftauchen.

Die Haie sind schon da. Als der Pfeil auftraf, haben sie sich blitzschnell umgedreht. Das Geräusch und die Vibrationen des zappelnden Fisches haben sie alarmiert. Ich weiß jedoch, daß sie noch mit ihrem Angriff zögern werden. Sie begreifen nicht, was vor sich geht, sind stutzig über ein bisher nie gesehenes Ereignis. Sie brauchen nun einige Zeit, um die Situation zu verarbeiten. Danach werden sie aus dieser Erfahrung Lehren gezogen haben. Dann reicht schon das kaum merkliche Zischen des Pfeils unter Wasser, um sie auch bei verfehltem Ziel direkt zum Jäger zu führen, in der Hoffnung, ihm eine leichte Beute entreißen zu können. Nach dieser Erfahrung beträgt die Sicherheitsspanne für den Taucher nur noch wenige Minuten, ja manchmal sogar lediglich ein paar Sekunden.

Ich steige auf und halte den Fisch mit gestrecktem Arm aus dem Wasser. Aufmerksam auf jede Bewegung um mich herum achtend, schwimme ich mit aller Kraft zum Strand. Der Fisch zappelt immer noch, jedoch außer Sichtweite und vor allem außerhalb des auf Vibrationen reagierenden Spürsinnes der Haie. Allerdings blutet er, und zudem entströmt seinem durchbohrten Darm in großer Menge eine gelblichgrüne, gallige Flüssigkeit an meinem Arm entlang ins Wasser: eine sicherlich sehr verlockende Spur.

Danièle und ich erreichen den Strand gleichzeitig.

»Bravo! Gleich beim ersten Schuß.«

»Ja, ich bin zufrieden mit mir. Aber nur jetzt geht das so einfach. Später wird das anders. Sie werden von nun an sehr mißtrauisch werden. Noch drei- oder viermal, dann ist Schluß. Und wir müssen an einer anderen Stelle jagen.«

»Ich möchte das auch mal probieren.«

»Prima.«

»Was machst du jetzt? Er bewegt sich nicht mehr und kann auch nicht mehr entkommen.«

»Siehst du die Vögel dort? Und die Sonne? Meinst du nicht, wir sollten ihn in Sicherheit und in den Schatten bringen?«

Am Himmel kreisen bereits drei, vier Tölpel, die sich Hoffnung auf ein billiges Festmahl machen. Daher bedecke ich den Fisch mit ein paar großen Steinen.

Wir gehen wieder ins Wasser. Die Haie lauern nun mit größerer Aufmerksamkeit. Sie sind zu viert, zu fünft oder sogar noch mehr. Da sie laufend näher kommen, wieder davonschwimmen und erneut zurückkehren, ist ihre genaue Zahl nicht zu bestimmen. Es handelt sich um wunderschöne *mauri*[1], die zwischen 1,20 und 1,80 Meter lang sind.

Danièle taucht einer Stachelmakrele hinterher. Zu schnell meiner Meinung nach. Sie hat nicht ventiliert und wird die Apnoe nicht aushalten. Ihr Pfeil schießt mehr als einen Meter neben dem Fisch ins Leere.

»Du mußt die Makrele rufen.«

»Machst du Witze?«

»Nein, du grunzt in den Schnorchel, und sie kommt wie ein Hund herbei.«

Danièle taucht wieder ab. Sie hat den Trick mit dem Herbeirufen kapiert. Und weil die Stachelmakrelen sofort flüchten, wenden wir uns den dicken, trägen Riesenzackenbarschen zu. Genau vor uns steht ein braun-crèmefarbener *kito*[2] unbeweglich vor seiner Höhle, das Maul geöffnet, uns dumpf anblickend.

Wir haben ihn zur gleichen Zeit entdeckt. Ich berühre meine Jagdgefährtin an der Schulter: das Zeichen zum Auftauchen.

»Ziele nicht zu lange.«

Sie taucht wieder ab. Geräuschlos und ohne unnötige Bewegung. Sie hat nun auch ventiliert. Danièle blickt herum, dann konzentriert sie sich auf die Beute. Sie nähert sich ihr langsam in der Vertikalen und schießt. Etwas zu nah für meinen Geschmack. Nein, sie hat getroffen. Der Pfeil hat voll den Kopf durchschlagen, und der Barsch zappelt im Todeskampf.

Danièle taucht auf den Fisch zu, ergreift ihn, hält ihn über die Wasseroberfläche und schwimmt schnell in Richtung Strand. Ich sichere sie nach hinten ab.

Jetzt haben die Haie begriffen: Taucher gleich Pfeil gleich Blut. Das nächste Mal wissen sie Bescheid.

»Paul, hilf mir. Was soll ich tun?«

»Ihn töten.«

---

[1] *Mauri:* Schwarzspitzenhai *(Carcharhinus melanopterus).*

[2] *Kito* (Maori): *Epinephelus microdon*

»Hilf mir. Bitte. Ich kann so etwas nicht.«

»Dann hättest du die Jagd sein lassen müssen...«

Eine Gruppe Sturmvögel hat sich am Himmel zu den Tölpeln gesellt. Siki beobachtet uns aus ihrem Unterschlupf im schattigsten Busch vor Ort.

Unsere beiden Fische wiegen zusammen zehn Kilogramm. Das Klügste wäre, jetzt mit dem Jagen aufzuhören, da wir das Fleisch ja doch nicht konservieren könnten. Aber die Leichtigkeit der Jagd, die Erregung und natürlich auch der Trick mit den Stachelmakrelen... Ich möchte einen schönen Abschluß haben. Also gehen wir wieder ins Wasser.

Es ist immer noch wie in einem Riesenaquarium, jedoch nun mit einigen feinen Unterschieden: die einen sind mißtrauischer und die anderen aufmerksamer...

Stachelmakrelen sind allerdings nicht in Sicht.

Ich tauche hinab, klammere mich am Grund fest und schlage solange kräftig mit den Flossen, bis der aufgewirbelte koralline Sand eine dichte Wolke bildet. Dann steige ich zur Oberfläche auf und ventiliere mit Sorgfalt. Ich bin nun bereit. Wenn Stachelmakrelen im Umkreis sind, werden sie von ihrer unersättlichen Neugier angelockt herbeieilen. Ein aufgewühlter Boden ist doch etwas sehr Interessantes, nicht?

Und es klappt.

Ich sehe nur noch Stachelmakrelen. Ein *paihere*-Pärchen[1] zögert noch, auf mich zuzukommen oder die sich in zehn Meter Entfernung auflösende Sandwolke näher anzusehen. Ich grunze in den Schnorchel. Fünf-, sechsmal dringt ein rauher, kratziger Ton aus der Tiefe meiner Kehle.

Das Zögern ist vorbei. Sie schwimmen direkt auf mich zu. Aus knapp zwei Metern Abstand ziele ich. Jetzt! Der getroffene Fisch flüchtet sofort. Ich lasse das Gewehr los, greife nach der Leine mit der Boje und gebe langsam Leine nach. Die Makrele schwimmt mit dem Pfeil im Körper in unregelmäßigen Kreisen herum. Da kein Widerstand vorhanden ist, kann sie sich nicht losreißen und davonschwimmen. Ich höre unter Wasser ihre Schmerzschreie – eine kurze Folge von Grunztönen, ähnlich denen, mit denen ich sie angelockt habe.

Mir behagt das gar nicht, dieses Hin- und Herzappeln, diese Rufe, dieses Blut. Wir sind hier doch nicht allein unter uns!

Die Haie haben ihr Verhalten geändert. Nichts erregt sie mehr als eine verletzte und schreiende Stachelmakrele. Sie schießen in spitzem Winkel herbei: das Maul vorgestreckt, den Körper nach allen Richtungen drehend.

Plötzlich taucht ein wesentlich größerer Schatten aus dem Nichts auf. Ich

[1] *Paihere:* Tahitisch für *Caranx melampygus*

kann gerade noch die Länge und die Form ausmachen: fast drei Meter, ein gleichmäßiges Schmutziggelb, zwei sehr hohe Rückenflossen.

Ein Ruck an der Leine, hart und kräftig, dann ist der Pfeil leer.

Der Hai dreht sich langsam um seine Achse und bleibt quer stehen. Er hat sein Beutestück schon verschlungen. Er blickt mich aus dem einen Auge an – ein rundes, kleines, goldfarbenes Auge.

Angst? Ja und nein. Eher das klare Bewußtsein, aus dem Wasser nun herauszumüssen, ohne Panik, aber auch schnellstmöglich. Keinesfalls den Blick abwenden, wenn ich das Gewehr aufnehme. Dann ganz ruhig zum nahen Strand zurückschwimmen. Danièle hat die Situation ebenfalls begriffen. Die blindäugige Unbekümmertheit des Neulings, dem der Zufall nun das Ereignis eines ersten Kontaktes beschert hat, ist der Sicherheit gewichen, daß sich die Dinge verändert haben.

Wir verlassen das Wasser. Der Hai hat sich nicht bewegt.

»Ein *arava*, ein Zitronenhai. Ein unangenehmes Biest. Das erste Mal, daß ich einen sehe. Mit dem Tauchen ist es vorbei.«

»Glaubst du, daß er uns angegriffen hätte?«

»Ja!«

»Und was hätten wir dann machen können?«

»Nichts!«

Die Sturmvögel sind verschwunden. Sehr weit oben segelt ein Fregattvogel. Er ist in Sicherheit. Ich schnäuze mich laut.

Von nun an stehen die Dinge anders. Ein Zitronenhai in der Lagune bedeutet Gefahr. Wahrscheinlich ist er auch nicht allein.

Der Zitronenhai ist eines der gefräßigsten Tiere überhaupt. Der Facharzt Dr. Bagnis[1] gibt an, daß Zitronenhaie schon Pirogen angegriffen haben und sogar voll in Korallenbänke beißen, um nach einem dort Zuflucht suchenden Taucher zu schnappen. Ernst wird es, wenn der Hai verletzt oder ganz einfach gereizt ist. Eine verletzte Stachelmakrele reizt ihn zum Beispiel ungemein!

»Den kriege ich.«

»Spinnst du?«

»Ich kriege ihn. Du wirst sehen!«

»Du wirst doch nicht wieder ins Wasser wollen?«

»Nein, aber ich kriege ihn. Ich weiß zwar nicht, wie und wann, aber ich bin sicher, daß ich ihn irgendwie kriege.«

Vier Tage später zerreißt mir ein Trommelfell in nur vier bis fünf Metern Wassertiefe.

---

[1] Dr. Bagnis ist Spezialist für Ciguatera (tropische Fischvergiftung) und Autor eines Buches über die Fischarten in den polynesischen Gewässern.

8. Kapitel

Das Wrack

Danièle kümmert sich um die Lebensmittel. Sie packt Konfitüre, Pasteten, Teebeutel und Zuckerpakete auf einen Haufen, entdeckt Spezialitäten aus Deutschland, Brasilien und Ekuador und stellt sich bereits die einzelnen Menüs aus Gemüsesuppen, getrockneten Bananen und Guavenkompott vor.

Ich durchstöbere das Werkzeug und habe eine glückliche Hand dabei. Als erstes finde ich eine Blechschere, eine solide, große Blechschere, die wesentlich besser als meine ist. Ideal, um die Käfige zu fabrizieren! Dann stoße ich auf zwei Klappräder. Sie sind zwar ziemlich angerostet, aber immerhin sind noch die beiden Rahmen und die vier Räder verwertbar. Damit kann ich einiges anfangen!

Wir sind erneut auf der *Yin-Yang*.

Das Boot ist für uns eine wahre Schatzkammer. Methodisch gehen wir daran, jedes für uns wertvolle Objekt von Bord zu schaffen. Es ist auch höchste Zeit, denn seit unserem ersten Besuch hat die See an dem Wrack gearbeitet. Die Winde der vergangenen Monate haben die Jacht noch stärker auf die Seite gelegt. Das Leck ist größer geworden, und die Bilge ist überflutet. Zahlreiche Gegenstände schwimmen in einer Mischung aus Seewasser und Diesel, in dem auch wir herumstapfen. Die wenigen Staufächer, die dem Aufprall standgehalten hatten, sind mittlerweile ebenfalls zerstört und ergießen ihren Inhalt bei jedem Wellenschlag. Ein heilloses Durcheinander.

Ich glaube, der Segler hätte in den ersten Tagen noch gerettet werden können, aber die Nachwehen des Tiefdruckgebietes Lisa, die wir zu Anfang unseres Aufenthaltes noch zu spüren bekamen, haben ihm den Rest gegeben. Nun muß das Wrack endgültig aufgegeben werden.

Ich habe dem Eigner versprochen, möglichst viele Dinge zu retten, und ich schäme mich nun, erst so spät damit zu beginnen. Aber was hätten wir machen sollen? Die *Yin-Yang* ist meilenweit entfernt. Wir brauchen mehr als einen halben Tag für einmal hin und zurück. Und in welcher Lage befanden wir uns nicht selbst? Nein, wir mußten zuerst unsere Ausrüstung in Sicherheit bringen, unser Lager herrichten und unser eigenes Abenteuer starten.

Aufgrund des zerrissenen Trommelfells habe ich Zeit. Ich wäre gar nicht in der Lage, die vor anderthalb Monaten auf dem Meeresgrund versenkten Rohre für die Unterwasserplattformen zu bergen. Ich werde mir keine eiternde chronische Ohrenentzündung holen, nur weil ich trotzdem tauche. Mir ist bekannt, daß viele Perlen- und Schwammtaucher auch nach einem derartigen Zwischenfall noch ihrem Beruf nachgehen. Aber sie wissen sicherlich nicht, daß dies unweigerlich Taubheit zur Folge haben wird und daß sie dadurch auch einen Gehirnabzeß riskieren. Mir ist das alles bewußt. Außerdem leide ich noch immer darunter, daß ich einmal erkältet getaucht habe. Ich werde meine Gesundheit nicht für eine Schiffsladung Rohre opfern, auch nicht für 10 000 Austern.

Wir sind fleißig wie die Bienen. Alles wird untersucht, ausgesondert, nach Nutzen geordnet und dann fortgeschafft. Danièle ist mit den Töpfen und Konserven fertig. Nun macht sie sich an den Büchern zu schaffen. Bücher, ihre große Leidenschaft! Bei unserer Ausrüstung mußte sie darauf verzichten. Wir haben nur einige Fachwerke über Fische, Muscheln und unser technisches Gerät mitgenommen. Sonst nichts – wegen des Gewichts! Aber hier an Bord stehen die Regale voll mit Büchern. Allerdings sind sie in deutscher, spanischer und englischer Sprache, wovon Danièle jedoch keine versteht. Voller Verzweiflung greift sie daher zu einigen Hobbybüchern von der Art »Wie ich mein Brot selber backe« oder »Die Kunst des Makrames«, deren Inhalt sie sich mühsam mit Hilfe des ebenfalls an Bord gefundenen deutsch-französischen Wörterbuchs zu Gemüte wird führen können. Dann fällt ihr Blick auf bildschöne Petroleumlämpchen, Geschirr und einen Kühlkrug.

Mich interessieren da eher die Kissen – etwa zwanzig Sitz- und Rückenpolster, allesamt weich und dick, aus denen man Sessel und sogar eine Matratze machen kann.

Auch die Lattengestelle gefallen mir. Ich sehe sie bereits kunstvoll in Küchenregale verwandelt, an denen Danièle mit Freude arbeitet.

Die Winschen erfüllen mich jedoch mit Begeisterung. Jeder echte Skipper erfreut sich übrigens daran. Jetzt nur nichts kaputt machen, wir haben Zeit. Zunächst werde ich die Schrauben mit einem Lösungsmittel tränken – wenn nötig, bei jedem Aufenthalt an Bord. Sie mit Gewalt freizubekommen darf nur das allerletzte Mittel sein. Wichtig ist, daß sie sich im Gewinde lockern, erforderlichenfalls durch ein paar Hammerschläge auf einen großen Schraubendreher. Danach werde ich mich dann an die Taljen, die Taue und die Segel machen.

In den nächsten Tagen werde ich auch das Steuerruder, den Mastbaum und vielleicht sogar den Großmast selbst und die Wanten abmontieren.

Zwischen Riff und Lagune haben wir erneut eine Piste angelegt. Himmel, was ist das für eine Insel! Ein Wirrwarr von Pandang, die sich in eine gigantische koralline Schutthalde krallen. Wieder einmal mußten wir roden und den Boden ebnen, um unserer Lust als »Wrackräuber« frönen zu können.

Etwa ein- bis zweimal wöchentlich gehen wir auf das Wrack. Aber das wird bald ein Ende haben. Die Kabine ist kaum noch zu begehen; das Gemisch aus Diesel und Meerwasser reicht uns mittlerweile schon bis zu den Knien. Das Boot hat nun mehr als 45° Schlagseite, und die Schläge der anrollenden See werden immer stärker übertragen. Langsam wird es gefährlich. Die See ist rauh. Eine Grundwelle, und wir würden gegen die scharfen Kanten der auseinandergebrochenen Schotte geschleudert – kopfüber in einen stinkigen, tranigen Brei.

Viel ist ohnedies nicht mehr zu retten. Also machen wir, daß wir nach oben kommen. Die heftigen Stöße, das Knarren des zerrissenen Blechs, der unerträgliche Gestank in der überfluteten Kabine, alles gute Gründe, schnellstmöglich von Bord zu gehen.

Wir sind auf dem Strand. Danièle ist totenbleich und muß sich plötzlich übergeben.

»Los, Danièle, wir gehen, bevor uns auf dem Wrack noch etwas passiert.«

»Bäh! Dieser Gestank! Mich kriegst du da nicht mehr rein!«

»Ja, wirklich eklig. Ich hoffe, du bist dennoch zufrieden, deine Bücher und die Marmelade an Land geschafft zu haben.«

»Paul, hör mal! Ich habe die Nase voll von dem Boot. Wenn du unbedingt hin willst, mußt du allein gehen!«

»Hehe! Was soll denn das?«

»Wir haben Wochen und Monate gebraucht, um unser eigenes Zeug zu schleppen, dann wieder Wochen, um uns hier abzuplagen. Ich habe dir geholfen, Wege anzulegen, Bäume zu fällen, Nägel einzuschlagen, Äste zu sägen und Holz zu tragen. Abends koche ich unser Essen. Tagsüber wasche ich, füttere die Hühner, suche Brennholz, spüle das Geschirr. Ich gehe auf Fischfang und tauche. Ich mache alles, was du willst. Aber auf diesem Boot tue ich keinen Schlag mehr. Was sollen wir denn mit den Masten, den Segeln und den Ketten? Das Boot ist kaputt. Es hat keinen Sinn, sich mit diesem Rosthaufen abzuschinden. Sie hätten es doch längst holen können. Ich will nicht mehr. Nein, ich will nicht mehr! Die Insel, okay; auch die Einsamkeit, all die Gefahren und die ganze Plackerei. Aber das? Nein! Verlorene, verschwendete Zeit. Wenn du nicht weißt, wann Schluß ist, ich weiß es jedenfalls!«

»Ich habe verstanden. Also, dann wollen wir uns auch hier nicht länger aufhalten. Gehen wir zurück.«

Drei Tage später läßt mich der Anblick eines jenseits des Riffs navigierenden Schiffs erstarren.

Zwei Tage und zwei Nächte hatte ein Sturm gewütet. Als sich dann das Wetter besserte, war ich in den Palmenhain gegangen, um ein paar Kokosnußräuber zu fangen. Um den Rückweg abzukürzen, wollte ich nun über den Strand gehen. Aber kaum bin ich aus dem Dickicht heraus, sehe ich mir genau gegenüber das Schiff. Sofort überkommen mich schlimmste Befürchtungen...

Danièle ist ganz allein, sorglos und unbekümmert. Im Zelt liegt ein geladenes Gewehr. Das zweite im *fare*. Nicht bewegen, vielleicht haben sie mich noch nicht gesehen. Was wollen die bloß so nahe am Atoll? Sicherlich einen Landepunkt suchen. Aber was ist denn das für ein Schiff?

In meinem Kopf kreisen alle möglichen Gedanken, die sich langsam ordnen. Die Mannschaft hält Ausschau nach einer günstigen Stelle, um ein Beiboot zu Wasser zu bringen. Nur noch zweihundert Meter trennen uns. Sie haben mich entdeckt. Um welchen Schiffstyp handelt es sich? Gut zwei bis drei Sekunden war ich verwirrt. Weitere drei Sekunden später sehe ich klar. Ein Schlepper... Ein großer hochseetüchtiger Schlepper. Zweifellos die *Aito* aus Papeete. Jeden Augenblick müßte der Name am Heck zu lesen sein. Ein Schlepper, um die *Yin-Yang* wieder flottzumachen. Eine sinnlose Aufgabe. Zu spät. An Bord des Schleppers sind sicher Seeleute aus Tahiti, vielleicht ein Bekannter, vielleicht auch der Eigner des Wracks.

Langsam hebe ich die Hand. Ich scheine aus einem Alptraum aufzutauchen. Vier, fünf winkende Hände antworten mir. Man bedeutet mir, dem Schiff zu folgen. Jaja, ich komme schon. Aber erst einmal werde ich Danièle warnen und euch dann führen. Na, das ist eine schöne Überraschung!

Sechs Mann sitzen im Schlauchboot. Im Bug ein athletischer Weißhaariger: Vaea, der alte Riffbezwinger, ein guter Bekannter. Mittschiffs drei zerzauste und bärtige Popaa. Sicherlich Skipper. Und achtern der Steuermann und ein Gehilfe.

Vaea springt als erster an Land. Die fünf anderen folgen ihm sogleich. Ich greife nach dem Boot, und gemeinsam ziehen wir es hoch auf den Strand, möglichst weit außer Reichweite der heftig gegen die Gummiwülste anrollenden Wellen. Erst dann beginnt die Begrüßungszeremonie. Vaea macht den Anfang.

»*E, Taote, maitai* – Na, Doktor, wie geht's?«

»Und dir, alter Seebär? Hat dich deine Frau überhaupt weggelassen?«

»*E hoi! Ehia outou* – Gewiß! Wieviele seid ihr?«

»*E piti* – Zwei.«

»Na, na, Taote...«

Dann lacht er. Seine Art, Verständnis für uns zu zeigen. Er lacht. Er hat im Bruchteil einer Sekunde alles begriffen. Die Einsamkeit, die Schwierigkeiten, die Freuden, die Ängste. Er lacht, vielmehr er grinst jetzt. Ein breites Grinsen, schelmig und komplizenhaft. Auch ich lache nun, und mein Lachen spiegelt sich in seinen schwarzen Pupillen wieder.

Die Bärtigen sind stumm. Sie verstehen kein Tahitisch und glauben wohl, wir reißen irgendwelche Witze.

Dabei ist die Sprache doch so einfach!

»Doktor Zumbiehl?« – »Frühbuss?«

Instinktiv duze ich den früher hier Gestrandeten. Vielleicht, weil wir so viele Dinge gemeinsam haben.

»Ich hätte nie geglaubt, daß du noch einmal herkommst, um dein Boot zu holen. Ich fürchte, es ist bereits zu spät. Seitdem es auf das Riff gelaufen ist, hat es ordentlich was abbekommen. Warum hast du solange damit gewartet?«

»Die Versicherung, der Papierkram, die Telegramme, die Telefonate. Verrückt!« antwortet er mir auf deutsch.

»Wenn du mich über Funk gerufen hättest, hätte ich dir abgeraten herzukommen.«

»Hab ich gemacht. Keine Antwort. Aber das Boot ist gut. Drei Monate Arbeit, und es ist wie zuvor.«

Vaea, der Tahiter, schaltet sich ein: »Wir sind seit gestern morgen hier und haben hart gearbeitet. Alles ist ausgeräumt worden. Dann haben wir die Kabine mit Lkw-Schläuchen vollgestopft. Morgen werden wir losfahren.«

Ich bin verdutzt: »Und das Leck im Rumpf? Das hast du doch gesehen, oder?«

»*E, ua ite vau* – Klar habe ich das gesehen. Das Leck ist zu. Wir haben den ganzen Tag über geschweißt. *Maitai* – Jetzt ist's gut.«

Ich wende mich Frühbuss zu: »Hut ab! Ich hätte nicht geglaubt, daß du es schaffst, dein Boot zu retten. Aber ich gönne es dir! Komm mal mit. Wir haben einiges von Bord geschafft. Du wirst zufrieden sein.«

Oben im alten *fare* liegen die Schätze, die wir dem Wrack entrissen haben: getrocknet, geputzt und auf Hochglanz poliert. Der junge Deutsche blickt auf seinen Besitz. Alles ist vorhanden. Seine Augen strahlen. Er lächelt... Aber die Uhr läuft. Die Sonne steht bereits tief am Horizont. Bald wird es Nacht. Jeder trägt so viel er kann. Für uns ist das nichts Neues... Kurz darauf ist die erste Fuhre am Strand.

Der Steuermann hat beim Schlauchboot Wache gehalten. Er hat ein Walkie-talkie in der Hand.

»Taote, der Käpten. Er will dich sprechen.«

»Wie heißt er denn?«

»Äh ... Peters.«

»Gib ihn mir.«

»Warte, ich muß ihn rufen. *Tomana, Tomana, Teie o Taote. Ta oe* – Käpten, Käpten, der Doktor ist da. Kommen.«

»Taote, hier ist der Käpten. *Iaorana*[1]. Wie geht's?«

»Guten Tag, Tomana. Wir haben nicht mit euch gerechnet. Glaubst du, es klappt mit der *Yin-Yang*? Kommen.«

»Man kann es jedenfalls mal versuchen.«

»Ich wünsche euch viel Glück. Die Sache sehe ich mir an.«

»Morgen früh geht's beizeiten los.«

»Wir sind da.«

»Und sonst, Taote, geht's gut?«

»Ja, sehr gut sogar. Danke.«

»Und deine *vahine* (Frau)?«

»Kein Problem. Wir halten uns wacker.«

»Brauchst du übrigens was? Kannst alles haben, was auf dem Schiff ist. Kommen.«

»Nett von dir, Tamana. Danke. Aber wir brauchen nichts.«

»Du kannst es ruhig sagen. Es ist alles an Bord.«

»Na gut. Kannst du mir einen Rostlöser, eine Büchse oder eine Sprühdose überlassen? Das fehlt uns nämlich wirklich. Kommen.«

»Okay, Taote. Geht klar. Sonst noch was?«

»Nein. *Mauruura* – Danke. Das reicht. Ich gebe dir noch einen Brief an die Familie mit. Wenn du den bitte in Papeete auf die Post bringen könntest.«

»Na sicher. Also, Ende. Iaorana.«

»Danke. Ende. Iaorana, Tomana.«

Zehn Minuten später geht das Schlauchboot längsseits des Schleppers, der bereits alle Lichter gesetzt hat. Danièle und ich sind auf dem Riff. Wir fühlen uns komisch. Wir haben Besuch gehabt. Wir könnten sogar das Atoll verlassen, wenn wir wollten ...

Am nächsten Morgen sind wir schon im Morgengrauen auf. Als erstes tragen wir die restlichen Dinge von der *Yin-Yang* zusammen und packen sie so zusammen, daß sie leicht mit dem Schlauchboot transportiert werden können. Alles muß bereit sein, denn das Schiff hat keine Zeit zu verlieren ... Jeder Tag auf See kostet eine Unsumme Geld, und ein so großer Schlepper ist

---

[1] *Iaorana:* »Du sollst leben«, bedeutet soviel wie »Guten Tag«.

Oben: **Danièle vor der Jolle, die schon seit Jahren auf Ahunui liegt und auch dort geblieben ist. –** ***Unten:*** **Ein herrliches Gefühl, im lauwarmen Wasser zu sein** (Foto: H. Pouliquen).

◀ *Vorige Doppelseiten:* **Um uns herum ein Übermaß an Leben, Farben und Schönheit** (Foto: H. Pouliquen).

Das einzige feste Gebäude mit der Zisterne.

Stark gepanzerte Gliedmaße und kräftige Scheren: der Palmdieb.

Oben: **Filmaufnahmen am Tag nach dem ersten Zyklon. –** *Unten:* **Hier und da ein Hai, stolz majestätisch, ein Wunder an Perfektion.**

auf solche Entfernungen nicht gerade billig. Für das Flottmachen wird Frühbuss ein halbes Vermögen brauchen. Hoffentlich läßt ihn die Versicherung nicht hängen.

Ich gestehe, daß es mir in der Seele schmerzt, die Winschen und alles andere wieder einzupacken. Und die Fahrräder! Tagelange Arbeit: Rost abkratzen, abbürsten, lösen, Teile abmontieren, schmieren, wieder zusammenbauen.

Ich habe zwar keine einzige Sekunde daran gedacht, mir all diese Dinge anzueignen, aber wir hätten sie wirklich gut gebrauchen können: die Taue und die Seilrollen, um unsere Boote an Land zu hieven, die Segel als Vorhänge, die Fahrräder, um daraus Karren zu machen, die Kissen als Matratzen und vieles andere mehr...

Auch Danièle hat Tränen in den Augen. Wie hat sie sich doch abgerackert, um die mit Diesel durchtränkten Kleidungsgegenstände und Decken wieder sauber zu bekommen! Wie sehr hängt sie bereits an der kleinen Sanduhr, mit der sie die Eier minutengerecht kochen wollte, die unsere Hühner allerdings bisher noch nicht gelegt haben!

»Die ganze Arbeit für die Katz! O Paul, ich will, daß sie jetzt möglichst schnell verschwinden.«

»Du bist aber gar nicht nett. Sie haben doch gerade erst ausgebootet.«

»Das hier ist unsere Insel, unsere Welt. Wir haben gerade unseren ganzen Krimskrams hergerichtet – unsere Schätze, wie du so schön sagst. Wir wollten gerade von unserer Arbeit profitieren, unser Leben beginnen. Wir sehen endlich einmal klar, und dann kommen die daher wie ein Elefant im Porzellanladen. Alles zerrinnt uns zwischen den Fingern, und wir müssen auch noch unseren Mund halten!«

»Hör mal, Danièle. Wir stehen auch ohne die Dinge von der *Yin-Yang* gut da, die sowieso nur ein Bonbon sind. Es wird auch so gehen. Aber jetzt will ich zum Wrack. Mal sehen, ob sie es schaffen.«

»Also, wenn du willst, dann gehen wir.«

Auf dem Riff herrscht reges Treiben. Die *Aito* ist draußen auf See, das Schlauchboot mit drei Männern an Bord knapp vor der Unterströmung. Drei weitere, mit Tauen behangene Männer stehen auf der Riffplatte. Frühbuss selbst befindet sich auf dem Strand. Seine blaßblauen Augen kleben an seinem Boot, seinem Werk, seinem Traum. In ihnen spiegeln sich aber auch seine Ängste und seine Einsamkeit wieder.

Wie ein waidwundes Tier bäumt sich die *Yin-Yang* in ihrer Falle auf. Mächtig und erschütterlich liefert sie ihren letzten Kampf.

Zwei-, dreimal ist eine starke Trosse um den Rumpf geschlungen. Im Bug, knapp unter dem Vordersteven – also landwärts –, ist ein schwimmendes

Schlepptau angebracht, das die Männer im Schlauchboot nun an der *Aito* festmachen wollen.

Das Wetter ist nicht gut. Eine starke Dünung rollt gegen die Küste an, und das theoretisch einfache Manöver erweist sich als sehr schwer durchführbar. Wellen verwickeln das Tau immer wieder im algenreichen Grund der Riffplatte.

Endlich sind die Bedingungen günstig. Der Schlepper macht volle Fahrt, um den Segler den korallinen Krallen zu entreißen. Käpten Peters will das Wrack auf dem Riff wenden. Es soll sich auf der Stelle drehen und mit dem Bug ins Tiefwasser gehen. Normalerweise wäre es einfacher, die *Yin-Yang* am Heck zu schleppen, aber durch den massigen Ruderträger ist das nicht möglich.

Dreimal reißt die Verbindung. Erst beim vierten Anlauf klappt es.

Der Rumpf knirscht auf dem Korallenriff. Langsam richtet sich die Jacht auf, das Vorderschiff weist gen Himmel. Es dreht auf der Stelle, rollt, legt sich auf die Seite und kommt krachend und ächzend in den Brecherbereich – wie ein Hund an der Leine.

Der Segler taucht in die See ein, erst langsam, dann immer schneller. Allem Anschein nach wird es sinken. Ein Mann ist an Bord des Wracks geblieben. Angstvoll schreiend ruft er das Schlauchboot herbei und springt mit der Geschwindigkeit einer Katze hinein. Die *Yin-Yang* muß erneut aufgegeben werden. Mit Tränen in den Augen wendet Frühbuss den Blick von seinem Boot.

Die See reicht bis zur Reling und schwappt über Deck. Nur das Cockpit und die Masten ragen noch aus dem Wasser heraus. Aber die *Yin-Yang* widersetzt sich einem zweiten Schiffbruch. Sie stabilisiert sich. Sie schwimmt! Zwar mit Mühen, aber sie schwimmt!

Ganz sanft, so als ob sie einen Schwerkranken an Bord hätte, nimmt die *Aito* Fahrt auf und schleppt das Wrack ins Lee der Küste.

Danièles Bitterheit ist verflogen: »Das arme Boot. Ich habe schon geglaubt, es säuft ab.«

»Sie müssen es gut abdichten, sonst haben sie bis Tahiti keine Chance und schleppen ein U-Boot hinter sich her.«

»Aber sie werden doch sicherlich Hao anlaufen?«

»Wenn sie überhaupt so weit kommen...«

»Du glaubst also, du hättest recht, daß das Boot verloren ist?«

Zu sechst erreichen wir mit unserem Boot das Lager über die Lagune. Wir vermeiden es, mit dem unglücklichen Skipper auch nur ein Wort zu reden. Sein Blick heftet am Horizont. Sein Gesicht ist starr. Er hat Tränen in den Augen. Stumm fahren wir dahin.

Die Männer im Schlauchboot stoßen zu uns. Sie haben das Atoll über See gerundet. Freudlos verladen wir die am Morgen zusammengestellten Pakete. Und wie das so ist, ein Unglück kommt selten allein: das Auslaufen des Schlauchbootes verläuft übel. Vier, fünf Wellen ergießen sich über die Ladung. Danièle und ich sind wie gelähmt. Kaum haben wir all diese Stoffe, diese Kissen und diese Bücher der zerstörerischen See entrissen, da werden sie ihr schon wieder preisgegeben. Sie werden sogar über Bord gespült und schwimmen nun auf der Riffplatte herum. Frühbuss wird zur Salzsäule.

Fast ein Jahr später sollen wir nach unserer Rückkehr nach Tahiti die *Yin-Yang* verrostet und verlassen am Kai nahe einer Helling dümpeln sehen. Nach unüberwindbaren Schwierigkeiten mußte Frühbuss nach Deutschland zurückkehren, wo er irgendwo im Schwarzwald eine Arbeit gefunden hat – fern seines Bootes...

9. Kapitel

Die japanischen Bojen

»Du meinst also, daß wir das alles aufessen können?«

»Glaub ja nicht, daß ich auch nur einen Bissen übriglasse!«

»Aber es ist viel. Du wirst krank!«

»Och, ein Kilo Fleisch am Tag dürfte nichts ausmachen.«

»Ein prima Kerl, der Käpten!«

»Ja. Er wollte uns etwas Gutes tun, ohne daß wir ihn extra darum gebeten haben.«

»Und Frühbuss, erinnerst du dich? Ohne zu zögern, hat er uns all das dagelassen.«

Seit drei Tagen sind wir wieder allein. Die *Aito* befindet sich mit der *Yin-Yang* im Schlepp irgendwo zwischen Ahunui und Tahiti. Zwei Tage lang haben die Männer im Lee der Küste auf der Jacht gearbeitet. Die Lecks wurden abgedichtet, Bleche geschweißt, Schwimmkörper unter Deck gebracht und Pumpen in der Bilge installiert.

Großzügig hat uns Frühbuss alle Nahrungsmittel überlassen, die wir von Bord geschafft haben. Er hat sogar ein Paar Riemen für unser Boot und ein Nebelhorn spendiert, das für uns besonders praktisch ist, wenn einer den anderen im Palmenhain herrufen will.

Auch Kapitän Peters hat sein Wort gehalten. Zwei Männer sind zu uns herübergekommen – die Arme voller Flaschen mit Rostlöser und um uns Lebewohl zu sagen. Aber sie haben auch ein vier bis fünf Kilo schweres Rinderfilet mitgebracht, das Danièle sofort gebraten hat, weil wir kein Fleisch konservieren können.

So steht auf unserem Speiseplan morgens, mittags und abends Fleisch – drei Tage lang!

Vent'la pètè, bon mangé pas gaté.«

»Und was heißt das?«

»Das ist ein Sprichwort aus Guadeloupe: Lieber sich den Bauch vollschlagen, als ein gutes Essen verkommen zu lassen.«

»Na, das scheinst du ja in die Tat umsetzen zu wollen.«

»Das letzte Steak liegt einige Monate zurück, und das nächste...«
»In sechs Monaten?«
»Wenn Gott will.«
Zu unseren Füßen krabbeln Heerscharen von Einsiedlerkrebsen, die vom Duft dieser Köstlichkeiten angelockt werden.
Auch die Hündin ist ganz aufgeregt. Sie sitzt auf den Hinterläufen, die Augen hellwach, ihre Erinnerungen scheinen voller Gedanken an fast vergessene Gerüche.
»Was hast du heute vor?«
»Unser Gerät warten.«
»Dein Rostlöser wird nicht ewig halten.«
»Bis zu unserer Abreise.«
»Das erstemal, daß du von Abreise sprichst.«
»Im Gegenteil, ich spreche von Durchhalten.«
»Also gut, ich habe heute Waschtag. Kannst du mir zwei neue Kessel zurechtschneiden?«
»Warum machst du das denn nicht selbst?«
»Ich bin zu ungeschickt. Tu mir doch bitte den Gefallen.«
»Na gut. Vermutlich muß ich hinterher auch noch die Wäscheleine spannen?«
»Nein, das kann ich selbst. Aber wenn du mir hilfst, geht's schneller.«
»Also, dann fange ich zuerst mit deinen Sachen an, aber hinterher kümmere ich mich um meine Dinge!«
Nahe der Lagune liegen im Bootsschuppen unsere japanischen Bojen, die wir während eines Rundganges auf dem Atoll gefunden haben. Diese von der See an Land gespülten Bojen sind wahrscheinlich während eines Sturmes oder von einem besonders angriffslustigen Fisch losgerissen worden.
Die Bojen benutzt man, um Thunfisch zu fangen, tonnenweise. Die Japaner haben da eine ganz ausgeklügelte Technik entwickelt. Theoretisch ist sie ganz einfach: Ein Tau wird ins Wasser gelassen, an dem an Drähten die Haken angebracht sind. Das Tau ist 150 bis 200 Kilometer lang! Von Haken zu Haken sind es jeweils etwa 50 Meter! Ungefähr alle 400 Meter wird das Tau von einer Boje entsprechend tief gehalten. In der Praxis gestaltet sich dies allerdings schwieriger. Da ist zunächst einmal die Technik, denn diese Vorrichtung hat ein unheimliches Gewicht... Das Tau muß vor Tagesanbruch zwischen zwei und sieben Uhr morgens ins Wasser gelassen werden, aus dem es dann zwischen Mittag und Mitternacht wieder herausgeholt wird. Eine Knochenarbeit! Aber da ist noch die »wissenschaftliche« Seite, denn das Fangsystem muß zur richtigen Zeit an den richtigen Ort gebracht werden. Und das bedeutet: Kenntnis der Thunfischwanderungen, der Meerestiefe, der Wassertemperatur usw.

Bei uns, auf unserem Atoll, finden die Bojen jedoch eine friedlichere Verwendung. Ich verwandle sie in Waschkessel, Spülbecken, Backtröge, Behältnisse verschiedenster Art, und manchmal benutze ich sie sogar wieder als Bojen.

Ein bißchen Sägen, und die Arbeit ist getan. Danièle dankt mir mit einem Lächeln und reicht mir die Wäscheleine.

»Du vergißt aber auch gar nichts!«

»Nur noch dies, und dann hast du deine Ruhe vor mir.«

Und so ist es auch, denn Danièle kümmert sich um die Wäsche, und ich kann mich anderen Arbeiten widmen.

Als der Segler wieder flottgemacht wurde, haben wir nahe dem Riff inmitten der Gischt ein paar Meter Film abgedreht. Natürlich haben wir die Kamera so gut wie möglich geschützt und sie nur für die Filmaufnahmen herausgeholt. Abends haben wir sie dann wieder sorgsam verpackt. Aber nun will ich sie mir vornehmen, sie in Teile zerlegen, diese mit Süßwasser reinigen, trocknen und dann mit einem feinen Schutzfilm überziehen. Auch die Objektive müssen gesäubert werden.

Als nächstes mache ich mich an den Filmtransportmechanismus des Fotoapparates, der uns bereits bei unserem Start in Tahiti im Stich gelassen hat. Wir wissen nicht, ob sich der Film überhaupt – und wenn ja, wie – abspult. Trotzdem schießen wir Bilder, immer mit der Befürchtung, doppelt zu belichten. Ich nehme auseinander und fummele herum – ohne Erfolg.

Aber auch wenn ich die ganze Zeit unseres Aufenthaltes herumwerkle, ich schaffe es nicht. Insgesamt werden wir 900 Fotos machen – mit dem Ergebnis, daß nur etwa 30 etwas werden!

Die Belichtungsmesser sind ein weiteres Problem. Obwohl ich davon drei habe, zeigen alle unterschiedlich an. Ich kann jeden einzelnen noch so gut einstellen, der Unterschied beträgt immer zwischen einer und vier Blenden. Auf welchen soll ich mich nun verlassen?

Mehr als hundert Tests stelle ich an, um schließlich doch nur den Einstellring des Belichtungsmessers am Teleobjektiv abzutrennen. Wie saß der bloß drauf? Normalerweise wäre das Problem einfach zu lösen: fotografieren, entwickeln, betrachten. Die Bilder sind entweder zu hell oder zu dunkel. Sich danach richten. Aber wo soll ich den Film hier entwickeln lassen, um dann die Bilder zu betrachten? Wir sind mutterseelenallein auf diesem Atoll!

Ich habe die belichteten Filme Käpten Peters anvertraut. Mit etwas Glück werden wir über Funk näheres erfahren.

Aber trotz mehrfacher Bemühungen soll ich dieses Problem nie in den Griff bekommen. Weshalb sollte sich auch ein Entwicklungslabor die Last aufhalsen, den krächzenden Funkspruch eines Unbekannten irgendwo am anderen Ende der Welt zu entziffern? Und was soll ich von den Beteuerungen einiger Freunde oder Verwandte halten, von denen der eine meint, alles wäre zu überbelichtet, während der andere, eher von Unterbelichtung spricht? Und jeder bezieht sich wieder auf die Meinung dritter und weiß dabei doch nicht, ob er von Filmaufnahmen oder Fotografien redet.

Reporter sichern sich durch rückwärtige Basen und mehrere Kameras ab. Aber wir sind nun einmal keine Reporter. Außerdem kostet die Ausrüstung ein Heidengeld: Kameras, Filme, Kühlbox und Sonnenkollektoren haben ihren Preis.

Eine 16-mm-Kamera war auf Tahiti nicht aufzutreiben. Also mußte sie aus Europa herangeschafft werden. Per express. Daher konnten wir noch nicht einmal einen Probefilm drehen.

»Du und deine Belichtungsmesser! Glaubst du, du bringst noch irgend etwas damit zustande?«

»Pech, einfach Pech.«

»Und der Fotoapparat?«

»Der gleiche Mist!«

»Also Paul, das ist doch wirklich nicht so wichtig. Unser Leben auf dem Atoll, das zählt. Das ist doch mehr als ein volles Fotoalbum. Hör auf damit. Ich koche dir auch einen Kaffee.«

Trotzdem ist noch viel zu tun. Die Batterien für die Leuchte müssen noch aufgeladen werden, wenn wir Nachtaufnahmen machen wollen. Aber das verdammte Stromaggregat will einfach nicht funktionieren. Ich nehme es auseinander. Anscheinend ist beim Ausladen Seewasser eingedrungen. Oxidierte Stellen werden gereinigt, der Belag wird abgekratzt oder abgelöst. Dann wieder alle Teile zusammenbauen, Benzin in den Tank füllen, den Ölstand prüfen. Nun den Anlasser betätigen.

Nichts! Schließlich schütte ich etwas Äther direkt in den Zylinder. Rumms! Es geht.

»Was du da machst, ist medizinisches Können.«

»Ich weiß nicht, wie man das nennt, aber eins ist sicher: unser Äthervorrat reicht nicht, um das Ding jedesmal so anzuwerfen. Außerdem möchte ich den Äther für wichtigeres aufheben, zum Beispiel um Pflaster aufzukleben.«

»Mit den Sonnenkollektoren müßte es besser gehen.«

»Ja, die einzige Sache, in die ich Vertrauen habe. Schade, daß man damit nicht direkt die Batterien aufladen kann. Vielleicht erfindet man eines Tages einmal einen universell verwendbaren Transformator.«

»Dann wärst du der erste, der sich einen besorgt.«

Mittlerweile ist der Kaffee fertig.

10. Kapitel

Auf Langustenfang

»*Kébir, Kébir* von Ahunui. *Kébir* kommen.«

»Ahunui von *Kébir*. Ich empfange dich klar und deutlich.«

»Salut, Jean-Yves. Wo bist du gerade? Wie geht's? Seit drei Wochen versuche ich schon, dich anzufunken. Kommen.«

»Tag, Paul. Bei mir ist alles in Ordnung. Ich liege gerade vor Pitcairn[1]. Wie sieht's bei dir aus?«

»Wir zwei haben keine Probleme. Hör mal, was hast du denn für Pläne?«

»Ich will bald auslaufen und um den 17. Januar in Mangareva[2] sein. Danach geht's wieder zurück nach Tahiti. Kommen.«

»Kommst du an Ahunui vorbei?«

»Also, ich weiß nicht. Hängt von der Zeit ab.«

»Machst du Witze? Pitcairn-Tahiti verstehe ich ja noch. Aber von Mangareva aus stößt du mit der Nase an unser Atoll, wenn du nicht aufpaßt. Wir rechnen mit dir.«

»Okay, okay. Ich versuche einen Zwischenstopp einzulegen. Aber nur ein paar Stunden, nicht mehr. Verdammt schwierig, bei euch vor Anker zu gehen. Also, sagen wir so um den 20. Januar.«

»Verstanden, am 20. Kannst du auf Mangareva einige Dinge für uns besorgen?«

»Ja. Ich höre.«

»Also, dann schreib auf: Käse, Wein, Schokolade, Zitronensaft, Gemüse. Genaueres kann ich dir nicht sagen. Sieh halt zu, was es beim Chinesen so gibt. Bring bitte auch eine Rolle Maschendraht mit, 1,80 Meter hoch, für

---

[1] Pitcairn: 25°S-130°W, 1200 Seemeilen OSO von Tahiti, bekannt als Zufluchtsort der Meuterer von der *Bounty*.

[2] Mangareva: 23°S-135°W im Gambier-Archipel, 900 Seemeilen OSO von Tahiti.

einen Fischkäfig. Dann noch ein Taubenpärchen, einen Hahn und drei Hühner. Kommen.«

»Alles notiert. Aber du hast doch schon einen Hahn. Willst du Hahnenkämpfe veranstalten?«

»Der Hahn taugt nichts, zu alt. Kommen.«

»Habe dich schlecht aufgenommen. Wiederhole bitte.«

»Der Hahn kann nicht mehr, ist nur noch was für den Kochtopf. Kommen.«

Ich höre, wie er ins Mikrofon lacht. Er wird nicht der einzige sein, denn unsere Unterhaltung wird noch von anderen Funkern mitgehört.

»Verstanden, ein Hahn, ein guter. Du weißt doch, daß auf den Gamier-Inseln die Hühner nicht eingesperrt sind. Sie laufen im Dickicht herum und leben wild. Man muß sie nachts von den Bäumen holen. Ich werd's versuchen, aber versprechen kann ich dir nichts.

»Tu dein Bestes.«

»Ja, und die Tauben? Sind die auch *fiu*?«

»Nein, aber die Täubin ist von einem *kaveu* verspeist worden, und der Täuberich ist verendet.«

»He, wenn mir mal Federn wachsen sollten, werde ich sicherlich nicht zu dir geflattert kommen. Aber im Ernst, ich glaube kaum, daß ich auf den Gambier Tauben finde.«

»Wahrscheinlich hast du recht. Als Gegenleistung werde ich dir ein paar Langusten und *kaveu* mitgeben. Du willst sie doch lebend, nicht?«

»Das ist nett von dir. Ja, lebend. Die Langusten werde ich an Bord kochen.«

»Noch was anderes. Nächster Funkkontakt am 18. zur gleichen Zeit. Paßt dir das?«

»Ja, also bis zum 18. Tschüß, ihr zwei. *Kébir* Ende.«

»Okay, Jean-Yves. Gute Fahrt. Bis dann. Ende.«

Wir lachen, denn wir stellen uns vor, wie unser Freund ein paar Jungen anheuern wird, um mit ihnen auf Hühnerjagd zu gehen. Hoffentlich sind die Jungen auch folgsam, denn bei Jean-Yves' grantigem Charakter tut man besser, was er sagt, als daß man sich ihm widersetzt.

Hühnerjagd – was fällt mir dabei nicht alles ein!

Zunächst einmal müssen die Schlafplätze der Hühner ausgekundschaftet werden. Dann schleicht man sich nachts mit einem *catimini*, einem langen Stock, an die Vögel heran. Das Huhn wird so lange mit dem Stock sanft am Bauch gekitzelt, bis es ein Bein auf den Stock setzt, den es für einen störenden Ast hält. Bald folgt auch das andere Bein. Durch die schräge Haltung des Stocks gerät das Huhn nun aus dem Gleichgewicht und läßt sich langsam den Stock hinunterrutschen, an dessen Ende ein großer Sack auf es wartet.

Dann geht es zum nächsten.

»Also werden die Hühner richtiggehend gepflückt?«

»So ist es.«

Danièle lacht schallend.

»Und wenn das Huhn sich oben am Stock festkrallt, dann hältst du es die ganze Nacht wie eine Laterne?«

»Nein, du senkst den Stock langsam auf die Erde ab. Das Huhn macht keinen Muckser.«

Wir lachen. Vor unserem geistigen Auge sehen wir Jean-Yves, wie er in einer stockdusteren Nacht unsere Hühner von den Bäumen holt, gefolgt von einer Heerschar Kinder aus dem Dorf.

»Für die Hähne gibt es noch einen anderen Trick. Aber dazu braucht man einen zahmen Hahn.«

»Ja, ich weiß. Man macht ihm klar, daß er Salz auf den Schwanz seines wilden Vetters streuen soll.«

»Nein, ernsthaft. Paß auf. Zunächst lauschst du auf das Krähen eines wilden Hahns. Dann gehst du mit dem zahmen dorthin. Vorher hast du ihm aber eine vier bis fünf Meter lange Schnur an ein Bein gebunden. Das andere Ende der Schnur bleibt frei. Wenn du in der Nähe von dem wilden Hahn bist, läßt du den so vorbereiteten zahmen frei, versteckst dich und wartest.

Die beiden Hähne werden nun um die Wette krähen, jeder will beweisen, daß er das Sagen hat. Der wilde Hahn kommt herbei, um sein Gebiet zu verteidigen. Der Kampf beginnt, und die Schnur wickelt sich schließlich um die beiden Kampfhähne...«

»Die dann einfach aufgehoben werden können?«

»Genau so.«

Bis auf den Kutter, der uns kurz nach unserer Ankunft die Perlenaustern brachte, und das unerwartete Erscheinen des Schleppers wird die *Kébir* wohl unser einziger Besuch bleiben. Wer sonst würde sich in diese Gewässer verirren? Erst die banale Situation, daß ein Segler vor unserem Atoll vor Anker geht, beweist überdeutlich, wie einsam wir sind.

Besuch! Ein Ereignis muß vorbereitet werden!

Zuerst das Lager reinigen, dann den Hüttenbereich.

Mehr als zwei Tage lang sammeln wir allen möglichen Unrat zusammen: leere Konservendosen, verbogenes Blech, verrottetes Holz, Glassplitter. Die Paumotu haben es sich zur Gewohnheit gemacht, verrosteten Müll um Palmenstämme zu häufen, weil die Bäume dadurch angeblich mit Eisen genährt werden sollen. Der sehr nahrstoffarme Boden bewirkt nämlich rasch Bleichsucht bei den Palmen. Anfänglich wollte man mit diesem Tun nur etwas

Gutes erreichen. Aber leider verwandelt sich eine gute Gewohnheit sehr schnell in eine schlechte. Wohl auch aus Nachlässigkeit ist die Fürsorge zur reinen Umweltverschmutzung geworden. Neben den rostigen Teilen finden sich nun Glas, Kunststoff, Kartons – also der gesamte Abfall westlichen Konsums. Selbst das schönste Paumotu-Dorf hat heute einen oder mehrere Misthaufen dieser Art, und auch Ahunui ist dieser schlechten Sitte nicht entgangen, als sich in den vergangenen Jahrzehnten einige wenige Kopra-Arbeiter auf dem Atoll aufhielten.

Schon seit langem wollte ich einmal richtig Ordnung schaffen. Um ehrlich zu sein, seit dem ersten Tag meines allerersten Aufenthaltes, aber ich habe die Arbeit immer wieder auf den nächsten Tag verschoben.

Nun jedoch soll alles Brennbare in Flammen aufgehen; der Rest kommt in ein großes Loch in den Boden.

Allerdings haben wir auch noch etwas Angenehmeres vor. Wir haben unserem Freund doch Langusten und Palmdiebe versprochen – und die soll er haben!

»Da, siehst du? Hin!«

Danièle steht bis zu den Knöcheln im Wasser. Sie stapft auf die Languste zu, hebt einen Fuß, senkt ihn ab und will das Tier so am Flüchten hindern.

»Vorsicht!«

Zu spät. Eine etwas höhere Welle schwappt über die Riffplatte. Millionen kleine Luftblasen bilden sofort eine undurchsichtige Schicht. Ich kann gerade noch die Lampe hochreißen. Jetzt müssen wir erst ein paar Sekunden warten, bis sich der Gischtnebel aufgelöst hat.

»Sie will weg!«

»Schnell, hinterher! Aber paß auf die Spalten auf!«

Erneut bleibt die Languste auf dem Boden liegen – ein grüner Fleck, aus dem zwei phosphoreszierende Punkte herausragen.

Danièle geht näher heran. Langsam weicht die Languste nach hinten aus, zu langsam.

Jetzt! Sie knirscht unter dem Schuh. Danièle beugt sich, ergreift das Tier und legt es in den Korb.

»Prima. Auf zur nächsten.«

»Zum Glück habe ich Handschuhe an. Wahnsinn, wie sie gekämpft hat. Ich hab schon geglaubt, ich lasse sie wieder fallen.«

Bei Langusten sollte man immer die Hände schützen. Diese Schalentiere haben nämlich über den ganzen Panzer verteilt kleine, spitze Stachel, die im Eifer des Kampfes beim Anfassen zu sehr schmerzhaften Verwundungen führen können.

»Da, zwei andere.«

»Jeder eine.«

Wieder knirscht es erst unter unseren Füßen, dann in unseren Händen. Ein scharfer, durchdringender Ton, der sich in sehr schnellem Rhythmus wiederholt und von heftigem Schwanzschlagen begleitet wird.

Um uns herum bestreicht der starke Strahl der Lampe[1] das Universum der Lagune.

Auf die geringste Unaufmerksamkeit auf den Korallentafeln oder auf den Sandgrund achtend, jagen unzählige kleine Muränen mit geöffnetem Maul herum. Überrascht verharren sie einen Augenblick bei unserem Anblick. Wenn sie von unserer Ungefährlichkeit überzeugt sind, machen sie sich schlängelnd davon. Dabei durchstoßen sie sogar manchmal die Wasseroberfläche.

Gruppen von Nadelfischen schießen wie silbrige Pfeilwolken dahin. Hier und da lauert ein Riesenzackenbarsch unbeweglich und heimtückisch auf Beute. Zwischen unseren Beinen schwimmen Schmetterlingsfische und Meeräschen im Zickzack, während Preußenfische sich auch in so flachem Wasser herumtreiben, daß sie sich zum Schwimmen auf die Seite legen müssen.

Von Zeit zu Zeit schlage ich mit der Machete zu. Die Fische sind so nah, daß ich ihnen mühelos die Wirbelsäule breche. Dabei brauche ich mich noch nicht einmal der scharfen Klinge zu bedienen!

Langusten mit den Füßen fangen und mit der Machete fischen. Als ich von diesen Techniken in Frankreich erzählte, erntete ich mehr als einmal schallendes Gelächter. So muß es wohl auch den Seefahrern ergangen sein, als sie den Tahitern berichteten, daß es in Europa im Winter so kalt wird, daß das Wasser sich zu Stein verwandelt.

»Schau mal, wie komisch. Wie ein Papagei im Nachthemd.«

In der Tat, in einen weißlichen, nur für diese eine Nacht erzeugten Schleimkokon eingehüllt, dämmert ein blaugrüner Papageifisch im Schutz einer Spalte vor sich hin.

Danièle kann sich von dem Anblick nicht trennen. Jeden Tag und jede Nacht bietet uns das Atoll eine neue Extravaganz, einen neuen Schatz. Man muß nur dafür empfänglich sein.

»Aber er schläft wirklich. Ganz tief. Unglaublich. Ich hätte nie gedacht, daß Fische schlafen. Wußtest du das?«

---

[1] Eine druckgesteuerte Petroleumlampe, die ein sehr helles Licht abgibt. Leider ist sie nur mit Mühe zu regulieren!

»Berühre ihn ganz sachte. Er wird noch nicht einmal aufwachen.«

Danièle beugt sich hinab und berührt den Fisch sanft mit der Fingespitze. Dann wird sie etwas mutiger und streicht mit der Handfläche unter den Bauch des schlafenden Fisches. Er rührt sich nicht.

»Das ist ein Männchen.«

»Woran siehst du das?«

»An der Farbe. Ein Weibchen ist eher grau-gelblich. Vielleicht finden wir es in der Nähe.«

Eine leichte Brise ist aufgekommen. Am Himmel ziehen Wolken vor dem klaren Sternbild des Skorpions dahin. Bald wird die Flut kommen.

»Da, die vielen leuchtenden Punkte. Was ist denn das?«

»Na, rate doch mal.«

»Sieht aus wie Augen, hunderte winzige Augen.«

»Berühre sie doch.«

Erneut streckt Danièle leicht die Hand aus. Aber diesmal zieht sich das Objekt ihrer Neugier zurück und verschwindet langsam. Was bleibt, ist ein abgerundetes Gehäuse mit dicken schwarzen Punkten.

»Eine Porzellanschnecke?«

»Ja.«

»Sie hat sich ganz in ihr Haus verzogen...«

»Vorsicht!«

Hinter Danièle schießt ein Hai in einer Gischtwolke davon – ganz verschreckt von dem Fußtritt, den er auf seine Nase bekommen hat.

»Meinst du, du mußtest ihm solche Furcht einjagen?«

»Bei Haien weiß man nie; sie jagen vor allem nachts.«

»Er war doch noch so klein...«

»Auch die Kleinen brauchen ihr Futter.«

»Trotzdem!«

Wir sind nun aufmerksamer und beleuchten unser Umfeld. Vom Strand her leuchten die Augen unserer Hündin in der Dunkelheit.

»Man könnte fast meinen, ein Wolf.«

»Oder ein *tupapau*[1].«

Schwarz in einer tiefschwarzen Nacht, ist Siki nur an ihren außergewöhnlich stark leuchtenden Augen auszumachen. Da sie uns überall hin folgt, hat sie auch schnell erkannt, wie wenig interessant es für sie ist, bis zum Bauch im Wasser zu stehen und mit allen Vieren bei jeder höheren Welle kraulen zu müssen. So liegt sie daher gemütlich im Trockenen auf der Strandkuppe und beobachtet jede unserer Gesten. Wir haben Siki unheimlich gern.

---

[1] *Tupapau:* Geist

Nicht sehr weit entfernt leuchtet in der Dunkelheit ein kleines Licht – unser Lager. Wir haben eine Sturmlaterne angemacht und sie nahe dem Zelt aufgehängt. Dann sind wir etwa vier Kilometer am Strand entlang gegangen und nun wieder in Höhe unseres Leuchtzeichens zurückgekehrt.

»Endlich sind wir da. Seit drei Nächten machen wir das schon. Ich werde immer müder. Und morgen abend willst du noch Palmdiebe suchen.«

»Sei ehrlich, du hast geglaubt, wir seien am Lager vorbeigelaufen.«

»Ja. Ich habe schon befürchtet, die Laterne sei ausgegangen.«

Welcher Zauber geht von diesem einsamen Licht aus! Welche Wärme, welche Sicherheit! Wenn Frühbuss doch nur diese Botschaft in seiner schrecklichen Nacht gefunden hätte. Wie er gekommen wäre, voller Hoffnung. Welche Hoffnung, welche Freude, in einer einfachen Flamme. Wir beschleunigen unseren Schritt.

Wir nehmen die Fische aus und hängen den Korb an einen niedrigen Ast. Morgen werden wir die Langusten in ihren Käfig in die Lagune setzen.

Wir ziehen unsere Handschuhe aus, auch unsere gummibeschichteten Segeltuchschuhe, die wir noch schnell abwaschen, bevor wir uns selbst unter die Dusche stellen.

Dann setzen wir uns vor das Zelt und essen einen Bissen. Unser Blick verliert sich im Himmel, unsere Herzen sind vom dumpfen Grollen des Riffs erfüllt.

Der Fang ist nicht berauschend: zwölf Langusten und ein paar Fische. Wegen der kommenden Flut mußten wir jedoch aufhören. Die Riffplatte ist in unserem Fanggebiet ziemlich schmal, so daß das Wasser schnell ansteigt. Und dann sieht man nichts mehr, weder Langusten noch Hindernisse.

An der Südküste dagegen, wo die Riffplatte mehr als 200 Meter breit ist könnte man auch nachts auf Fang gehen, bei Ebbe am Riffrand, später bei Flut dann am Strand. Aber bis dorthin ist es weit. Wir müßten nachmittags mit dem Boot los und kämen erst am nächsten Morgen zurück. Und die Aussicht, eine Nacht durchmachen zu müssen, begeistert Danièle ebenso wenig wie mich.

Ich erinnere mich noch an meinen Aufenthalt auf dem Atoll im Jahre 1978. Zu viert haben wir in der Nacht vor unserer Abreise ungefähr 200 Langusten gefangen. Am Morgen kam Sturm auf. Drei Tage lang irrten wir auf der Suche nach einem günstigen Punkt herum, von dem aus wir zu dem draußen auf See vor Anker gegangenen Schoner hätten ablegen können. Drei Tage, in denen wir nicht an unsere in Blechkanistern verstauten Lebensmittel herankamen, in denen wir auch nicht die Zeit hatten zu fischen und in denen wir unsere Langusten ohne ein Stück Brot, ohne einen Löffel Sauce oder sonst eine Beilage essen mußten. Drei Tage lang morgens, mittags und abends, immer nur Languste! Danach wurde mir sogar bei dem Gedanken an Langusten schlecht...

Alles, was wir hier tun, weckt Erinnerungen in mir. Mit Erfahrung geht vieles leichter von Hand. Wie jedoch wäre das Leben auf Ahunui ohne dieses Wissen? Ich denke da an einen Träumer, der seine Einsamkeit ausleben will. Die Hölle...

Danièle reißt mich aus meinen Überlegungen.

»Weißt du, woran ich denke? Diese Insel ist irgendwie wie das Gedächtnis der Welt. Ein durch seine Abgeschiedenheit und durch seinen schwierigen Zugang auf wunderbare Weise geschützter Ort. Er lebt sein eigenes Leben, nur auf sich allein ausgerichtet. Er ist vor der Blindwütigkeit der Menschen geschützt und doch den Naturgesetzen unterworfen. Ahunui ist unser Miniaturplanet am Anbeginn der Menschheit.«

Ich antworte nicht, aber mir wird plötzlich bewußt, daß die Sterne näher leuchten. Ich bin im Einklang mit dem Atoll, mit Danièle und mit mir. Als ob ein und derselbe Lebenssaft vom einen zum anderen flösse.

Ahunui, das Gedächtnis der Welt...

11. Kapitel

Der Schiffbruch

Seit vier Nächten sind wir auf dem Kriegspfad – auf Langustenfang! Ab heute abend ist die Jagd auf die Palmdiebe angesagt.

Die ganze Woche über habe ich hier und da im Unterholz »Fallen« gestellt. Dabei habe ich einfach Kokosnüsse gespalten und sie immer an den gleichen Stellen liegen gelassen, in der Hoffnung, dadurch die *kaveu* anzulokken und an eine leichte Beute zu gewöhnen.

Ähnlich wie in der Fabel vom Igel und vom Hasen, kommen die Einsiedlerkrebse immer als erste an. Durch ihren außergewöhnlichen Geruchssinn aufmerksam gemacht, krabbeln sie langsam heran und lassen sich an den besten Plätzen nieder. Die Ratten haben in diesem Spiel die Rolle des Hasen; sie kommen erst einige Zeit später ans Ziel. Wohl wissend, daß die einen über eine harte Panzerschale und die anderen über große Schnelligkeit verfügen, scheint sich diese kleine Gemeinschaft ohne nennenswerte Streitereien über das Festmahl hermachen zu wollen.

Dann jedoch erscheinen die riesigen Palmdiebe, mit geöffneten Scheren, stark, aggressiv, unangreifbar. Ihr Kommen bewirkt bei den Krebsen und Nagern Schrecken und sofortige Flucht. Die Kokosnußräuber sind die unbestrittenen Herren am Platz.

Die Köder erfüllen ihren Zweck bestens. Sogar so gut, daß ich jeden Abend dieselben Feinschmecker an denselben Stellen sehe. Nahe einem abgestorbenen Baum macht sich ein bläuliches Männchen über seine Nuß her. Etwas abseits – und auch etwas vorsichtiger –, zwei deutlich kleinere, ziegelrote Weibchen. In der Palmwedelhütte hält ein riesiges Weibchen andere Hungrige, auch Männchen, in Schach. Und so geht es weiter…

Heute abend jedoch hat das Spiel ein Ende: die Jagd beginnt!

Zunächst muß der Gegner umgangen werden. Es gilt, nicht in den Bereich seiner schrecklichen Scheren zu kommen, wobei allerdings auch Vorsicht vor Angriffen mit den Laufbeinen geboten ist. Dann muß das Tier schnell am Hinterleib ergriffen werden, dabei umfaßt die Hand wie eine Zwinge fest den

Rückenpanzer. Schließlich werden die Vorderbeine über die Scheren zusammengebunden, das Tier kann nun an der Schnur gefahrlos hochgehoben werden.

»Du bist dran. Nur zu!«

»Ich mag das nicht besonders.«

»Nur Mut.«

»Ich habe keine Angst.«

»Beweise es mir.«

Danièle bückt sich und ergreift das erste Opfer.

»Streck den Arm aus, sonst kriegst du was ab.«

Sie erhebt sich, ist ganz erstaunt über ihre Geschicklichkeit.

»Und was mache ich jetzt damit?«

»Du hälst ihn so bis zum *fare* fest. Ich nehme die beiden anderen.«

Und so beginnt ein reges Hin und Her.

Der doppelte Schotstek

Für das Zusammenbinden brauchen wir anfangs gut fünf Minuten, dann nach einiger Übung bei den letzten nur noch ein paar Sekunden.

»Übung macht den Meister!«

»Der doppelte Schotstek ist das ganze Geheimnis. Ohne diesen Knoten wäre das fast nicht möglich.«

Die Zeit vergeht. Bald ist es zwei Uhr morgens. An der auf zwei hohen Benzinkanistern aufgebockten Leiter hängen 25 Palmdiebe wie die Schinken. Mit den Langusten haben wir nun reichlich Geschenke. Wir hören auf. Die *Kèbir* kann kommen.

»Du, mir kommt da eine Idee. Wir legen auch weiterhin Kokosnüsse aus, zumindest einmal in der Woche.«

»Warum? Wir können die Krebse doch nicht alle essen.«

»Wer weiß? Aus dem einen oder anderen Grund können wir vielleicht nicht fischen. Wenn wir krank sind, einen Unfall oder schlechtes Wetter haben, oder wenn sonst irgend etwas ist, hätten wir eine Fleischreserve, eine Art Viehzucht.«

»Das würde Sicherheit bedeuten.«

»Aber wir würden auch Ratten dadurch anlocken.«

»Paul, du wirst doch wohl nicht wollen, daß ich Ratten esse?«

»Am Spieß schmecken sie prima.«

»Igitt!«

»Selbst Bougainville[1] erwähnt sie in seinem Reisebericht.«

»Ich bin nicht Bougainville…«

»Ach, lassen wir das. Wir haben genug zu essen, um auch ohne Ratten auszukommen. Aber du hast mit deinem Vorurteil Unrecht. Ich esse sie gerne.«

Einige Stunden Schlaf, und der Morgen beginnt mit dem Transport unseres Ruderbootes von der Lagune zum Riff. Der dreirädrige Wagen, den ich aus der Schubkarre und dem Feuerlöscheruntersatz gebaut habe, ist uns erneut nützlich; allerdings kommen wir aufgrund des holprigen Weges nur sehr, sehr langsam voran. Den ganzen Vormittag brauchen wir um vier-, fünfhundert Meter zurückzulegen. Mittags sind wir endlich am Ziel. Das Boot schwimmt an der Gezeitengrenze, bereit in See zu stechen.

Wir kehren noch schnell in den Palmenhain zurück und sammeln einige schöne grüne Kokosnüsse, von denen wir sicher sind, daß sie eine frische, leicht prickelnde und etwas süßliche Milch enthalten, die unseren Gästen bestimmt schmecken wird.

Alles ist bereit. Sie können kommen. Sie sind bereits da!

---

[1] Bougainville, Louis Antoine, frz. Seefahrer (1729-1811)

Als wir aus dem Hain heraustreten, haben wir mit einem Mal die Ketsch vor Augen. Kaum 60 Meter vom Strand entfernt, in Höhe unseres Lagers, genau an der Stelle, wo sie vor einigen Monaten bei unserer Ankunft lag.

Gemeinsam mit einem Paumotu, den wir nicht kennen, bereitet sich Jean-Yves auf das Festmachen vor. Die Segel sind beschlagen, der Motor läuft auf halber Kraft. Schön, sie zu sehen. Hüben wie drüben winkende Hände.

Eine halbe Stunde später gehen wir längs des Seglers.

»Hallo, ihr Robinsons!«

»Salut, alter Seebär!«

Wir klettern an Bord. Einer betrachtet den anderen, lange, ohne ein Wort zu sagen. In Jean-Yves' Lächeln ist eine stumme Frage voller Freundschaft und Verständnis zu lesen, aber auch Schüchternheit. Wer wird zuerst das Schweigen brechen?

»Anscheinend habt ihr euch noch nicht gegenseitig umgebracht?«

»So etwas ähnliches wollte ich dich auch fragen. Was hast du denn mit deinen beiden Matrosen gemacht?«

»Sie haben mich auf Mangareva im Stich gelassen. Tane auf dem Hinweg nach Pitcairn und Ricardo dann auf dem Rückweg.«

»Dabei warst du doch wie eine Mutter zu ihnen!«

»Ach, hör auf! Und, wie geht's euch denn?«

»Bestens.«

»Danièle, wie hältst du es bloß Tag und Nacht mutterseelenallein mit diesem Kerl aus?«

»Na, war's nett auf Pitcairn?«

»Taote, halten wir jetzt Dorfklatsch?«

»Mit dem Bart wirst du deiner Frau aber einen gehörigen Schrecken einjagen?«

»He, du hast ja übehaupt nicht zugenommen?«

Jetzt geht es drunter und drüber. Alle reden durcheinander. Jeder lacht. Es macht Spaß, Freunde zu sehen. Ob er weiß, wie sehr wir uns über seinen Besuch freuen?

Der Paumotu macht sich sogleich an das Wesentliche. Er verschwindet kurz und kommt wieder an Deck, die Arme voll mit gekühltem Dosenbier.

»Wie lange ist das her...«

Es perlt, es schäumt, es schmeckt ein bißchen herb, und es wird uns angenehm aufstoßen lassen! Wir haben schon fast vergessen, wie gut Bier schmeckt.

Jeder erzählt dem anderen Neuigkeiten. Jean-Yves hat einige Waren auf Pitcairn verkauft. Nun hat er etwas Geld – und zwei alte Flinten, die allerdings nicht aus der Zeit der *Bounty* stammen.

Seine beiden Matrosen haben ihn verlassen. Der eine wohl, weil er irgendeiner entfernten Cousine einen kleinen Besuch abstatten wollte; der andere, weil er feststellen mußte, daß das Leben an Bord mit zwei Männern doch kein Zuckerschlecken ist.

Wir erzählen von unserer Arbeit, vom Besuch der *Aito* und von unserer Freude, auf dem Atoll zu leben.

Dann sehen wir nach unseren Bestellungen. Es ist alles da – oder fast alles: drei Hühner und ein Hahn, vielmehr drei Hühnchen und ein Hähnchen. Schade, jetzt müssen wir noch einige Monate auf das erste Ei warten! Der Zitronensaft ist zu gezuckerter Kondensmilch geworden, wahrscheinlich sind daran Störungen im Äther Schuld. Dann können wir eben keinen marinierten rohen Fisch essen...

»Hört ihr das Geheule?«

Zu viert spitzen wir die Ohren.

»Es ist Siki. Seht nur.«

Unsere Hündin sitzt auf dem Strand. Mit getrecktem Hals, die Nase gen Himmel, bekundet sie ihr Leid. Ein anklagender und zugleich bittender, trauriger Schluchzer übertönt das Donnern des Riffs.

Weil sie allein zurückgeblieben ist, glaubt sie sich verlassen. Sie hat fürchterliche Angst. Hoffentlich versucht sie nicht, zu uns herüberzukommen; wegen der Haie könnte das für sie gefährlich werden.

»Kommt mit zu uns«, schlägt Danièle vor. »Ich habe euch etwas Gutes gekocht – nichts aus der Dose.«

Auf dem Atoll bekunden unsere Freunde zu unserer Freude ihr Erstaunen über das, was sie sehen. Lager, Hütte und unsere Installationen an der Lagune werden ausgiebig betrachtet und beurteilt.

»Für einen Medizinmann schlägst du dich nicht schlecht!«

»Ich bin ja auch nicht allein!«

»Trotzdem hätte ich dir nicht zugetraut, den Hühnerstall, die Zisterne, die Funkapparatur, den Eßplatz und all das andere zu bauen.«

»Du hättest es genau so gut hingekriegt.«

»Vielleicht, ja. Aber daß du auch noch das kannst, hätte ich nie gedacht.«

»Was kann ich denn sonst?«

»Na, meine Frau heilen, und mein Kind. Du warst immer der Mann im weißen Kittel. Schluß.«

»Und du? Hast du dir denn nie die Frage gestellt, wie du auf andere wirkst? Du, der Südsee-Abenteurer? Mein Lieber! Wahrscheinlich bist du ein ganz schlimmer Haustyrann, was?«

»Ach, hör auf.«

»Also nochmal: ich bin nicht allein.«

»Stimmt... Ihr zieht beide am gleichen Strang. Wahnsinn, was ihr alles gemacht habt.«

»Keine Übertreibung!«

»Wenn du ein wenig spinnst, Paul, okay, das ist dein Problem. Aber du, Danièle? Du wußtest doch überhaupt nicht, auf was du dich einläßt, noch nicht einmal, ob du je zurückkehren wirst. Was machst du, wenn Paul ertrinkt oder krank wird? Ihr seid allein hier. Niemand wird euch vermissen – und wenn doch, dann zu spät. Unzählige Gefahren lauern auf euch: giftige Fische, unerwartete Zyklone und noch zig andere. Alles schön und gut, wenn man sich eine kleine Welt aufbaut, aber wenn's ernst wird...«

Wir kennen natürlich diese Einwände. Haben wir vor unserer Abreise mit unseren Lieben etwa nicht lang und breit darüber diskutiert? Stellten sich uns nicht haufenweise Hindernisse in den Weg? Die schwierigsten haben wir sicher noch vor uns. Aber jetzt sind die Würfel gefallen. Jahrelang habe ich auf diese Weise das Für und Wider, vor allem aber das möglich Machbare ausgelotet.

Wie soll ich Jean-Yves das verständlich machen? Wie soll ich ihm sagen, daß er mit seinen Worten offene Türen einrennt? Ist das nach allem überhaupt noch notwendig?

Dann findet Danièle die Antwort auf all diese Fragen: »Du kannst sicher sein, Jean-Yves. So etwas mache ich nur mit Paul und sonst keinem!«

Wir essen in gemütlicher Runde. So viel und so gut, daß es spät wird, sehr spät sogar. Erst als es dunkel wird, kehren unsere Freunde und ich mit unseren Geschenken zur *Kèbir* zurück. Danièle bleibt auf dem Atoll zurück.

An Bord vergeht wieder einige Zeit. Es ist bereits Nacht, als ich die dicke Rolle Maschendraht umlade. Sie wiegt mehr als 100 Kilo. Ich will sie frei in der Mitte des Ruderbootes transportieren, damit sie im Notfall leicht über Bord gehen kann. Aber Jean-Yves hält mich davon ab.

»Was du da machen willst, ist nicht sehr seemännisch. Binde die Rolle zumindest vorn fest, damit sie nicht bei jeder kleinen Welle hin- und herrollt.«

Mein Instinkt sagt mir, das nicht zu tun, aber Jean-Yves hat mit Sicherheit auf diesem Gebiet mehr Erfahrung als ich. So befolge ich seinen Rat, was sich als schwerer Fehler herausstellen soll.

Endlich lege ich mit meiner Ladung von der Jacht ab. Eine dünne Mondsichel beleuchtet die See nur spärlich. Die seit dem Nachmittag stärker gewordene Dünung ist kaum auszumachen.

Danièle erwartet mich auf dem Riff, in der Hand eine Stablampe, um den günstigsten Übergangspunkt zu zeigen. Abgesehen von diesem Schimmer sehe ich gar nichts.

Vor dem Riffrand zögere ich lange. Dann scheint es mir, als ob die Gischt weniger stark, leiser und auch nicht so schäumend ist. Ich lege los. Es sieht gut aus. Das Boot gleitet schnell auf einer Welle vorwärts. In etwa drei, vier Metern müßte ich über dem Riffrand sein. Ich ziehe den Motor aus dem Wasser, damit er nicht anschlägt. Genau in diesem Augenblick, im Bruchteil einer Sekunde, berührt die Schraube das Riff. Das Boot verliert das Gleichgewicht und bekommt Schlagseite. Die Rolle Maschendraht wird über Bord geschleudert. Das alles geht rasend schnell. Das Boot richtet sich wieder auf, wird jedoch sofort heftig nach hinten gerissen: es ist ja noch mit dem Tau der Maschendrahtrolle verbunden, die sich bereits in den Korallen verhakt hat. Eine Welle ergießt sich über das Boot. Ich bin im Nu über Bord gespült worden. Nun richtet es sich drohend einen Augenblick über mir auf und schießt dann auf Danièle zu, die nur wenige Meter entfernt ist.

Als ich wieder auftauche, sehe ich die Stablampe unter Wasser scheinen. Unbeschreibliche Angst überfällt mich. Liegt Danièle zerschmettert dort unten? Nein, sie kommt an die Oberfläche, die Lampe noch immer in der Hand.

»Dany, Dany?«

»Nichts passiert. Und du?«

»Schnell! Vor das Boot! Vor das Boot!«

Die Seen schleudern uns und das Boot hin und her.

»Vor das Boot, sage ich!«

Danièle bemerkt nicht, daß sie Gefahr läuft, unter den Rumpf zu geraten. Ich schreie. Ich kämpfe mich voran, ergreife sie am Handgelenk und reiße sie an mich. Das verdammte Tau fesselt unser Boot noch immer an die Rolle. Es schlägt nach allen Seiten aus. Mehrere starke Seen stürzen auf uns herab. Das Boot bäumt sich auf, dann reißt der Motor ab und verschwindet in den Fluten.

Ich kriege das Boot nicht vom Tau los. Der Knoten ist durch die ständig hereinbrechenden Seen knochenhart geworden. Mein Messer habe ich verloren. Jede Welle wirft das gefangene Boot vier, fünf Meter auf den *paka*[1]. Mir zerreißt es das Herz. Es hört nicht auf zu schlagen, zu rollen, zu krachen. Wut und Hoffnungslosigkeit machen sich in mir breit. Ich mache mich am Tau zu schaffen, das mein Boot zerstören wird. Endlose Minuten. Endlich löst sich das Tau. Wir bringen den ramponierten Rumpf – oder das, was davon übriggeblieben ist – an Land. Wir finden auch den Benzintank, der zwei- bis dreihundert Meter entfernt auf dem Wasser schwimmt.

---

[1] *Paka:* Riffplatte (Maori-Sprache)

Wir schnattern vor Kälte, haben überall Schrammen, sind körperlich und moralisch am Ende.

Der Schiffbruch hat fast eine Stunde gedauert.

Ich sehe Danièle an. Sie zittert. Ihr Kleid ist zerfetzt. Sie hat blutende Kratzer an den Beinen, an den Armen und an den Händen. Mit Mühe bringt sie den Hauch eines Lächeln zustande.

»O Paul, ich hab schon gedacht, ich seh dich nie wieder...«

Ich weine aus Freude, sie gesund und gerettet zu wissen, sie so nah zu spüren und in ihr schon wieder Kraft aufkommen zu sehen. Ich weine aber auch aus Wut über meine Dummheit, wegen des Bootes und weil mir mein von den Korallen malträtierter Rücken weh tut.

Danièle streicht mir durchs Gesicht. Ich nehme sie in den Arm und drücke sie fest. So bleiben wir stehen, eng zusammen, zitternd.

»Ich glaubte, das Boot habe dich zerschmettert... Ich liebe dich, Danièle. Ich liebe dich. Du bist so schön.«

»Ich habe solche Angst um dich gehabt, Paul. Ich sah dich unter dem Boot und dachte: Nun ist alles aus. Ich war wie erstarrt.«

»Das Riff, die Nacht, die Rolle Maschendraht und das Messer! Alles Fehler, die ich nicht hätte machen dürfen.«

»Denk nicht mehr dran. Trocknen wir uns erst einmal ab. Mir ist kalt.«

Hand in Hand gehen wir zu unserem Lager. Zurück bleibt ein Desaster. Boot und Motor sind wahrscheinlich nicht mehr zu gebrauchen. Jetzt können wir nicht mehr auf See hinaus...

»Ich rufe Jean-Yves über Funk, damit er beruhigt ist.«

»Glaubst du, er macht sich Sorgen?« »Sicher.«

Wir gehen zur Hütte.

»Jean-Yves, hörst du mich?«

»Ja, Paul. Was ist passiert?«

»Ich bin gekentert. Ich glaube, das Boot ist hin. Alles an Bord ist weg: der Motor, die Ruder, meine Messer, die Angelleinen. Aber alles in Ordnung. Danièle und ich haben uns nichts gebrochen.«

»Ich hab's mit angesehen, durch das Fernglas. Aber unmöglich, dir zu helfen.«

Sein Beiboot ist mit vier vollen Benzintanks beladen. Nie hätten sie die ohne weitere Hilfe herausbekommen. Auch mit dem Segler wäre er nie bis an den Riffrand gekommen. Und in der Nacht herüberzuschwimmen – heller Wahnsinn: die Haie und das Riff!

»Brauchst du was?«

»Nein, es geht schon. Wenn ich das Boot nicht bergen kann, haben wir immer noch die Jolle. Für die Lagune reicht's.«

»Leider kann ich dir keinen Motor geben. Mein 40 PS ist zu groß, und den 25-PS-Motor habe ich auf den Gambier gelassen.«

»Laß gut sein. Das verlange ich ja auch gar nicht. Keine Angst, wir kommen auch so zurecht. Vielleicht kann ich morgen früh sogar noch etwas retten.«

»Ich wünsche es dir. Weißt du, ich fühle mich dafür verantwortlich.«

»Die Schuld liegt bei mir. Ich habe all die Fehler begangen. Erst wollte ich bei Nacht über das Riff. Dann habe ich die Rolle festgebunden. Und schließlich trug ich das Messer nicht an mir. Mein Lehrgeld habe ich nun bezahlt.«

»Ja, ich weiß. Trotzdem habt ihr Glück gehabt, heil da herausgekommen zu sein... Ich erledige noch einige Dinge an Bord und nehme dann Kurs auf Tahiti.«

»Danke, daß du gekommen bist. War unheimlich nett. Gute Fahrt, und vergiß nicht, alle zu grüßen. Denk dran, ich bin an allen Abenden mit geradem Datum um 19 Uhr auf 26/38 auf Empfang. Wäre schön, dich ab und zu zu hören. Tschüß, ihr zwei. Ahunui Ende.«

»Auch tschüß, und einen dicken Kuß für Danièle. Viel Glück. *Kébir* Ende.«

Wir essen langsam und in aller Stille. Dann erst reden wir über den Schiffbruch. Natürlich ist das kein echter, großer Schiffbruch, aber immerhin doch einer. Wir erzählen uns immer wieder jede Einzelheit.

»Als ich die Welle sah, und das Boot über dir...«

»Und als ich dich nicht mehr sah – nur das Licht der Lampe unter Wasser... Ich wußte nicht, ob du überhaupt noch lebst...«

Wir haben unheimlich viel Glück gehabt.

Gegen 22 Uhr nimmt die *Kébir* Fahrt auf. Ein tiefes, langes Tuten dringt in unsere Ohren. Ich hole das Nebelhorn der *Yin-Yang* und antworte dreimal als letzten Gruß. Im schwachen Mondlicht sehe ich durch das Fernglas, wie das Großsegel am Mast gehißt wird. Etwas später blinke ich mit einer Taschenlampe die sich entfernende Jacht an. Drei Lichtblitze antworten mir.

Die Positionsleuchten und die Lampen im Masttop gehen an. Fünfzehn bis zwanzig Minuten später verschwinden sie. Fünf Minuten später ist auch durch das Fernglas nichts mehr zu entdecken.

Vielleicht um meine nervöse Anspannung etwas zu beruhigen, male ich einen großen Pfeil in den Sand, in Richtung auf den eingeschlagenen Kurs. Gleichzeitig zeichne ich mit Hilfe der Sterne das Kreuz des Südens auch die Nordachse auf. Morgen werde ich die beiden Pfeile mit meinem Kompaß vergleichen und dann sehen, welche Abdrift mein Freund einkalkuliert hat.

Als ich wieder bei Danièle bin, schläft sie wie ein kleines Baby mit zusammengeballten Fäusten.

12. Kapitel

Ein Boot für alle Zwecke

Schon im Morgengrauen gehe ich zum Riff. Der eigentliche Landungspunkt ist einige hundert Meter entfernt. Durch das Fernglas entdecke ich einen dunklen Fleck, der ab und zu aus dem Wasser auftaucht.

»Danièle, ich glaube, ich sehe den Motor. Ich gehe mal hin. Sei bitte so lieb, und mache unterdessen das Frühstück.«

Es ist der Motor. Er liegt auf der Riffplatte, genau im Brandungsbereich. Einige Meter weiter, und er wäre für uns verloren, denn mit dem Trommelfell kann ich immer noch nicht tauchen. Ich will es noch mindestens 14 Tage vernarben lassen.

Der Motor sieht böse aus. Die Haube fehlt, die Schraube ist zerbrochen, die Zündanlage verbeult, die Befestigung abgerissen. Unzählige Dellen und Kratzer weisen auf eine stürmische Nacht hin. Entmutigt lade ich mir den Motor auf den Rücken und trage ihn zur Hütte.

Dort nehme ich die Kerzen heraus, stelle ihn auf den Kopf und ziehe mehrmals sachte am Anlasser, um das Meerwasser herauszubekommen. Dann probiere ich ihn zu starten. Ohne Erfolg. Also tauche ich ihn ganz in eine mit Süßwasser gefüllte Wanne. Ich werde mich später um ihn kümmern, denn im Augenblick fehlt mir der Mut dazu.

Nach dem Frühstück kehre ich an den Ort des Schiffbruchs zurück. Danièle begleitet mich.

Alles, was sich im Boot befand, liegt auf dem Grund des *paka* mindestens auf 500 Meter Breite verstreut. Eine Gummisandale, eine zweite, die Dollen, ein Ruder, eine dritte Sandale, ein Haken am Blinker, eine vierte Sandale, die Messerscheide, der Anker mit Tau, das ist alles.

Als spätnachmittags Ebbe ist, entdecken wir noch einen Tauchhandschuh und mein Tauchermesser, jenes Messer, mit dem ich das Boot und den Motor hätte retten können, wenn ich es bei mir getragen hätte, wenn ich das Tau hätte durchschneiden können, das an der Rolle Maschendraht befestigt war. Welche Riesendummheit! Ich schäme mich meiner Unachtsamkeit, bin wütend und traurig über den Verlust.

Am schlimmsten trifft mich der Motor. Ich glaube kaum, daß ich ihn reparieren kann. Einmal mehr erkennen wir unsere Abgeschiedenheit. Dieses Mißgeschick in der Stadt oder auf dem Land wäre nur ein Verlust an Zeit und Geld. Aber hier auf dem Atoll bedeutet das Totalschaden.

Betrachten wir das Boot. Endlos lange ist es gegen die Korallenbänke geschlagen. Sicher ist es unbrauchbar!

Mit trockener Kehle nähere ich mich dem »Wrack«. Schon von weitem sehe ich die Dellen und Kratzer. Verhol- und Belegklampen sind abgerissen. Ich sehe schon vor Augen: Löcher so groß wie meine Faust, Risse über die gesamte Kiellänge. Meine Moral sinkt auf den Tiefpunkt.

Aber von nahem sieht das Boot gar nicht einmal so schlecht aus. Zwei Spanten haben sich gelöst, aber die drei anderen dürften ausreichen. Auch auf die Deckaufbauten kann ich verzichten. Gewissenhaft betrachte ich alles gegen das Licht: Nicht der kleinste Riß ist auszumachen. Somit müßte das Boot noch schwimmfähig sein.

»Dieses Boot ist ein wahres Wunder. Es hätte in tausend Einzelteile zerlegt werden müssen. Kein Rumpf aus Holz, aus Kunststoff oder aus einem anderen Material hätte die Schläge verkraftet.«

»Danke Fanfan dafür.«

»Dank hat er auch verdient. Er hat recht gehabt.«

»Du brauchst ein Boot für alle Zwecke«, hatte Jean-François Chazottes gesagt. »Du kannst das Problem drehen und wenden, wie du willst, du brauchst einen Rumpf aus Aluminium. Aber nicht irgendein Aluminium, sondern nur AG 40, ohne Beimischung eines anderen Metalls. Der Rumpf darf auch keine Schrauben, Bolzen oder Nieten haben, nur Argon-Schweißnähte. Dann hast du auch keine Probleme mit Korrosion oder Oxidation, auch kein Verziehen. Und bevor der zu Bruch geht, muß schon einiges passieren. Du darfst keinesfalls etwas anderes haben als AG 40 und die Schweißnähte.«

Diesen Rumpf gab es natürlich nicht, wie übrigens fast alles, was Chazotte erfindet. Die Liste seiner Verbesserungen an Booten, Motoren, Unterwassergewehren, Tauchanzügen, Unterwasseruhren, ja sogar an medizinischem Gerät ist ellenlang. Fanfan ist der Mann für die irresten und ausgeklügelsten Kombinationen. Seine Götter heißen rostfreier Stahl, Runddichtungen, Silberlötstellen und wer weiß noch wie. Sicher ist jedoch, daß seine Götter ihn erhören. Alles, was er anfaßt, gelingt und funktioniert auch bestens.

Dazu eine kleine Geschichte, die sich vor acht Jahren während der ersten Reise nach Ahunui ereignete: Die Birne in der Unterwasserlampe unseres

Freundes war kaputt gegangen. Ersatzbirnen hatte er vergessen mitzunehmen, und wir anderen verwendeten eine andere, einfachere Ausführung. Jeder an seiner Stelle hätte sich wohl eine unserer Lampen ausgeliehen. Er jedoch nicht.

Einen ganzen Tag lang wandelte er eine unserer Birnen für seine Fassung um. Als Lötkolben diente ihm ein mit einem Campingkocher erhitzter Nagel, und mit den Zehen hielt er die Lampe fest!

Also, das von ihm entworfene Boot existierte nicht, und so bat ich eine Firma in Papeete, es nach seinen Plänen zu bauen. Eine Linienführung gab es nicht, denn die Silhouette wurde von den zurechtgeschnittenen Blechen bestimmt. So erschien das Boot zu schlank, sein Kiel zu flach und die Bilge zu kantig. Der Schweißer hatte sich jedoch selbst übertroffen. Seine Arbeit war gut und sicher. Erst heute kann ich mein Glück ermessen. Jedem der beiden verdanke ich mein Boot.

»Paul, träumst du?«

»Ja... ich denke an das Boot. Es ist wirklich prima. Wir werden es etwas höher auf den Strand ziehen. Ich glaube, die See steigt an.«

Der Abend ist unfreundlich. In weniger als einer Stunde wird es dunkel, ohne die gewohnte Farbenpracht. Das Grau wird einfach in schwarz übergehen.

Hoch am Himmel die letzten Flügelschläge der von der Jagd zurückkehrenden großen Segelvögel. Zwei Brachvögel laufen am Strand und erheben sich vor mir flüchtend in die Luft. Aus einem Busch dringt das Trillern einer Grasmücke. Wie ist sie bloß hierher gekommen, sie, die doch in einer maritimen Gegend fremd ist.

Danièle bereitet das Abendessen zu. Unterdessen laufe ich in Gedanken den Strand entlang.

Plötzlich ein heftig stechender Schmerz. Ich bücke mich, um die Verletzung zu begutachten. Als ich in den Himmel blickte, bin ich mit den nackten Füßen an einen Korallenblock gestoßen.

Einer meiner Zehen ist gebrochen!

13. Kapitel

Nano, der erste Zyklon

Auszug aus dem Tagebuch: Sonntag, 23. Januar 1983

Kaum geschlafen. Mein Fuß sieht böse aus. Habe Schmerzen.

Schlechtes Wetter. Die Dünung überspült bereits Strandpartien, die sie vorher nicht erreichte. Ich ahne nichts Gutes. Von Stunde zu Stunde schwillt die See stärker an. Immer noch kein Wind.

Gegen Mittag kommen die Wellen schon bis zum *miki-miki.*

Wir evakuieren alles, was nicht unbedingt im Lager bleiben muß, und hieven das Ruderboot bis an die ersten Bäume des Palmenhains.

Um 12 Uhr höre ich zum erstenmal, seitdem wir auf Ahunui sind, über Funk den Wetterbericht:

»Tropisches Tiefdruckgebiet im Norden zwischen Napuka und Puka-Puka. Winde mit 100-110 km/h. Verlagerung des Tiefdruckgebietes nach Süden.«

Kein Grund zur Beunruhigung. Auch während das Tiefdruckgebietes Lisa hatten wir schlechtes Wetter. Allerdings ist die Dünung diesmal stärker, und das Tief zieht direkt auf uns zu...

Daher ziehen wir das Ruderboot und die Jolle in den Palmenhain hinein, in die Nähe der Hütte, deren Öffnungen ich mit Blechen und Pfählen verrammele. Danièle schafft unsere Sachen in die Räume, die ich ja bereits dafür vorbereitet habe.

Wir arbeiten bis tief in die Nacht.

Das Zelt muß noch abgeschlagen und ebenfalls hier herauf transportiert werden. Die Stützpfeiler lasse ich stehen. Zum Teufel mit ihnen. Außerdem bieten sie dem Wind sowieso nur wenig Angriffsfläche.

Mein Fuß ist angeschwollen, violett verfärbt und schmerzt. Wir legen eine Verschnaufpause ein und nehmen einen Happen zu uns.

Während des Essens hören wir den 19-Uhr-Wetterbericht. Jetzt spricht man schon von einem Zyklon mit Winden um 140 km/h, der sich mit 10 bis 15 km/h sehr langsam verlagert, immer noch auf uns zu...

Die erste See überrascht uns bei den letzten Worten des Wetterberichts. Danièle springt auf einen Schemel, und ich auf den Tisch. Die großen Kiesel, mit denen wir die auf den Boden aufstoßenden Seitenwänden des Zeltes beschwert haben, kullern 15, 20 Meter hinter uns in Richtung auf die Kuppe. Die Ösen im Segeltuch sind ausgerissen, alles ist durchnäßt. Die alte Palmwedelhütte, in der Danièle gekocht hat, ist in sich zusammengefallen. Dabei sind wir noch mehr als 500 Kilometer vom Zyklon entfernt...

Das ist uns eine Lehre. Nun müssen wir schnell handeln, schneller als geahnt. Wir schleppen die restlichen Dinge in die Steinhütte, oder besser in den einzig verfügbaren Raum, denn der andere ist mit allem möglichem Gerät vollgestopft.

Wir haben auf 3,50 x 3,30 Meter Platz. Das ist wenig und gleichzeitig riesig. Wir sind hier im Trocknen, im Warmen und hoffentlich auch in Sicherheit. Allerdings müssen wir uns den Raum mit unzähligen Ratten teilen.

An den Wänden sind Bretter angebracht, die als Regale und Abstellflächen dienen. Darauf häufen sich Kartons mit Lebensmitteln und Angelgerät. Werkzeugkisten stehen übereinander. Wo nur möglich, sind Nägel eingeschlagen, an denen Taue, Lampen, Kleidungsstücke, Unterwassergewehre, Spannvorrichtungen und Patronentaschen hängen.

Montag, 24. Januar 1983

Nach dem Wetterbericht von 6.30 Uhr befindet sich der Zyklon nördlich von Hao, 350 Kilometer von uns entfernt. In der Nacht ist der Wind immer frischer geworden und hat jetzt Sturmstärke erreicht. Viele Bäume biegen sich bereits.

In der Hütte bringen wir das Funkgerät und andere wichtige Geräte an möglichst hochgelegene Stellen. Dann verstärken wir das Dachgebälk mit angenagelten Querstreben, ziehen ein Geflecht aus Tauen über das Dach, um uns im Notfall daran festzuhalten, und verzurren auch eine Leiter, damit wir schnell auf das Dach kommen.

Der Sturm nimmt zu. Unruhe befällt uns. Ungeduldig warten wir auf den 12-Uhr-Wetterbericht. Was wir zu hören bekommen, läßt uns erstarren:

»Der Zyklon Nano hat sehr an Heftigkeit gewonnen. Winde um 180 km/h mit Böen bis 200 km/h. Starke See. Wellen von 15 Metern Höhe mit Sturmfluten an den Nord- und Ostküsten der Atolle Amanu, Hao, Ahunui, Vahitahi, Nukutavake und Vairatea. Die Bevölkerung wird aufgefordert, alle möglichen Sicherheitsmaßnahmen zu ergreifen und sich auf die höchstgelegenen Punkte der Westküste zu begeben. Der im Augenblick noch nördlich von Hao befindliche Zyklon wird diese Insel im Lauf der Nacht erreichen. Er zieht mit 10 bis 15 km/h langsam in Richtung Südsüdwest. Weitere Informationen erfolgen stündlich.«

Wir sind also genau in der Zugrichtung. Morgen vormittag wird es uns erwischen.

Wind und See werden immer stärker. Zu spät, die Bäume zu fällen, die die Hütte umstehen. Man müßte mit einer Leiter hinauf und hoch oben in den Wipfel eine Winde einschlagen, um den Windbruch in eine andere Richtung zu bringen. Aber das Hinaufklettern wäre äußerst schwierig, und außerdem hielte die Leiter nicht am Baum. Kokosnüsse und Palmwedel fallen herab wie ein Bombenhagel. Wie dem entgehen, wenn man auf der Leiter steht? Was taugen 500 Kilo Zugkraft bei diesem Wind?

Unmöglich, zur Westküste zu gelangen. Der *hoa*, den wir dazu passieren müßten, ist zu einem unüberwindbaren Sturzbach geworden. Überdies ist das Atoll dort zu flach, kaum zwei Meter über dem Wasserspiegel. Hier bei uns jedoch kommen wir auf drei Meter, vielleicht auch 3,50 Meter.

Auch unmöglich, das Ruderboot auf die Lagune zu bringen, um den Kanal zu umfahren. Der Motor ist seit vier Tagen unbrauchbar. Und wie soll man gegen den Wind anrudern? Darüber hinaus würden die sehr kurz aufeinanderfolgenden, zwei bis drei Meter hohen Seen das Boot sehr schnell vollaufen lassen.

Einzige Lösung: hier bleiben, auf dem höchsten Punkt, nahe unseren Reserven und unserem Gerät, zumal dieser im Nordwesten des winzigen Atollringes gelegene Ort relativ geschützt sein müßte.

Trotzdem machen wir das Ruderboot an der Hütte fest – als letzte Möglichkeit. An Bord verladen wir eine wasserdichte Kiste mit einigen Lebensmitteln, Leinentüchern, Segeln, Angelgerät, einer Signalboje, einem Sonnenspiegel, Notraketen, einem Gaffhaken und einem Tiegel; aber auch einen Kanister mit Trinkwasser, einen Trichter, einen Eimer, einen Schwamm, zwei Unterwassergewehre, Tauchsachen, Ruder, einen Treibanker, einen kleinen Kompaß, eine Seekarte, Streichhölzer und eine Machete. Alles wird sorgfältig verzurrt, und das Boot mit einem in den Boden gerammten Anker und einen am Dach befestigten Tau gesichert.

Wir machen uns keine Hoffnungen. Gegen Mittag wollte ich noch einige Sparren aus dem alten Gerüst stemmen, das einmal zum Trocknen von Kopra gedient hatte und am Rand des Palmenhains steht. Ich sah eine riesige, vielleicht zehn Meter hohe Welle auf dem Strand sich brechen, die wie Strohhalme die Überreste der Palmwedelhütte und die Pfeiler des Zeltes hinwegfegte. Ich sah Bäume wie Streichhölzer knicken. Und ich war vor dieser anrollenden Wasserwand davongelaufen – trotz meines gebrochenen Zehs.

Um 16 Uhr höre ich zum letztenmal den Wetterbericht, der uns bestätigt, was wir bereits nur zu gut wissen: Winde von 180 bis 200 km/h, starke See, Wellen mit 15 Metern Höhe, Sturmfluten. Zugrichtung des Zyklons: auf uns zu.

Danach löse ich die Spanndrähte der Antenne, damit diese nicht durch Windbruch zerstört wird.

Jetzt sind wir vollkommen von der Welt abgeschnitten, können nur noch auf uns und auf die Vorsehung hoffen. Für uns beginnt nun eine lange Nacht.

Eine schreckliche Nacht, die längst Vergessenes in mir weckt: Donnern, Krachen, Bersten; Frauen, Männer, Kinder, betend, um ihr Überleben zitternd, voller Angst.

Wir sind in unserem Unterschlupf eingepfercht, so wie wir, fünf oder sechs Familien, es damals in einem Keller während der Bombenangriffe im Winter 1945 waren. Ich glaubte diese Erinnerung verarbeitet zu haben, erlebe jedoch nun erneut jene zerstörerische Wut, die den Kampf um Colmar und die Vernichtung der umliegenden Dörfer begleitete. Ob Mensch oder Natur, das Ergebnis bleibt gleich.

Der Sturm nimmt an Heftigkeit zu. Unsere Hütte bebt in ihren Grundfesten. Wir fühlen, sie ist nicht sicher. Wir müßten nach draußen. Aber wohin in der stockfinsteren Nacht? Bleiben ist gefährlich, aber Flüchten nicht weniger. Angstvoll warten wir auf den neuen Tag.

Dienstag, 25. Januar 1983

Im Morgengrauen zeigt sich uns eine alptraumhafte Landschaft. Ununterbrochen heult der Wind. Explosionsartig donnern die Brecher. Nackte Gewalt. Der Himmel ist bleischwer. Horizontal peitschender Regen. Sturmböen haben gewütet. Große und schöne Bäume wie die *kahaia* sind geknickt, davongeweht, entwurzelt. Die Kokospalmen bieten ein unglaubliches Spektakel in ihrem Kampf gegen den Wind. Sie sind auf 60 Grad gebogen. Ihr Laubwerk steht waagerecht. Die Wurzeln kommen aus der Erde, krallen sich jedoch noch im Untergrund fest. Palmwedel fliegen umher. Nüsse fallen wie Hagelkörner herab. Hier und da bricht ein Stamm und schlägt mit einem dumpfen, kurzen Ton auf den Boden. Einige Bäume knicken in einem Meter

Höhe ab. Die meisten sind entwurzelt. Wir sind in höchster Gefahr, von einer brechenden Kokospalme erschlagen zu werden. Unmöglich, länger in der Hütte zu bleiben. Mehrere Stämme bedrohen bereits das Dach. Andere wollen jeden Augenblick über der Zisterne zusammenstürzen.

Wir stehen draußen und achten auf Windbruch, jederzeit bereit, im letzten Moment zur Seite zu springen, wissen jedoch nicht, welcher Stamm der erste sein wird.

Ein kurzer Gang zur Strandkuppe – durch ein Labyrinth von umgestürzten Bäumen, abgeknickten Zweigen, die Augen gen Himmel, um im Zickzack zwischen herabfallenden Ästen voranzukommen – hat uns die Gewißheit gebracht, daß die Sturmflut vor einigen Stunden begonnen hat. Von gigantischen Seen angespülte Bäume und Steinblöcke haben einen Wall um unseren Zufluchtsort gebildet, genau entlang der höchsten Linie des Atolls. Unsere Hütte liegt leicht unterhalb dahinter und ist mehr als gefährdet. Alles ist wahrscheinlich nur noch eine Frage der Zeit...

Der Wind bläst aus Süd, aber die See rollt von Nord und Ost heran. Wir blicken in den Himmel gen Süden, drehen uns ständig um, falls eine stärkere Welle kommen sollte. Stunden vergehen. Unsere Worte verschluckt der ohrenbetäubende Lärm. Das Heulen des Windes vermischt sich mit dem Donnern des Riffs.

Wir frieren – trotz unserer Taucheranzüge und der Südwester. Müdigkeit macht sich in uns breit; Angst jedoch nicht. Dazu achten wir viel zu sehr auf die Bäume, auf jedes Krachen und auf jede Welle. Angst nein, Sorge ja! Sorge um unsere Chancen zu entkommen.

Dann, gegen 11 Uhr, schwächt der Wind ab. Unmerklich reißt der Himmel auf. Die Bäume peitschen noch immer hin und her, jedoch brechen keine Äste mehr ab. Der Wind legt sich langsam, und bald ist Stille, fast eine Kalme. Nach stundenlangem Wüten können wir aufatmen. Wir sind erschöpft, aber erleichtert. Wir haben es geschafft! Die Minuten vergehen... Was aber, wenn wir im Auge des Zyklons sind?

Wir nutzen die Gelegenheit, um uns einen Überblick zu verschaffen.

Die See bietet einen monumentalen Anblick. Mit donnerndem Tosen brechen sich die Wellen. Riesige, tödliche Katarakte verschlingen die Insel auf Kilometer. Aus diesem Chaos ragen wir heraus – wie auf einem Floß von 150 Metern Länge...

An der Lagune ist der Schuppen, in dem einmal eine Piroge und eine Barke untergebracht waren, verschwunden. Bruchstücke liegen auf etlichen hundert Metern im Palmenhain und in einem Wirrwarr aus Steinen und Ästen verstreut.

Auf dem Wasser haben sich Klappwellen gebildet, mindestens vier Meter

Der Zyklon Nano hat stark an Intensität gewonnen.

Es wird wohl immer ein Geheimnis bleiben, wo Siki während des Zyklons gewesen ist.

Auf dem Lagunenstrand beginnen die vom Sturm angespülten Kokosnüsse zu verfaulen.

Wir beobachten den Windbruch.

hoch, spitz aufragend. In schnellem Rhythmus folgen sie im Abstand von wenigen Metern aufeinander. Ein Boot wäre auf der Lagune zum Untergang verurteilt.

Wir müssen zurück, schnell. Der Wind frischt rasch auf. Es beginnt erneut zu regnen. Die Bäume biegen sich. Es fängt wieder von vorn an. Wir sind also doch im Auge des Zyklons oder in seiner Peripherie gewesen. Die Ruhepause hat nur ein paar Minuten gedauert.

Wir beziehen aufs neue unsere Spähposten, hin zum Wind, der nun gedreht hat, hin zu den Bäumen und hin zur See. Zwei große Kokospalmen bedrohen ernsthaft Hütte und Zisterne. Wenn die Palmen der Belastung nicht standhalten, gibt es eine Katastrophe, denn wir wären von einem Augenblick zum anderen allem beraubt – unserer Ausrüstung, den Lebensmitteln, dem Trinkwasser – und durch den Verlust des Funkgeräts zudem noch von der Außenwelt abgeschnitten. Der dickste und schwerste Stamm biegt sich genau über der Stelle, wo unsere wertvollsten Sachen untergebracht sind. Er hat sich in der langen Sturmnacht gelockert. Seine Wurzeln heben das Erdreich mit der Regelmäßigkeit eines Metronoms an. Die Hütte besitzt nicht die nötige Festigkeit, um sein herabstürzendes Gewicht zu verkraften. Sie ist aus korallinen Bruchsteinen erbaut, die mit Kalk mehr schlecht als recht zusammengehalten werden. Auch hat sie kein Fundament. Das Dach besteht aus ziemlich verrosteten Blechen, die eher lose auf den termitenzerfressenen Balken sitzen. Ein Wunder, daß die Konstruktion bisher überhaupt Widerstand geleistet hat. Einen starken Schlag würde sie keinesfalls überstehen.

Noch einige Stunden, dann fällt der Wind unmerklich. Sein Heulen wird schwächer. Die Baumstämme richten sich auf, widerwillig, erschöpft – Greise, die schlaff eine andere Haltung annehmen; Überlebende eines schweren Unfalls, eines schwierigen chirurgischen Eingriffs. Sie richten sich auf, langsam, machen jedoch einen geknickten Eindruck. Ihre Kronen sind zerfleddert, zerzaust, gelichtet. Noch vor kaum 36 Stunden zeigte jede Palme stolz ihre üppigen, mächtig ausladenden Wedel. Nun weisen die traurigen Überreste alle in eine vom Wind vorgegebene Richtung und zeugen von der Gewalt des Zyklons.

Auch wir fühlen uns matt, sehr matt sogar. Nur mit Mühe streifen wir Taucheranzüge und Südwester ab, ziehen trockene Sachen über und bauen aus einem umgestülpten Trog und Weißblechdosen provisorisch einen Tisch und Sitzgelegenheiten auf. Zwieback, Pastete, etwas Schokolade, ein Schluck Rotwein und danach eine Zigarette: ein unbeschreiblicher Genuß. Das tut gut. Es geht wieder aufwärts. Noch vor Einbruch der Nacht machen wir einen Rundgang.

Geknickte, entwurzelte Bäume, Palmwedel, Kokosnüsse, Korallenbrokken, Blechteile und andere Bruchstücke aller Art bilden ein unentwirrbares Durcheinander. Die Seen haben einen Wall von Korallfelsen und Baumstämmen aufgeschichtet – knapp 60 Meter vor der Hütte und auf einer Höhenlinie, die etwa einen Meter über uns liegt. Jenseits davon rollen die Brecher bis zur Lagune und führen in ihren Fluten tausende Tonnen Korallen mit, die den Palmenhain verwüsten. Einige Brocken haben an die hundert Kubikmeter!

Das Atoll ist nicht wiederzuerkennen. Die Küste war früher grau, nun ist sie weiß. Der Wald ist verschwunden. Von den großen Bäumen, an denen wir zahlreiche Dinge und unsere Hängematten befestigt haben und die unser Zelt umstanden, fehlt jede Spur. Lediglich einige abgedrehte Stümpfe ragen hier und da wenige Zentimeter aus dem Boden.

Von unserem Lager ist nichts mehr übrig. Als ob es nie existiert hätte. Pfähle, Tische und Bänke sind kilometerweit verstreut. Ab und zu entdecken wir in den kommenden Wochen den einen oder anderen Gegenstand in einem Haufen von Zweigen, Wurzeln und Steinen wieder.

Nichts ist brauchbar.

Der Lagunenstrand ist zum Friedhof für Stämme, Äste, Wedel und Kokosnüsse geworden.

Und überall tote oder verletzte Vögel.

Wir haben viel Glück gehabt. Was hätten wir gemacht, wenn die Seen zwei, drei Meter höher gewesen wären?

Etwa auf das Dach klettern? Die Hütte wäre schon beim ersten Ansturm in sich zusammengestürzt. Überspülungen sind nicht mit Sturmfluten zu vergleichen. Bei einer Überspülung steigt der Wasserspiegel langsam an, was keine Gefahr darstellt. Eine Sturmflut, die sich über ein Atoll ergießt, ist jedoch etwas anderes: ein riesiger Brecher, der Felsen, Holz und Sand mit sich führt. Und während eines Zyklons bildet sich dieser Brecher fast zwölf Stunden lang alle acht bis zehn Sekunden erneut. Nein, dem hätte die alte Hütte nie standgehalten. Wir wären in einen Krater von Steinen und rostigen, scharfkantigen Blechteilen gefallen. Wir hätten uns sehr schwer verletzt – oder wären von den Fluten davongerissen worden.

Hätten wir denn also auf eine Kokospalme klettern sollen? Welche hätte gehalten? Hätte man mehrere vorbereiten sollen, indem man ihre Kronen beschnitten und in ihre Stämme Tritte oder große Nägel eingeschlagen hätte, um in letzter Sekunde noch hochzukommen, bevor die heranstürmende See alles unter sich begräbt? Selbst wenn dieser eine Baum standgehalten hätte, wie sicher wären wir gewesen, daß nicht ein anderer über unserem zusammenbricht? Was hätten wir dann gemacht? Etwa in die tosende See springen?

Oder hätten wir uns ins Ruderboot setzen sollen? Wenig Aussicht, daß es mit der zusätzlichen Last von hereingespülten Steinen und Wasser schwimmfähig gewesen wäre... Das Boot mitten auf der Lagune festmachen? Wie hätten wir es denn bei diesen Brechern zu Wasser gebracht? Alles schon vorher fertig machen? Wie hätten wir es dann erreicht? Schwimmend, an einem Tau uns hinüber hangelnd, um es schließlich doch nicht wiederzufinden, weil es bereits seit Stunden gesunken ist?

Nein, der einzige Ausweg wäre gewesen, möglichst weit weg von hier gewesen zu sein.

Noch am gleichen Abend verspannen wir einigermaßen die Antenne und versuchen, über Funk mit Tahiti zu sprechen, damit unsere Familien beruhigt sind. Die Verbindung ist miserabel. Die Ausrichtung der Antenne ist nicht optimal, und auch die atmosphärischen Bedingungen sind äußerst schlecht. Unsere Sendung ist so schwach, daß unsere Freunde uns kaum verstehen können Wir hören jedoch mit Freude Julios Stimme aus dem Lautsprecher dringen:

»Paul, du bist fast nicht zu empfangen. Ich glaube verstanden zu haben, daß bei euch alles in Ordnung ist. Ich bin mir aber nicht sicher. Der ganze Jachtklub ist hier, und alle sind froh, daß ihr noch am Leben seid. Wir sind morgen wieder auf Empfang, wie jeden Abend zur gleichen Stunde. Viel Glück. *Alpha Centaury* Ende.«

Ich schreie ins Mikro, so laut ich kann. Ich will, daß dieses Gespräch, dieser Kontakt, dieses Zeichen von Freundschaft und Mitgefühl nicht endet. Ich will, daß unsere Familien benachrichtigt werden. Aber nichts geht mehr. Jedoch sind zwei Worte mit Sicherheit verstanden worden: »Paul, Ahunui«. »Alles okay« – die beiden anderen Worte glaubt man, ebenfalls empfangen zu haben. Das war die wichtigste Botschaft!

14. Kapitel

Die Hilfssendung

Wir haben lange geschlafen; die Müdigkeit hat uns übermannt. Mit offenen Augen bleiben wir liegen, den Kopf voller Erinnerungen an Wind, See und Chaos, und haben einfach keine Lust aufzustehen. Siki hat sich in ihrer Ecke zusammengerollt. Sie gähnt, und ihre Stirn legt sich in Falten. Wir werden wohl nie erfahren, wo sie während des gestrigen Tages Unterschlupf gefunden hat.

Durch die weitgeöffnete Tür flutet Sonne in den Raum. Auch das Donnern des Riffs dringt herein. Die See wird noch einige Zeit brauchen, bis sie zur Ruhe kommt. Kein Vogelgeschrei ist zu hören. Auch der Hahn hat nicht gekräht; jedenfalls haben wir nichts vernommen. Der erste Morgen in Totenstille.

»Ich fühle mich zehn Jahre älter.«

»Ich auch.«

Unsere Blicke streifen über unsere Sachen oder gehen in die Leere. Wir haben Zeit. Draußen erwartet uns ohnehin der Anblick von Trostlosigkeit. Wir empfinden nichts – weder Freude, heil davongekommen zu sein, noch Trauer über das Desaster. Ich glaube, wir sind einfach abgestumpft.

Nach einer solchen Erfahrung verliert alles an Bedeutung. Laufen lassen. Sich nur noch auf das Atmen konzentrieren. Die hereinströmende Brise schnuppern, spüren, wie sie sich im Raum verteilt. Sich nur noch auf das Schlagen der Augenlider konzentrieren. Das Gewicht wahrnehmen, mit dem sie herabfallen. Sich auf das Zucken der Hand, das Spiel der Finger konzentrieren. Vor allem, nichts tun… Nicht groß bewegen, nicht sprechen, nicht denken. Laufen lassen.

Die Zeit vergeht. Siki erhebt sich, streckt genüßlich ihre Vorderpfoten aus und gähnt. Ihre Schnauze ist weit geöffnet, die Zunge in einem Bogen nach hinten gerollt. Dann macht sie die Hinterpfoten lang und versucht zwei, drei Schritte nur mit den Vorderpfoten. Schließlich schüttelt sie sich – als ob sie die Ereignisse der vergangenen Stunden dadurch ablegen könnte. Nun steht sie da und weiß nichts mit sich anzufangen.

»Siki.«

Sie blickt mir in die Augen, lange. Aber weil ich schweige, wendet sie sich ab zu Danièle, die sie mit der gleichen Intensität fixiert. Offensichtlich ist von uns nichts zu erwarten. Sie trottet zur Tür, dreht sich noch einmal forschend nach uns um und verschwindet dann.

»Ich werde uns einen Tee kochen«, schlägt Danièle vor.

Ja, ein starker, heißer Tee würde mir jetzt auf die Beine helfen. Danach kann ich mich immer noch in meinen Gedanken ergehen.

Eine kleine Rauchsäule steigt in den Himmel von Ahunui auf. Ein Feuer. Das Leben hat wieder begonnen. Wenn auch nicht gerade voller Enthusiasmus. Aber ein Feuer ist immerhin ein Anfang. Siki hat sich nicht getäuscht. Hat sie das Signal gesehen oder den Rauch in der Luft gerochen? Auf jeden Fall ist sie zurückgekommen und setzt sich zu uns – in das Gewirr der Trümmer.

»Wie trostlos!«

»Wir haben verdammt Glück gehabt.«

»Die ganze Arbeit umsonst...«

Ich schließe die Augen, stelle mir vor, wie es zuvor aussah. Als ich sie öffne, erblicke ich nur Schutt.

»Was hast du heute vor?« fragt Danièle.

»Als erstes mal nach den Austern sehen.«

»Meinst du, du kannst die Zucht weiterführen?«

»Ich fürchte nein. Vermutlich sind alle kaputt.«

An der Lagune finde ich noch nicht einmal die Stelle, an der wir die Austern versenkt haben. Nichts ist zu sehen. Das Wasser ist schmutziggrün, trübe. Der Wasserspiegel ist so stark angestiegen, daß es wohl noch einige Tage dauert, bis die Lagune sich mit der See wieder ausgleicht. Alles ist durcheinander, zerstört. Meine ganzen Ersparnisse sind dahin, auf ewig verschüttet unter einer meterdicken Schicht aus Korallenbruchstücken.

Zehn Jahre Arbeit umsonst; ein Traum ist wie eine Luftblase zerplatzt.

Das Atoll ist mit einem tonnenschweren Leichentuch bedeckt. Losgerissene Korallen zersetzen sich. Ein bestialischer Gestank. Mir wird schlecht.

Plötzlich ein ungewohntes Geräusch, ein tiefes Brummen.

»Hörst du?«

»Ja, wie ein Motor. Das ist ein Flugzeug. Ein Flugzeug, da! Eine Militärmaschine!«

Keine trübsinnigen Gedanken mehr, auch keine Resignation. Wie wild winken wir dem Flugzeug zu, das im Tiefflug über unseren Köpfen dahinbraust. Ein Flügelschwenken, man hat uns gesichtet.

»Wir müssen mit ihm Kontakt aufnehmen. Los, zum Strand. Wir müssen unsere Frequenz in den Sand schreiben.«

Wir laufen, was bei mir in schnellem Humpeln ausartet. Mehr schlecht als recht springen wir über umgestürzte Bäume, hasten die Kuppe hoch, um uns auf dem freien Strand deutlich zu zeigen. Das Flugzeug kehrt zurück. Ein großer oranger Fleck löst sich von der Maschine. Darüber ist ein weißer Schirm zu sehen.

»Ein Container! Sie werfen einen Überlebenscontainer ab. Prima Kerle! Schnell, bevor sie wieder wegfliegen!«

Wir suchen Äste, um aus ihnen unsere Frequenzzahl zusammenzulegen. Himmel, sie sind schon wieder im Anflug. Flügelwackeln. Sie wollen weiter, kein Zweifel. Ich strecke die Hand in den Himmel und halte sie ruhig: Stopp! Hoffentlich verstehen sie mein Zeichen.

Das Flugzeug schwenkt für einen erneuten Überflug ab. Keine Zeit mehr, irgend etwas zusammenzusuchen. Mit den Füßen schreiben wir die magische Zahl in den Sand. Ob sie von dort oben lesbar ist? Die Sonne steht im Zenit, alles ist grellweiß, flach, ohne Schatten.

»Ich laufe zum Funkgerät. Bleib du hier und halte die Hand hoch.«

»Flugzeug – Flugzeug – Flugzeug über Ahunui. Rufe Flugzeug über Ahunui. Kommen.«

Nichts.

»Flugzeug über Ahunui. Kommen.«

Werden sie die richtige Frequenz finden?

»Flugzeug über Ahunui. Kommen.«

»Ahunui von *Neptune* 331. Kommen.«

Ich schreie auf vor Freude. Tränen stehen mir in den Augen.

»Hallo, guten Tag. Nett, daß ihr gekommen seid. Danke. Kommen.«

»Ahunui von *Neptune*. Verstanden. Kommen.«

»Bei uns ist alles in Ordnung. Wir brauchen nichts. Alles Wichtige ist gerettet. Danke. Benachrichtigt unsere Familien. Ihr seid prima. Habt ihr mich verstanden?«

»Ahunui von *Neptune*. Verstanden.«

»Wir haben es heil überstanden und viel Glück gehabt. Es tut gut, euch dort oben zu sehen.«

»Ahunui von *Neptune*. In einigen Tagen kommt ein Boot vorbei. Kommen.«

»Es braucht nicht extra wegen uns einen Umweg machen. Andere Atolle haben sicher mehr abbekommen als Ahunui. Wir können problemlos weiterhin hierbleiben. Benachrichtigt bitte unsere Familien. Das reicht. Danke euch. Kommen.«

»Ahunui von *Neptune*. Bewahrt den Container auf. Er wird abgeholt. Viel Glück. *Neptune* Ende.«

»Ja, vielen Dank noch einmal. Wirklich nett, daß ihr gekommen seid. Danke. Ende.«

Sie fliegen davon. Wir bleiben lange stehen, unbeweglich, sind tief gerührt. Einmal mehr können wir ermessen, wie sehr Abgeschiedenheit die Menschen einander näher bringt. Könnte man doch über die in der Masse vereinsamenden Menschen auch Container voller Hoffnung mit dem Fallschirm absetzen!

Aber was enthält eigentlich unser Container?

Voller Spannung öffnen wir ihn und sind platt:

»Orangen!«

Danièle strahlt.

»Irre, Orangen per Fallschirm!«

»Und Grapefruits!«

»Und da, Brot, Milch, Wasser.«

Brennend bescheint die Sonne den Korallenstrand. Wir aber stehen da wie zwei Kinder vor dem Weihnachtsbaum, deren Augen glänzen im Schein der Kerzen und im Glitzern der Kugeln und des Lamettas.

»Streichhölzer!«

»Obstkonserven!«

»Zucker!«

Einfach prima! Zwar brauchen wir all diese Gaben nicht unbedingt, aber sie erfreuen unsere Herzen. Ich sehe die Soldaten vor mir, wie sie eine Kette bilden und die ganzen guten Sachen in die Container packen. Werden wir ihnen je unsere Dankbarkeit zeigen können? »Du, Danièle, auch andere Maschinen könnten uns überfliegen. Ich werde unsere Frequenz in riesigen Ziffern auf das Dach malen. Daß ich daran nicht früher gedacht habe...«

»Danach könntest du die Antenne neu aufspannen. Alle Teile liegen am Boden verstreut.«

»Das mache ich morgen. Jetzt lohnt es sich doch nicht mehr.«

Leider habe ich damit unrecht. Denn in der Nacht macht sich Siki über das Koaxialkabel her, das die Verbindung von der Antenne zum Funkgerät herstellt. Fast zwei Meter Kabel zerbeißt sie in kleine, wenige Zentimeter lange Stücke.

Am nächten Morgen sind wir wirklich von der Außenwelt abgeschnitten. Mit einem solchen Problem habe ich nicht gerechnet. Ich weiß auch nicht, ob ich den Schaden beheben kann.

Wut überkommt mich. Ich schnappe die Hündin und versetze ihr einen Schlag.

»Meinst du, daß das etwas bringt?« fragte Danièle.

»Dieses verdammte, blöde Tier!«

»Nun beruhige dich aber bitte. Das ist für sie doch nur ein Spiel gewesen.«

»Und wenn das Kabel einer bestimmten Norm entspricht, was dann? Ich hab so etwas noch nie repariert.«

»Versuch's doch erst. Und dann sehen wir weiter.«

Danièle hat recht. Das Kabel ist lediglich ein Drahtkern mit leitender Umwicklung und den entsprechenden Ummantelungen zur Abschirmung. Die einzelnen Teile lassen sich ganz einfach miteinander verbinden, und auch die Funktionsfähigkeit des Funkgerätes ist durch das kürzere Kabel nicht beeinträchtigt.

Siki hat das Weite gesucht. Erst abends, als wir essen, kommt sie zurück... Ich will ihr nun beibringen, daß sie sich nicht für Kabel, Antenne, Angelschnüre, Taue oder sonst etwas zu interessieren hat. Ich halte ihr ein Stück des zerbissenen Koaxials hin und binde ihr mit einem anderen das Maul zu.

Zwei, drei Stunden lang versucht sie, die Fessel abzustreifen, ohne Erfolg. Endlich gibt sie auf und sieht uns nacheinander an, die Augen voller Traurigkeit und Bitten.

»Hast du nun verstanden? Du sollst das nicht fressen! Hörst du?«

Ich halte ihr ein Stück Kabel vor die Nase und sage mehrmals: »Pfui, pfui!«

Danièle ist skeptisch: »Meinst du, daß ein Hund aus Tahiti dein Elsässisch versteht?«

»Wenn ich es ihr immr wieder vorsage, wird sie es mit Sicherheit kapieren.«

»Das erinnert mich an die Geschichte von den Elefanten, die du mir einmal erzählt hast.«

»Ach ja, daß die Elefanten in Indien alle auf Hindi dressiert werden, unabhängig von der jeweiligen Provinzsprache.«

»Und jetzt glaubst du, Hunde hier auf Elsässisch dressieren zu können?«

»Nein, denn hier ißt man Hunde. *Fiu*!«

Siki ist vom Maulkorb befreit. Mehrmals öffnet und schließt sie ihr Maul, um sich davon zu überzeugen, daß noch alles funktioniert. Dann reibt sie die Lefzen mit den Pfoten, um sie zu massieren und die schlimme Erfahrung abzustreifen.

»Jetzt können wir wohl beruhigt sein.«

»Ja, vor allem aber, weil ich das Koaxial außer Reichweite gebracht habe.«

Die nächsten Tage vergehen mit dem Wiederaufstellen der Regenrinnen und der Solarzellen. Wir reinigen auch die angelegten Pfade und reparieren das Dach der Zisterne.

Wir schreiben den 31. Januar, sechs Tage nach dem Zyklon. Es ist Abend. Plötzlich ein langgezogener Ton.

»Danièle, hörst du? Ein Schiff!«

Wir laufen zum Strand. Dort, genau an unserem Landungspunkt, ein Kriegsschiff, die *Lorientaise*. Mehrere Männer machen sich an den Davits zu schaffen. Schon wenige Augenblicke später ist ein Beiboot zu Wasser gelassen, in dem etwa zehn Leute sitzen.

»Das Atoll ist noch nie in so kurzer Zeit so oft besucht worden.«

»Ich vermute, sie fahren alle betroffenen Inseln ab. Vielleicht wollen sie uns fragen, ob wir von hier fortwollen?«

»Und was wirst du antworten?« fragt Danièle.

Ich sage nichts und konzentriere mich auf das Landungsmanöver, da ich das Boot nach Möglichkeit dirigieren will.

»Na, Taote, wie sieht's bei euch aus?« fragt der Administrator der Tuamotu, der als erster aus dem Beiboot springt.

»Tag, Herr Boisnette. Nett, Sie hier zu sehen. Ich hätte nie geglaubt, Sie einmal auf diesem Atoll wiederzusehen.«

Zum Administrator gesellen sich noch zwei Gendarmen, zwei Paumotu-Matrosen und vier Soldaten. Lächelnd reichen wir uns die Hände. Es ist immer schön, Besuch zu haben.

Dann jedoch ergibt sich eine heikle Situation. Jeder bleibt unbeweglich mit den Füßen im Wasser auf dem *paka* stehen. Einer beobachtet den anderen. Manche zeigen ein Lächeln auf den Lippen. Ein Moment des Schweigens, in dem die Stimmung auf seiten unserer Besucher zwischen Neid oder Mitleid und bei uns zwischen Ausgelassenheit oder Zurückhaltung schwankt. In den Augen der Männer spiegelt sich mal Scheu, mal von Neugier und Erstaunen durchmischte Überraschung wieder. Sie sehen uns so bedeutungsvoll an, daß ich mich zu Danièle umdrehe. Zum erstenmal werde ich mir ihrer Gestalt und ihrer Ausstrahlung bewußt. Sie braucht keine Schminke oder Schmuck; sie ist eine moralische, animalisch-natürliche Schönheit in reinster Form.

Trotz ihrer stark lädierten Shorts und des mitgenommenen T-Shirts sieht sie spitze aus: Ihre Haut hat im Lauf der Monate in der freien Luft eine weiche, kupferfarbene Tönung angenommen. Die Haare trägt sie zu Zöpfen geflochten. Ihren Augen entspringen Freude und Schalkhaftigkeit. Mit Leichtigkeit bewegt sie sich auf den scharfkantigen Korallen. Sie ist die Königin der Insel, die gnädig ihre Untertanen empfängt. Sie ist eine wahre Erscheinung. Und die Männer erkennen das. Sie verharren, wissen nicht, wie sie reagieren sollen, sind begeistert. Dann wechselt ihr Blick über zu mir.

Mit meinen schulterlangen Haaren, dem grellfarbenen Stirnband, dem schlecht gestutzten Bart und meinem von den überstandenen Schwierigkeiten gezeichneten Gesicht, bin ich wohl meilenweit vom Bild jenes ehrwürdigen Arztes entfernt, dem man mit Respekt gegenübertritt. Um etwas von mir abzulenken, wende ich mich an den Paumotu am Ruder.

»*E hoa, mea maitai ri io-nei. Aita hoe apoo. A hingo koe* – He, Freund, hier ist's besser. Keine Untiefen. Sieh nur.«

Das Beiboot hätte nämlich etwas weiter links anlegen sollen. Auch das Ablegen wäre dann einfacher. Der Paumotu zwinkert zustimmend mit den Augen und bringt das Boot sogleich an die richtige Stelle, zum Erstaunen der Soldaten. Jene geben ihren Paumotu-Ruderleuten nie derartige Ratschläge, weil sie einfach nicht befolgt werden.

»Und wie steht's mit Ihren Perlenaustern?« fragt der Administrator schließlich.

»Schlecht. Wir haben alles verloren. Sie sind mit einer mindestens zwei, drei Meter dicken Schicht Korallenschutt bedeckt. Keine dürfte überlebt haben.«

»Könnten wir uns das vielleicht einmal anschauen?«

»Ja, kommen Sie mit.«

Alle folgen uns zur Hütte. Einer der Gendarmen trägt ein Buch unter dem Arm, in das er wohl seine Berichte schreibt.

»Haben sie diesen Pfad angelegt?« fragt Administrator Boisnette.

»Ja, das sind allerdings nur die Überreste.«

Es war einmal ein schöner Pfad, von allen Hindernissen befreit. Er zog sich zwischen zwei leichten steinernen Hügeln und umgestürzten Bäumen dahin. Nun ist er durch den von den Seen aufgetürmten Wall zerstört.

Alle weiteren Fragen erübrigen sich. Unsere Gäste betrachten die Hütte, den mit unseren Gerätschaften überquellenden Raum. Sie verweilen einen Augenblick interessiert vor unserer Solarzellen-Konstruktion, entdecken den mittels einer Sauerstoffflasche betriebenen Preßluftbohrer und ermessen mit einem Blick den uns während der Sturmflut verbliebenen Lebensraum. Nun können sie erst recht unsere Erbärmlichkeit in diesem Chaos einschätzen.

Auf Hao, wo in der Zwischenzeit alle Luft- und Seeverbindungen wiederhergestellt wurden, wo die Armee unter Einsatz aller Kräfte versucht, die Wohnsiedlungen aus den Ruinen wiederaufzubauen, ist über die Hälfte der Bevölkerung geflüchtet. Das draußen vor Anker gegangene Schiff quillt über vor Männer und Frauen, die ihre Heimatinsel verlassen haben – ob für kurze Zeit oder für immer, sie wissen es selbst noch nicht. Auch auf Tureia, wo die

Seen auf 18 Meter geschätzt worden sind, wird es wahrscheinlich das gleiche sein. Auch wir zwei, die wir hier im Elend leben, sollten eigentlich das Atoll verlassen. Man schlägt uns vor, uns mitzunehmen. Die Männer greifen schon nach unseren Sachen.

Ich sehe Danièle an. Sie lächelt. Sie hat verstanden.

Wir bleiben.

15. Kapitel

Die Geräusche der Nacht

Aus dem Tagebuch: 23. Februar 1983

Ein Monat ist seit dem Zyklon vergangen.

Ein Monat, und wir leben noch immer in der Hütte. Wir hatten 14 Tage veranschlagt, um ein neues Lager zu errichten, aber uns fehlte die rechte Lust. Es ist schwül und heiß, sehr heiß.

Sechs Uhr. Wir stehen auf. Die Glieder sind lahm, und die Gelenke schmerzen. Danièle leidet an einem beginnenden Rheumatismus am Knie, aber sie klagt nicht. Mein gebrochener Zeh scheint zu heilen. Allerdings machen mir eine Periarthritis an der Schulter und ein Eitergeschwür zu schaffen. Letzteres ist mit dicken Pusteln überzogen, die ständig jucken. Alle Körperfalten sind davon betroffen: Leistengegend, Achselhöhlen und Kniekehlen. Daran ist Transpiration schuld, und ich könnte dem nur abhelfen, wenn ich im Schatten und an der Luft ruhig liegen bleibe. Aber das ist nicht machbar, und alle Behandlungsmethoden versagen.

Unser Frühstück besteht aus Unmengen Tee, frischem, knusprigem Brot mit viel Butter aus der Dose und Honig oder Konfitüre. Wir verbringen immer viel Zeit mit dem Frühstück, sitzen mit dem Rücken gegen die Hütte gelehnt, essen und trinken, laden unsere Batterien auf für den neuen Tag.

Dann heißt es an die Arbeit. Danièle spült ab, macht den Haushalt, wäscht unsere Kleider, füttert das Geflügel und backt unser Brot. Ich schneide Pfähle zurecht und grabe Löcher, um das Gerüst für unser neues Lager vorzubereiten. Jeder verrichtet sein nicht gerade einfaches Werk.

Der Weg hin und zurück wird immer länger. Die Säge geht kaputt. Die Nägel werden rar. Hitze und Feuchtigkeit sind fast unerträglich. Schon gegen zehn Uhr sind wir am Ende unserer Kräfte. Meist gehen wir dann auf Fischfang, entweder mit dem Netz oder mit den Unterwassergewehren.

Um elf Uhr essen wir schnell einen Happen, bevor wir uns zu einem

Mittagsschlaf hinlegen. Zu dieser Zeit kann man einfach nichts verrichten. Selbst das Schlafen fällt schwer. Es ist zu heiß!

Nachmittags werkele ich am Schuppen herum. Es gibt immer etwas zu reparieren. Später dann machen wir uns mit neuem Mut an die gemeinsam zu erledigenden Tätigkeiten. Wir transportieren die schwersten Pfähle und die sperrigsten Bretter, hissen das Zelt auf das Gerüst, nageln neue Bleche an die Hütte und machen die Wege von Unrat frei. Wir fabrizieren Reusen, Fallen, Käfige aller Art. Aber wir haben auch noch die Zeit zu filmen und zu fotografieren, zu lesen und das Tagebuch zu führen.

Mit dem Abend kommt auch die uns heilige Stunde der Dusche.

Zum Glück verfügen wir über ausreichend Süßwasser. Die Zisterne ist unser wertvollster Schatz. Welch Gefühl, das Wasser über unsere von Salz, Sonne und Schweiß angegriffenen Körper laufen zu lassen!

Das Abendessen ist stets unser Festmahl! Wir speisen reichlich: Fisch, Langusten, Krebse, Palmherzen, Brachvogel am Spieß... Danach rauchen wir eine Pfeife oder eine Zigarre. Das ganze rundet ein Schluck Cognac ab. Manchmal nehmen wir auch mit einem Freund Funkkontakt auf. Wenig später ist Danièle schon eingenickt.

Leider kann ich nicht von einem Augenblick zum anderen in Schlaf fallen. Also bleibe ich noch etwas wach.

Die Geräusche stören mich. Schon unser Lager in Seenähe wurde ständig mit dem Donnern des Riffs überzogen. Aber nun erschallt auch aus dem Palmenhain ein infernalisches Getöse.

In regelmäßigen Abständen läßt der Hahn sein krächzendes Krähen erklingen. Das Wort »Krähen« ist wirklich bezeichnend! Und wie alle polynesischen Hähne kräht er Tag und Nacht, vor allem aber nachts. Aber er ist nicht allein.

Die Seeschwalben fliegen und schreien von der Abenddämmerung bis zum Morgengrauen. Die braunen Sturmvögel geben Laute von sich wie Kröten in der Paarungszeit, während die Töne der schwarzen Sturmvögel eher klappernd sind.

Unterdessen fiepen und quieken die von den Kokosnüssen im Hühnerstall angelockten Ratten und huschen hin und her. Man hört sie auf dem Dach scharren, mit Genuß knisterndes Papier zerfetzen und unter unseren Betten ihre Kämpfe austragen. Dann endlich raffe ich mich auf und lege eine Falle zu meinen Füßen aus. Ihr Mechanismus arbeitet in einer Zeitspanne von einer bis zehn Minuten. Aber die Sieger sind schließlich doch die Ratten, denn nach drei, vier Opfern habe ich die Nase voll und stopfe mir etwas in die Ohren.

Aber es gibt noch zwei andere nächtliche Ruhestörer: die Palmdiebe und die Einsiedlerkrebse.

Obwohl sich nur etwa zwölf Palmdiebe um die Hütte herumtreiben, veranstalten sie meist ein solches Getöse unter unseren Sachen, daß sogar die Wachskugeln in meinen Ohren zwecklos sind. Dann muß ich mich aus meinem Halbschlaf erheben, den Poltergeist vorsichtig und auf der Hut vor seinen Zangen ergreifen und ihn in die Dunkelheit schleudern. Manchmal sind noch ein paar ihm nachgeworfene Steine zur Unterstreichung notwendig. Ein so behandelter Palmdieb wird mich zumindest in dieser Nacht nicht noch einmal stören. Manche kommen sogar nie wieder – als ob sie wüßten, daß sie dann am nächsten Tag auf unserer Speisekarte stünden...

Die Einsiedlerkrebse sind dagegen überreich vertreten. Sie finden sich an jedem Ort und sind wohl die schlimmsten Bewohner des Atolls. Mit einem Mal sind Heerscharen von ihnen da. Tagsüber verstecken sie sich an einem schattigen Platz. Sobald jedoch die Sonne versinkt, gehen sie in alle Richtungen auf Raubzug – bis zum Morgengrauen. Da der Duft unserer Lebensmittel sie besonders anlockt, sind unsere jeweiligen Lagerplätze immer gern gesehene Sammelplätze der Krebse. Langsam krabbeln sie heran, immer auf der Hut, unter ihrem Panzer Deckung zu nehmen. In Reihen laufen sie hintereinander, aber auch einzeln kreuz und quer. Sie huschen über den Sand und verwischen allabendlich erneut unsere Spuren. Alle Gerüche ziehen sie an. Sie verspeisen Brotkrümel, lassen nichts übrig – kein Nahrungsmittel und auch kein Verpackungsmaterial. Sie heben Deckel an und schlupfen in leere, gerade erst gespülte Töpfe. Sie dringen sogar in unsere geheimsten Verstecke, klettern auf Äste, an denen unsere gefangenen Fische hängen, tauchen in die Schüssel Wasser, die uns als Waschtrog dient, und gehen sogar senkrecht die Wände hoch, um auch noch das kleinste Stück Seife, das auf der Ablage vergessen worden ist, zu ergattern. Ganz kecke wagen sich auch noch an unsere Zehen, was uns natürlich gar nicht paßt.

Das alles verläuft nicht geräuschlos. Es wird begleitet vom Knistern der trockenen Palmwedel, die auf dem Boden liegen und über die sie hinweglaufen, vom Krachen unseres Feuerholzes, in das sie sich verirrt haben, und vom Knirschen des Wellbleches, wenn sie in den einzelnen Rinnen laufen. Auch Geschirrklappern vermeiden sie nicht, wenn sie Essensreste aufspüren. Ah! Manchmal könnte ich sie alle auf dem Feuer rösten – vor allem jene, die am meisten Krach machen! Aber dadurch würden die Einsiedlerkrebse ihr Tun auch nicht lassen.

Heute abend jedoch werden wir die Hütte verlassen und endlich zum Strand zurückkehren. Trotz des schlechten Wetters werden wir die Nacht in unserem neuen Lager zubringen. Wir werden glücklich sein... Zumindest diese eine Nacht!

Denn Orama ist bereits im Anmarsch!

16. Kapitel

Orama, der zweite Zyklon

Seit zwei Tagen ist die See gestiegen. Sie erreicht nun Land, das sonst nicht von den Brechern überspült wird, jenes Land, das ich bisher als Sicherheitsstreifen erachtet habe.

Ich höre den Wetterbericht vom 24. Februar mit Erstaunen: ein neuer Zyklon kommt auf uns zu. Nachdem er die Atolle Takapoto, Manihi, Ahé und Rangiroa verwüstet hat, nimmt er nun Kurs Südsüdwest auf Anaa. Wir sind zwar noch weit entfernt, aber liegen genau auf seiner Bahn. Er wird wohl kaum abdrehen.

Also müssen wir das Zelt abschlagen, umziehen, alles zum Schutz in der Hütte unterbringen, die Funkantenne abmontieren und erneut die Boote auf die Strandkuppe hieven.

Aber diesmal werden wir uns nicht mehr dem Risiko aussetzen, von den Kokospalmen unter Umständen erschlagen zu werden. Entschlossen machen wir uns an die noch im Umkreis der Hütte verbliebenen Stämme. Seit dem letzten Zyklon sind einige Bäume mit bedrohlicher Neigung über unserer Hütte oder über der Zisterne stehengeblieben. Jetzt ist ihre Zeit gekommen!

Wieder wird die Leiter angelehnt, die Winde eingeschlagen und gezogen, was das Zeug hält, um den Fall in eine andere Richtung zu lenken. Danièle arbeitet an der Winde, was sie gar nicht mag. Ich dagegen handhabe die Säge, die leider Gottes ständig ausfällt. Wenn alle Stricke reißen, müssen wir auf die Holzfällersäge eben verzichten. Ich weiß nicht, ob ich zu ungeschickt bin oder einfach nur Pech habe, das Blatt bricht mir dauernd. Zu allem Unglück habe ich nur noch drei Blätter, die beiden anderen müssen schon seit langem geschärft werden. Aber ich hatte nie die Zeit dazu. Nun ist es zu spät.

Mittlerweile ist die Nacht hereingebrochen. Der Wind hat aufgefrischt, und der aufkommende Regen verhindert jede Möglichkeit, unsere Baustelle zu beleuchten. So müssen wir die Arbeiten einstellen.

Danièle schläft sofort erschöpft ein. Ich aber bin noch viel zu aufgeregt dafür.

Gegen zwei Uhr morgens klart der Himmel unerwartet auf. Sogar der Mond zeigt sich ein wenig. Genau das brauchen wir. Ich wecke Danièle, greife nach der Axt, und schon sind wir wieder draußen, schlagen, hämmern, ziehen, rackern uns mit diesen verdammten Kokospalmen ab. Als es Morgen wird, sind meine Hände blutig und voller geplatzter Blasen, trotz der Handschuhe. Ich bin fertig, und Danièle nicht weniger. Aber jetzt kann Orama kommen. Wir sind bereit.

Er soll jedoch nicht kommen. Nicht richtig jedenfalls. Wir werden heftige Winde und eine sehr starke See erleben, aber der Kern des Zyklons wird westlich von uns, auf den Atollen Anuanuraro und Nukutipipi, wüten, dort, wo mein Freund Madec gerade erst eine große Meeresfarm aufgezogen hat. Madec hat dabei an nichts gespart, weder an Kosten noch an Mühen. Es gibt dort eine phantastische Ausstattung: eine Wasserentsalzungsanlage, Bungalows aus Fertigteilen, eine neutrassierte Landebahn für Flugzeuge, einen Backofen aus feuerfesten Ziegeln, alles einsatzbereit.

Diese Farm sollte die Krönung des Abenteuerlebens sein, das dieser charmante und umgängliche, aber auch dickköpfige und selbstbewußte Bretone geführt hat. Sie sollte die Verkörperung seines Seefahrergeists sein. Orama soll ihm jedoch keine Chance lassen. Der Zyklon wird sein ganzes Werk vernichten.

Einige Tage nach dem fürchterlichen Sturm läuft ein Kriegsschiff das Atoll an. Aufgrund der starken See kann jedoch kein Beiboot zu Wasser gelassen werden. Madec soll sein Atoll schwimmend verlassen müssen, über und über bedeckt mit Quetschungen, die sich infiziert haben. Er ist halbtot vor Hunger und Durst. Alles, was er mitnehmen kann, sind seine Ausweispapiere, die er in seiner Badehose trägt. Aber Madec wird wieder von vorn beginnen; ich weiß es.

Paolo Mambretti hat wahrscheinlich auch unter dem Zyklon gelitten. Diesen treuen Freund haben wir über das Funkgerät kennengelernt. Der frühere Geschäftsmann hat sich vom Streß und den gesellschaftlichen Verpflichtungen auf Rangiroa zurückgezogen, wo er seinen Garten pflegt und seiner Leidenschaft, der Funkerei frönt. Er hat unsere ersten Rufe empfangen und seitdem jedesmal als Relais zwischen uns und unseren Familien fungiert, wobei er manchmal die Nachrichten über fünf verschiedene Schiffe als Zwischenstationen überbrachte.

Danièle und ich werden nie jene im Äther verborgen gebliebenen Botschaften mit den Namen Golden-Italie, Alpha-Centaury, Menava, Hokulea und anderen vergessen. Die Meldungen liefen von einem Boot zum anderen, je nach der Senderkapazität oder den Launen des Wetters. Sie kamen aus Frankreich oder von Tahiti bis in unsere kleine Hütte und in unsere Herzen.

Die alte Palmhütte, in der Danièle kocht.

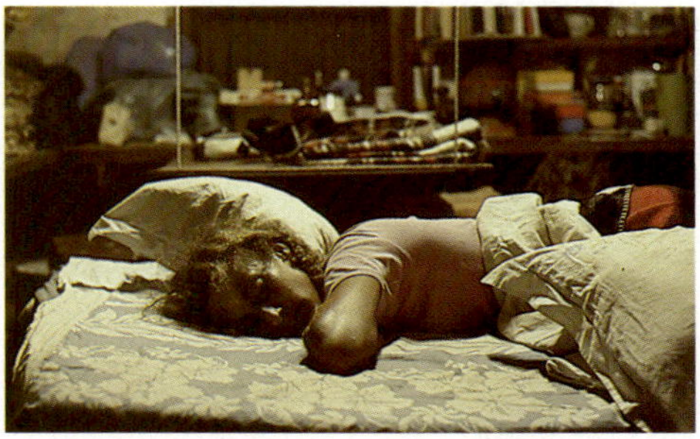

Links: Paul öffnet keimende Kokosnüsse. – *Rechts Mitte:* In der festen Hütte. Weder Ratten noch Moskitos können Danièle in ihrem Schlaf stören. – *Unten:* Unsere »Eßecke«.

Oben: Diesmal gehen wir das Risiko nicht ein, von Palmen erschlagen zu werden. – *Unten:* Die Schildkröten-Babys.

Über den Äther haben wir unsere Eltern von der Durchführbarkeit unseres Unternehmens überzeugt, hörten mit Beruhigung, daß es den Kindern gut geht, und erfuhren vom Ableben eines geliebten Onkels. Heute ist es an uns, einen Beweis von Freundschaft zu liefern.

»Golden-Italie, Golden Italie von Ahunui. Kommen.«

Ständig rufe ich. Aber erst am Abend des vierten Tages bekomme ich Kontakt mit Paolo. Wir schreiben den 27. Februar. Orama ist gerade erst nach Süden davongezogen, als sich schon Prema, ein neues Tiefdruckgebiet, im Nordwesten der Inseln unter dem Wind ankündigt. Sein Weg weist genau auf uns zu. Wieder einmal.

Paolo ist am Boden zerstört: »Die Lagune hat das Dorf überflutet. Es war furchtbar. Fast unglaublich, daß es keine Toten zu beklagen gibt. Für mich sind drei Jahre Arbeit dahin. Ich glaube, ich brauche dir nichts mehr zu sagen.«

»Wer konnte schon zwei Zyklone innerhalb von einem Monat ahnen? Erinnerst du dich noch, Paolo, als du sagtest, wir hätten für 25 Jahre Ruhe? Nach der Statistik macht das nun 50 Jahre.«

»Ach, hör auf mit Statistik. Ich glaub nicht mehr dran.«

»Und was hast du nun vor?«

»Alles wieder aufbauen, aber fester.«

»Und das Buch? Weißt du noch? Du hast mir vorgeschlagen, ein Buch mit dem Titel »Im Auge des Zyklons« zu schreiben.«

»Klar, ich hab's nicht vergessen. Jetzt können wir es gemeinsam schreiben.«

»Dazu müßten wir uns erst einmal treffen.«

»Na klar doch. Wenn du…«

Den Rest des Satzes höre ich nicht mehr. Japanische Fischer funken oft auf unserer Frequenz, ohne auf das Ende unserer Gespräche zu achten. Ihre Geräte haben eine wesentlich größere Leistung. Ich kann noch so sehr ins Mikro schreien, sie sogar auf französisch und englisch beleidigen, sie tun so, als ob nichts wäre. Auch die wenigen Flüche auf japanisch, die ich kenne, bringen nichts. Sie hören mich zwar, aber ignorieren mich vollkommen.

Ich gebe auf, mit Wut im Bauch.

17. Kapitel

»I am a Lion«

»*I am a lion* – Ich bin ein Löwe.«
»*I beg your pardon* – Wie bitte?«
»*I am a lion* – Ich bin ein Löwe.«
»*You're a lion* – Sie sind ein Löwe?«
»*Yes, I am* – Ja, richtig.«

Wir sitzen auf der höchsten Erhebung des Strands am Waldrand. Wenn ich Strand sage, meine ich das auch so, denn seit Nano ist die gewaltige Anhäufung grauer und scharfkantiger Korallen reinweißen Kieseln und sogar Sand gewichen – zumindest da, wo wir unser neues Lager aufgebaut haben. Das Wort Wald habe ich ebenso bewußt gewählt, weil es den undurchdringlichen, dichten Dschungel nicht mehr gibt. Das gleiche gilt für den früher wirren, fest im Boden verhafteten Pandangbestand und die sich vor dem Zyklon übereinander auftürmenden Kokospalmen, die dort in den Himmel ragten, wo ihre Nüsse gekeimt hatten. Auch die Moskitos und ihre Brutstellen sind davongeweht worden. Und die entwurzelten Bäume und abgebrochenen Äste sind alle von der tosenden Sturmflut mitgerissen worden. Die einzige Ausnahme bildet der schmale Bereich, in dem unsere Hütte steht.

Der Blick ist nun ungehindert. Das Atoll ist begehbar, wenn auch immer noch unter großen Mühen, aber dennoch weniger beschwerlich als zuvor. Abgesehen von der Südwestküste ist jetzt von jedem Punkt der Insel sowohl der Ozean als auch die Lagune zu sehen.

Das Leben hat wieder seinen gewohnten Lauf genommen, sein Rhythmus wird bestimmt von der Sonne, dem Fischfang, den zu verrichtenden Arbeiten und den jeweils vereinbarten Funkgesprächen.

Wir haben das Lager vollkommen neu aufgebaut und vieles dabei verbessert. Aufgrund der gemachten Erfahrungen ist nun das Zelt wesentlich geräumiger, großzügiger und praktischer als zuvor.

Nicht weit davon entfernt befindet sich der nun zusammengefaßte Koch- und Eßbereich: ein sehr hoch angebrachtes Wellblechdach, dessen Stützkonstruktion keinerlei Zwischenwände hat. So haben wir nicht nur eine gute Durchlüftung dank der ständigen Brise, sondern auch einen wunderbaren Ausblick auf den Palmenhain, den Strand, das Riff und den Ozean.

Unsere Abende verbringen wir auf verschiedene Weise. Mal fordert mich Danièle zu einer Partie Schach oder einer Runde Scrabble heraus, mal lesen wir. Und während Danièle unsere zerissenen Sachen flickt, schnitze ich an irgendeinem Holzstück herum.

Heute abend jedoch plaudern wir. Ich erzähle Danièle die Geschichte von jenem hünenhaften Amerikaner, der eines Tages in der Tür zu meinem Behandlungszimmer stand, und ernsthaft versicherte, er sei ein Löwe.

»Ein Verrückter«, meinte Danièle.

»Warte erst einmal ab. Ich habe ihn als erstes gefragt, ob er sich deshalb vorgedrängt habe, weil er ein Löwe sei. Seine Antwort war ja. Ich habe ihn also hereingebeten, ihn Platz nehmen lassen und mich ihm genau gegenübergesetzt.

›Also, Sie sind ein Löwe‹, habe ich ihn auf englisch gefragt.

›Ja, und ich brauche sofort medizinischen Rat‹, war seine Antwort.

›Und wer hat Ihnen gesagt, zu mir zu kommen?‹

›Im Hotel sagte man, Sie seien der Arzt, der sich um die Löwen kümmert.‹

›In welchem Hotel sind sie denn abgestiegen?‹

›Im Maeva Beach, wieso?‹

Mit einem Mal war mir alles klar. Mir fiel das kleine Schild ein, das rechts vom Haupteingang angebracht war. Denn darauf stand:

»Lions Club« dienstags abends 20 Uhr.

»Rotary Club« an dem und dem Tag...

Aber muß man sich denn gleich so vorstellen? Mein Gegenüber machte auf mich einen einfältigen und überheblichen Eindruck. Nur weil er Mitglied im »Lions Club« war, fand er es ganz normal, sich an den zehn Patienten vorbeizudrängen, die brav im Wartezimmer saßen. Da kam mir eine Idee:

›Ich bin kein Arzt für Löwen.‹

›Ach! Dabei hat man mir das doch gesagt.‹

›Das war ein Irrtum. So ist das.‹

Mein ›Raubtier‹ zuckte zusammen. In seinen Augen glaubte ich Argwohn lesen zu können.

›Ja, wer kümmert sich denn dann medizinisch um mich?« fragte er.

›Doktor Dumas‹, habe ich geantwortet. ›Er ist sogar Spezialist für Löwen und alle die anderen. Aber wenn Sie wollen, kann ich Sie natürlich untersuchen.‹

›*Well.* Ich... Ist dieser Doktor weit von hier?‹ fragt er.

›Nein. Papeete ist eine kleine Stadt. Sind Sie mit dem Taxi gekommen?‹

›*Yes*. Es wartet draußen.‹

›Dann schreibe ich Ihnen die Adresse auf, und der Fahrer wird Sie hinbringen.‹

So setzte das Taxi den Amerikaner bei meinem Kollegen Dumas in dessen Hof ab, von dem ein paar Stufen hoch zu einer Terrasse führten, die das Wartezimmer war. Du weißt doch, daß alle Ärzte auf Tahiti ihr Wartezimmer auf der Terrasse haben. Und auch, daß die Sprechstundenhilfen für die Ärzte kleinere Behandlungen erledigen. Ganz im Gegensatz zu den USA, wo sie nur untätig an der Aufnahme herumsitzen.

Mein ›Löwe‹ setzte sich also brav hin und wartete darauf, daß sich eine Tür öffnet. Daß bereits drei oder vier Leute dasaßen, die einen Hund zu Füßen liegen oder eine Katze auf dem Schoß hatten, fiel ihm überhaupt nicht auf.

Aus dem Behandlungszimmer drang das Gejaule eines verarzteten Tieres. Erst als ein weiterer Tierbesitzer mit einer Katze kam, dem ein Junge mit Sittichen im Käfig folgte, sah sich mein ›Löwe‹ entgeistert um. An den Wänden hingen Plakate mit Hinweisen auf die gewöhnlicherweise bei Haustieren anzutreffenden Parasiten. Im Garten befand sich ein Verschlag mit ein paar frisch verbundenen Pflegegästen meines Kollegen. Und am Eingang schließlich stand auf einem Schild zu lesen: Doktor Dumas, Veterinär.

Endlich ging dem ›Löwen‹ ein Licht auf. Wie der Teufel machte er sich aus dem Staub.

Sein Taxifahrer, mit dem ich damals Bekanntschaft geschlossen habe, erzählt mir jedesmal erneut, wie der Amerikaner wie ein gehetztes Tier flüchtete. Daran kannst du sehen, daß es auch in der Medizin manchmal wie im Dschungel zugeht.«

Heute abend sind wir in Urlaubsstimmung. Wir lachen aus vollem Hals. Eine Geschichte folgt der anderen, denn Danièle ist eine gute Zuhörerin. Ständig will sie eine neue hören, was mich natürlich anstachelt:

»Eines Tages ging ich einmal an Bord des amerikanischen Kreuzschiffes *Mariposa*, das im Hafen vor Anker gegangen war. Weil die Gäste an Bord alle im gleichen Alter waren, im Mittel wohl so um die 75, nannten alle auf Tahiti das Schiff nur *Menopausa*.

Ein Rentnerpaar hörte mich englisch reden und bat mich deshalb, sie doch zum »Remington«-Vertreter zu führen, weil ihm der Rasierapparat kaputtgegangen war.

Damals arbeitete ich als Stationsarzt in der Klinik Cardella. Ich hatte mir gerade eine kleine Jolle gekauft und schleppte deshalb immer eine Unmenge Segeltuch, Drahtbürsten und Farbeimer in meinem alten, ziemlich heruntergekommenen 2 CV mit mir herum.

Du kannst dir vorstellen, daß es für sie schon ein Abenteuer war, überhaupt in meine Karre einzusteigen. Ganz aufgeregt nahmen sie Platz. Die Lady vorn neben mir, und ihr Mann hinten auf der Bank. Aufschreien beim ersten Schlagloch. Eine schaukelnde Ente ist eben kein auf einer Autobahn dahinrollender Straßenkreuzer – eher schon wie ein Ruderboot in der Brandung. Aber weiter im Text:

›Wenn es gestattet ist… Was machen Sie denn auf Tahiti?‹ fragte mich kurz darauf die alte Dame ganz höflich.

›Ich bin Mediziner‹, antwortete ich.

Sie zuckte zusammen. Entsetzt sah sie sich im Auto um und meinte dann wohlwollend: ›Doch wohl Medizinstudent?‹

›Nein, mein Studium habe ich bereits abgeschlossen.‹

Erneutes Zusammenzucken. Aber sie gab sich noch nicht geschlagen und wollte mir nun den Todesstoß versetzen: ›Aber frei praktizierender Arzt sind sie nicht!‹

Die erste Runde ging also an sie. Ich sann jedoch auf Rache. Und die Gelegenheit dazu bot sich mir wenig später im Elektrogeschäft.

›Hast du die Vertretung für »Remington«? Führst du diesen Rasierapparat?

›*Ê*[1]?‹, antwortete mir der chinesische Händler.

›Der Rasierer ist kaputt. Kannst du ihn reparieren?‹

›*Aita*[2]. Ich verkaufe Sachen. Aber ich repariere keine.‹

Ich übersetzte den beiden Bilderbuch-Amerikanern das Gespräch.

›Unmöglich‹, rief der Rentner aus. ›Wenn er verkauft, muß er auch reparieren. »Remington« ist eine Weltmarke, und überall auf der Erde führen die *dealer* den Kundendienst aus.‹

›Ja, vielleicht überall auf der Erde‹, entgegnete ich ihm daraufhin, ›aber Sie sind hier auf Tahiti.‹

Die Lage spitzte sich zu.

›Der Rasierer hat noch Garantie. Und das weltweit, wie hier steht.‹

Wieder übersetzte ich, aber der Chinese zuckte nur mit den Schultern.

›*Aita.* Ich repariere nicht.‹

Wütend verlangte der Amerikaner das Telefonbuch, in dem er fieberhaft das Wort »Remington« suchte. Ohne Erfolg allerdings.

Da kam der alten Lady eine Idee. Sie überflog das nach Ländern geordnete Händlerverzeichnis auf dem Garantieschein – und wurde fündig:

›Da, für Tahiti ist der *dealer* Sin Tung Hing.‹

---

[1] *Ê:* Ja.

[2] *Aita:* Nein.

›Das bin ich‹, lautete die Antwort des Chinesen.

Die arme Frau zuckte zusammen. Sie rannte hinaus auf die Straße, um sich das Geschäftsschild anzusehen. Deutlich war darauf zu lesen, daß wir uns sehr wohl bei Sin Tung Hing befanden.

Einmal mehr konnte ich nun mitansehen, wie den beiden Amerikanern die Geiste zu schwinden schienen. Die hochheiligen Werte der amerikanischen Standards verblaßten mit einem Mal vor der Theke dieses Verräters international üblicher Geschäftsgepflogenheiten. Die alten Leute waren entsetzt, sprachlos. Jetzt war der Augenblick meiner Rache gekommen:

›Wissen Sie, hier auf Tahiti repariert man kaputte Geräte nicht; man schmeißt sie einfach weg!‹«

Danièle prustet vor Lachen.

»Amerikaner nimmst du wohl am liebsten aufs Korn!«

»Ganz und gar nicht. Aber solche Geschichten vergißt man eben nicht. Wenn ich dir erst einmal ein paar Anekdoten aus meiner Militärzeit erzähle, würdest du genauso lachen, ohne daß ich mich dabei über meine Vorgesetzten besonders lustig mache.

Paß mal auf: Damals auf Puka-Rua...«

Weiter komme ich nicht. Plötzlich ist zu unseren Füßen ein undefinierbares Gekrabbel zu spüren. Ich greife nach der Sturmlaterne und halte sie unter den Tisch. Und was sehen wir im Lichtschein? Eine Schar von Baby-Schildkröten!

Danièle kniet sich in den Sand und streckt die Hände aus. Die kleinen Schildkröten klettern auf ihre Handflächen, drängeln dabei so stark, daß sie sich gegenseitig wieder hinunterschubsen.

Auch ich bücke mich nun zu unseren Besuchern hinunter. Es werden immer mehr. Eine ganze Generation. Sie krabbeln in alle Richtungen, ziehen sich an Hindernissen hoch und machen dabei die unwahrscheinlichsten Kapriolen. Ein lustiger Anblick, der uns aber auch tief bewegt. Ein wahrer Freudentag!

Ohne daß wir es wußten, haben wir unser Zelt genau über der Grube errichtet, in der eine Meeresschildkröte ihre Eier abgelegt hat. Heute abend sind die Jungen vor unseren Augen geschlüpft. Nun irren sie im Schein der Sturmlaterne hilflos herum.

Wir beschließen, sie zu behalten.

Junge Schildkröten sind schon an ihrem ersten Lebenstag einem schrecklichen Schicksal ausgesetzt. Wenn sie am Tag schlüpfen, haben sie fast keine Chance, das Meer zu erreichen. Es schwebt immer ein Fregattvogel in der Luft herum, der die zum Wasser hastenden Neugeborenen erspäht. Der Strand gerät für die kleinen Lebewesen zur Hindernisbahn, auf der sie beim

Erklimmen der einzelnen Hürden abrutschen, wieder neu sich nach oben kämpfen müssen oder gar auf den Rücken fallen. Dann rudern sie mit ihren kleinen Paddeln lange, wertvolle Zeit in der Luft herum, bevor es ihnen gelingt, sich zu drehen und erneut ihren Weg zu nehmen.

Durch den zum tödlichen Stoß herabstürzenden Fregattvogel alarmiert, finden sich auch alle anderen Vögel ein. Unerbittlich fallen sie über die leichte Beute herein. Ein Massaker, bei dem es nur selten Überlebende gibt.

Daher schlüpfen die kleinen Reptilien in der Regel nachts, aber dadurch haben sie auch nicht viel gewonnen. Am Strand lauern ihnen die Einsiedlerkrebse auf. Jene, die diese erste Hürde genommen haben, erwarten auf der Riffplatte hunderte, in ihren Spalten versteckte Muränen. Wer dem entkommen ist, wird wahrscheinlich auf einen nicht minder gefräßigen Riesenzakkenbarsch oder einen kleinen Hai stoßen. Aber das ist noch nicht alles, denn jenseits des Riffrandes finden sich andere hungrige Mäuler: Barrakudas, Haie und andere Räuber.

Trotzdem gibt es immer noch Überlebende. Die Paumotu glauben, daß die Schildkrötenmutter ihre Jungen nicht weit vom Riff erwartet, um ihnen unter ihrem Panzer Schutz zu bieten.

Ich habe dies einmal Fachleuten erzählt, die zuvor noch nie davon gehört hatten und mir kaum Glauben schenkten. Allerdings weiß ich, daß die Paumotu nicht nur exzellente Naturbeobachter sind, sondern daß sie sich auch für derartige Dinge interessieren. Aber die Paumotu sind gleichermaßen begabte Märchenerzähler. Man müßte der Sache einmal selbst auf den Grund gehen, was hier und jetzt jedoch mit immensen Risiken einherginge.

Wir fangen 52 junge Meeresschildkröten ein, die wir in einen mit Wasser gefüllten Trog setzen. Morgen werden wir dann ein Stück Maschendraht darüberlegen, um unsere Adoptivkinder vor den Übergriffen der Vögel und Einsiedlerkrebse zu schützen. Als Futter werden wir Fische kleinhacken. Dann müssen wir jeden Tag das Wasser wechseln, zumindest solange, bis wir an einer ruhigen, nicht zu tiefen Stelle der Lagune ein sicheres Becken eingebracht haben, in dem die Jungen unter unserer Aufsicht heranwachsen können.

Wir wollen sie zwei bis drei Monate bei uns behalten, bis sie kräftig genug und weniger verletzbar sind. Dann werden wir sie in der offenen See aussetzen, um ihnen die auf sie lauernden Gefahren am Riffrand zu ersparen.

18. Kapitel

Reva und Veena, der dritte und der vierte Zyklon

12. April 1983

Die Kinder hatten sich in das winzige Badezimmer geflüchtet und beteten nun ständig. Ihre stockenden Stimmen verstummten, hoben von neuem an, machten sich Mut und versagten dann wieder. Die Kinder hatten große Angst, die sie erstarren ließ.

Das Heulen des Windes, das Krachen der Bäume, das Donnern der herabfallenden Teile, alles deutete auf eine noch größere, nicht zu ermessende Gefahr hin. Dann plötzlich explodierte das Haus.

Türen, Fenster und das Dach flogen mit Getöse davon. Die in der Badewanne sich eng zusammenkauernden Kinder glaubten, ihr letztes Stündlein habe geschlagen.

Als nach unendlich langer Zeit der Zyklon weitergezogen war, ging Großvater nach draußen. Er betrachtete das Dach, das als Ganzes mitsamt dem Wellblech, den Balken und den Verankerungen abgerissen war und nun als unförmiger Haufen mehr als hundert Meter entfernt lag. Der Alte kletterte über umgestürzte Bäume und verbogene Zäune, die ihm den Weg versperrten. Er wollte sein Haus von weitem sehen, sein Haus, das er gerade erst fertiggestellt hatte, damit seine Familie endlich aus der alten Mietwohnung ausziehen konnte.

Dann kam er zurück. Er vergrub sein Gesicht in den Schoß seiner Frau und weinte bitterlich. Trauer, Erschöpfung und Hoffnungslosigkeit ließen ihn zusammenbrechen.

Noch nicht einmal vor vier Wochen hatte Reva, der dritte Zyklon, Bora Bora, Huahine und die Westküste von Tahiti verwüstet. Dann ist er nach Südwest in unsere Richtung abgeschwenkt. Noch in 160 Kilometern Entfernung vom Zentrum dieses Phänomens spürten wir auf unserem Atoll die sehr heftigen Winde und erlebten riesige Wellen. Zum dritten Mal waren wir gezwungen, unsere Sachen zu packen und in der Hütte Zuflucht zu suchen.

Veena, der vierte Zyklon, war noch mörderischer. Er ruinierte Tahiti. Mehr als 50 Boote sanken im Hafen, vor der Küste oder auf hoher See. An der Ostküste wurden ganze Dörfer dem Erdboden gleichgemacht. Nur ein hier und da verstreut liegender Betonbrocken ließ noch eine frühere Wohnsiedlung erahnen. Kirchtürme wurden wie Streichhölzer geknickt. Dicke Mauern brachen in sich zusammen. Die Bevölkerung konnte nur ihr nacktes Leben retten.

Wir auf Ahunui wissen von all dem noch nichts. Zum vierten Mal haben wir nun unser Lager abgeschlagen und warten jetzt auf Veena, auf der höchsten Stelle des Atolls – gerade drei Meter über dem Meeresspiegel.

Wir wissen lediglich, daß Tahiti arg in Bedrängnis ist, aber da wir uns auf den sich nähernden Zyklon und die zu erwartende große Sturmflut vorbereiten müssen, haben wir – vielleicht zu Unrecht – kaum Zeit, uns um unsere Familie zu sorgen, die ja außerdem in einem freien Gelände auf der Ebene von Taravao und somit fern der Küste wohnt.

Erst sehr, sehr viel später sollen wir von den Ereignissen dieser schrecklichen Nacht erfahren.

Einige Tage zuvor habe ich von neuem angefangen, Tagebuch zu führen:

7. April 1983

Abendessen: eine Suppe aus Reisresten und Huhn aus der Dose. Anschließend spielen wir Dame. In der Nacht frischt der Wind auf. Es knirscht und ächzt. Das Zelt bebt. Die Scheuerstellen am Firststab bereiten mir Kummer. Das Segeltuch müßte an diesen Stellen unterlegt werden. Schlechtes Wetter zieht auf. Schon gestern habe ich Danièle gesagt, daß sich im Norden ein neues Tiefdruckgebiet bildet. Der Wetterbericht vom Mittag war jedoch gut. Aber wen wundert das?

8. April 1983

Bleischwerer Himmel. Aus Osten bläst ein starker Wind. Die See wird rauher.

Um 7.30 Uhr Funkkontakt mit Hao: ein neues Tief ist im Anmarsch.

Der Wetterbericht von 12 Uhr: ein großes tropisches Tiefdruckgebiet liegt nahe Takaroa; es verlagert sich nach Südwesten.

Also genau auf uns zu. Das macht dann also drei Zyklone und zwei Sturmtiefs. Im Augenblick kümmert uns aber das Unwetter weniger. Wir befinden uns 650 Kilometer im Süden davon, aber ich weiß, daß sich die Wetterlage überraschend schnell ändern und der Sturm auf uns zudrehen kann.

Vormittags gehe ich vorsorglich auf Fischfang. Ich will nicht schon wieder vier, fünf Tage lang nur Konserven essen. Aber das Vorhaben gestaltet sich schwierig. Die See ist zu rauh, um eine Leine auszuwerfen. Sie würde sich sofort in den Riffspalten verfangen. Wir haben bereits unsere Erfahrungen damit gemacht. Auf der Lagune sieht es nicht viel anders aus. Kurz aufeinanderfolgende Klappwellen. Keine Chance, das Boot zu Wasser zu bringen. Nur die nördliche Bucht, die in den großen Hoa überleitet, scheint einigermaßen geschützt zu sein. Dort werfe ich dann auch unter großen Mühen das Netz aus. Wind und Wellen lassen die Schwimmkörper auf dem Wasser tanzen. Das Netz verheddert sich ständig. Normalerweise deckt es eine rechteckige, nachgiebige Fläche ab, jetzt allerdings gerät es zu einem riesigen Klumpen Tauwerk, der auf dem Korallengestein zu reißen droht.

Trotzdem fange ich einen kleinen Hai, drei Schnapper und vier Doktorenfische: nicht gerade ein üppiges Mahl.

Die Eingeweide der Fische bringe ich als Köder an der Haileine an. Es ist schon spät geworden, denn Danièle ruft zum Abendessen. Sie hat zwischenzeitlich Brot gebacken, Hühner und Schildkröten gefüttert und das Essen zubereitet. Nun trägt der Wind das dumpfe Dröhnen des Nebelhorns zu mir herüber. Ein langgezogener Ton, der unserer Absprache nach »Essen« bedeutet und mir sogleich Appetit macht.

Normalerweise bleibe ich ständig beim Netz, um die sich darin verfangenden Fische sofort herauszulösen. Ihr Gezappel lockt nämlich Haie an, die sich sofort über die Beute hermachen. Nun aber bleibe ich für etwa eine Stunde weg.

Als ich zurückkehre, fehlt der Haken an der Haileine. Ein scharfer Zahn hat das Vorfach zerbissen. Dafür toben aber zwei Haie im Netz. Ich töte den ersten durch einen Messerstich. Diese Zeit nutzt der zweite, um ein Loch ins Netz zu reißen, und erschreckt zu flüchten.

Ich ziehe dem Hai die Haut ab, nehme ihn aus und schneide ihn in dünne Streifen, die ich sorgfältig im Meer wasche, um dem Fleisch den ekelhaften Uringeruch zu nehmen. Dann packe ich das Angelgerät zusammen und ziehe das Netz an Land, was mich bis in die Nacht in Atem hält. Aber die Plagerei ist von Wert, denn die im Netz befindlichen Putzerfische sind eine Köstlichkeit, auf die wir nur ungern verzichten.

Danièle ist ein Schatz. Sie kauert unter dem Wellblechdach in beißendem

Rauch, im diffusen Licht der Sturmlaterne, und rührt Saucen, brät und dünstet die Fische, damit sie sich zwei, drei Tage halten. Wegen des graubehangenen Himmels funktionieren die Solarzellen nicht, und unsere beiden Batterien geben zu wenig Leistung ab, um den Kühlschrank länger als 48 Stunden zu betreiben. Wir bräuchten doppelt so viel Solarzellen und Batterien...

Um 20 Uhr hören wir erneut den Wetterbericht. Der Empfang ist sehr schlecht und von anderen Sendungen überlagert. Aus dem Lautsprecher tönt es in englisch, in französisch, in spanisch – und alles auf derselben Frequenz. Ein Kontakt mit Tahiti ist unmöglich. Allerdings erfahren wir, daß es in fast ganz Frankreich regnet...

9. April 1983

Ich verbringe den Großteil des Vormittags damit, dem Hai das Gebiß herauszuschneiden. Das ist nicht gerade einfach, denn die Haihaut ist so hart wie Leder und so rauh wie Schmirgelpapier. Das Messer wird daher schnell stumpf. Außerdem ist das schleimige Maul sehr glitschig. Ein richtiger Ansatz ist kaum möglich. Und überdies verletze ich mich auch immer etwas an den rasiermesserscharfen Zähnen.

11. April 1983

Aus dem Tief hat sich ein Zyklon gebildet. Die Atolle Rangiroa und Tikehau, die sich noch nicht einmal von den Schäden vom Februar richtig erholen konnten, sind erneut verwüstet.

12. April 1983

Veena ist über Tahiti. Dann schwenkt er nach Südosten ab, wütet über Hereheretue und bedenkt uns mit heftigen Winden und starker See, obwohl er ziemlich weit weg von uns ist. Aber für uns ist das alles schon Routine...

16. April 1983

Wir haben unser Lager wieder aufgebaut. Auch mit Paolo auf Rangiroa haben wir erneut Kontakt. Anscheinend bildet sich ein neues Tief über den Marquesas aus... Langsam verlieren wir den Mut.

23. April 1983

Erneut Funkkontakt mit Paolo. Diesmal schaltet sich auch Rémo in das Gespräch ein, Rémo Salvetti, mein Gefährte während der ersten beiden Expeditionen, ein treuer, lieber Freund, ohne den all diese Reisen vielleicht nie möglich gewesen wären. Er war auf Tahiti und weiß Neues. Wie geht es den Kindern? Gut. Und dem Haus? Es hat etwas abbekommen, läßt sich aber reparieren.

Jetzt sind wir beruhigt. Aber die Einzelheiten sollen wir erst später erfahren.

19. Kapitel

Eine Schildkröte hat ihre Eier abgelegt

Große Überraschung am Morgen. Eine Meeresschildkröte ist zur Eiablage auf unser Atoll gekommen.

Auf halbem Weg zwischen der See und dem Lager hat ihr Leib eine breite Rinne in den Kiesstrand gezogen. Rechts und links davon sieht man die Spuren ihrer kräftigen Paddel, die sehr an die eines kleinen Kettenfahrzeugs erinnern. Diese Fährte ist für mich vielsagend. Aus der Breite kann ich herauslesen, daß das Reptil ungefähr 80 Kilo gewogen hat. Seitlich davon, wie ein weitgeöffnetes »V«, die Abdrücke der Paddel im Sand; sie lassen die Bewegungsrichtung erkennen. Ihre kurze Folge zeugt vom langsamen und beschwerlichen Kampf den Hang hinauf. Weiter oben dann die Legegrube, eine sehr große Aushebung, bei der die vorderen Paddel etwas stärker gegraben haben als die hinteren. Logischerweise müßten hier dann auch die Eier abgelegt worden sein, und zwar in etwa einem halben Meter Tiefe. Das Nest ist sehr leicht zu erkennen, daher kann es sich genauso gut um eine vorgetäuschte Legestelle handeln, zumal weitere hier und da von dem Tier entlang seines Weges angelegt worden sind. Die Schildkröten verwischen damit auch oft die Spuren, die zu ihrem eigentlichen Gelege führen; sie wären sonst zu offensichtlich.

Es ist also nicht immer einfach, aber manchmal finden sich entlang der Wegstrecke dieser Meeresbewohner Blutspuren von der See bis zum Gelege und wieder zurück. Dies beweist die enormen Anstrengungen, mit denen eine erschöpfte oder zu schwere Schildkröte sich über die scharfen Kanten der Korallen und Kalkalgen gehievt hat. Wir haben schon Weibchen gesehen, bei denen die Paddel und die Bauchunterseite mit tiefen Wunden übersät waren, Wunden, die bei ihrer Rückkehr in das Meer den sicheren Tod bedeuteten, falls sich ein Hai in den Gewässern herumtrieb.

Die Eier üben auf mich einen starken Reiz aus, und so will ich die einzelnen Nester ausgraben. Den Anfang macht jenes anscheinend sehr sorgsam bedeckte Gelege. An einem normalen Sandstrand braucht man nur mit einem Unterwasserpfeil im Boden herumzustochern, aber bei diesem Kies gerät das zu einem schwierigen Unterfangen. Erst nach zwei Stunden werde ich fündig. Aber ich will kein Nesträuber sein, und so entnehme ich dem Gelege nur sechs Eier. Dann schütte ich die Grube vorsichtig wieder zu.

»Heute abend habe ich eine Überraschung für dich«, meint Danièle, als sie mit den Eiern davongeht.

Ich frage mich, was sie denn anderes damit machen kann als ein Omelett oder Spiegeleier. Aber ich will nicht untätig solange warten und unterdessen lieber jagen oder fischen. Die vor zwei Tagen gefangenen Fische riechen nämlich schon, weil es zu wenig Sonne gegeben hat, um über die Solarzellen den Kühlschrank zu betreiben.

In diesem Augenblick überfliegen uns zwei Brachvögel[1]. »Kiwi-kiwi«, erschallt es von oben; ihr so eigentümlicher Ruf, der ihnen in Polynesien auch den Namen *kiwi* einbrachte – trotz des auf Neuseeland beheimateten, gleichnamigen Vogels, der sich von ihnen gänzlich unterscheidet.

Brachvögel sind phantastische Flieger, die jährlich die Strecke von Polynesien nach Alaska überwinden. Über dem Atoll sind sie selten zu sehen, und wenn, dann meist in 300 bis 400 Metern Entfernung. Diese zwei jedoch setzen zur Landung an. Ich werde mein Gewehr holen.

Das Gelände, in dem ich mich heranschleiche, ist offen. Die Vögel befinden sich nahe der Riffplatte und mindestens 100 Meter vom nächsten Baum entfernt. Ohne zu zögern muß ich an sie heran, dann den Schritt verlangsamen und so tun, als ob ich mich für etwas anderes interessiere. Ich darf sie nicht direkt ansehen, muß sie jedoch ständig im Auge behalten.

Der eine Brachvogel versucht, einen Einsiedlerkrebs zu knacken. Der lange Schnabel stochert in der Schale herum, hebt den Krebs an und schleudert ihn kräftig auf eine Koralle. Der andere Brachvogel beobachtet meine Pirsch und wirft beunruhigte Blicke mal auf mich, mal auf seinen Artgenossen. Wird der erste noch die Zeit haben, seine Beute zu erledigen, bevor ich heran bin? Der zweite Brachvogel macht einige nervöse Schritte, den Hals gestreckt, und bleibt wieder stehen. Unterdessen wirft der erste in immer kürzeren Abständen den Krebs auf das Gestein. Es wäre doch auch zu schade, einen solchen Fang, einen Einsiedlerkrebs mit fast zerschmettertem Panzer zu verlieren.

Noch zwei, drei Schritte, und ich bin in Schußweite. Die Brachvögel ducken sich bereits, um gegen den Wind Aufschwung zu nehmen, hin zum Himmel und damit ins Leben. Schon ist der Lauf auf den mir nächsten

---

[1] Alaska-Brachvogel: *Numenius tahitiensis*

gerichtet. Er fährt den Kopf entlang, folgt dessen Bewegungen und erreicht die Schnabelwurzel. Im nächsten Moment bricht der Vogel im Krachen des Schusses zusammen. Ich fühle mich elend – wie jedesmal, wenn ich einen Vogel töte. Es ist jenes mir gut bekannte, eklige Gefühl, sein Leben genau im Augenblick seines Strebens nach der Sonne zerstört zu haben.

Aber trotzdem jage ich weiter.

Eine Schnepfe[1], ein Goldregenpfeifer[2] und ein Reiher[3] vervollständigen meine Strecke.

»Na, und die Überraschung?«

Danièle antwortet nicht, aber ihre Augen verraten, daß es bald soweit ist.

Meine Vögel brutzeln am Spieß über glühendem Reisig. Ein himmlischer Duft steigt auf. Die zahllosen Krebse täuschen sich nicht und strömen aus allen Richtungen herbei. Auch auf Siki scheint der Spruch »Hier bin ich, und hier bleibe ich« zuzutreffen...

Vögel stehen nur selten auf unserem Speiseplan, vielleicht gerade einmal im Monat, aber diese Mahlzeiten sind für uns dann ein ganz besonderes Ereignis. Und so herrscht heute abend auch wieder eine festliche, glückliche und kulinarische Stimmung.

»Ich esse am liebsten *kiwi*. Schmeckt fast wie Rinderfilet,« meint Danièle.

Ich neige eher zum Goldregenpfeifer, dessen Fleisch ebenso zart und mit Fett durchwachsen ist wie das der Ortolane[4] auf Guadeloupe. Leider ist dieser Vogel aber sehr klein, gerade ein Leckerbissen, ein sehr seltener Mundhappen...

Das Reiherfleisch ähnelt in Geschmack und Farbe Roastbeef. Allerdings ist es nur genießbar, wenn man den Vogel mindestens zwei Tage abgehangen und die lederartige, bläuliche Haut entfernt hat. Man kann sich kaum vorstellen, wie zäh diese Haut ist: wie ein Stück Schuhsohle.

»Ich finde nicht, daß die Vögel nach Fisch schmecken, wie doch immer behauptet wird.«

»Das sagen nur die, die auch immer die siebte Welle abzählen. Natürlich haben sie keinen Fischgeschmack! Hühner schmecken doch auch nicht nach Regenwurm, oder? Sag mal, was ist eigentlich mit der Überraschung?«

»Bitte sehr, mein Herr!«

Mit diesen Worten stellt Danièle stolz den Gugelhupf vor mich hin, den sie aus den Schildkröteneiern gebacken hat.

---

[1] Alaska-Schnepfe: *Heteroscelus incanus.*

[2] Goldregenpfeifer: *Pluvialis dominica.*

[3] Reiher: *Demiegretta sacra* (sein Gefieder kann weiß oder grau sein; lediglich der weißgefiederte gilt bei den Paumotu als heilig; der unsrige war grau).

[4] Ortolan: *Emberiza hortulana,* auch Gartenammer genannt.

20. Kapitel

William, der fünfte Zyklon

Wetterbericht vom 19. April 1983, 20 Uhr:

»Der Zyklon William hat stark an Intensität gewonnen und befindet sich augenblicklich auf 17°2'Süd und 140° West. Luftdruck: 965 Millibar. Windgeschwindigkeit: 150 km/h. Starke See. Zyklonale Dünung mit zehn Meter hohen Wellen überlagert die vorherrschende Südostdünung. Sturmfluten an den betroffenen Küsten und Atollen. Verlagerung mit 6 bis 8 Knoten. Der Zyklon beschreibt einen Bogen, der sich von Südsüdwest bis Südsüdost erstreckt. Direkt bedrohte Atolle: Amanu, Hao, Aki-Aki, Ahunui, Vairatea.«

Wieder einmal liegen wir in der Zugrichtung. Noch knapp zwölf Stunden bis zu den stärksten Böen. Im Auge des Zyklons dürften wir wohl in 18 bis 23 Stunden sein. Das ist nun schon der fünfte Zyklon!

Unser Leben ist nicht in Gefahr. Winde mit 150 km/h und Seen mit 10 Metern Höhe – da haben wir bereits andere Erfahrungen gemacht: Nano blies mit 200 km/h und brachte Wellen mit 15 Metern Höhe heran! Außerdem ist mittlerweile die Umgebung der Hütte vollkommen frei von Bäumen. Somit dürften wir von dieser Seite nichts zu befürchten haben.

Einmal mehr haben wir uns in die Hütte zurückgezogen. Die Boote sind höher gehievt, die Funkantenne ist abgebaut. Nur das Lagergerüst steht noch am Platz: am Rand des Palmhains, drei Meter über dem Meeresspiegel und in 100 Metern Entfernung vom Riff. Das Gerüst ist daher direkt von der Sturmflut bedroht. Besser wäre, es abzuschlagen, um es hinterher wieder aufzustellen. Aber uns fehlt nicht nur die Zeit, sondern auch die Lust dazu. Erschöpft, entmutigt und von der Sinnlosigkeit unserer Anstrengungen überzeugt, fragen wir uns, wozu das alles. Soll der Zyklon doch kommen. Und dann wieder verschwinden. Wir haben die Nase voll von diesen Unwettern.

Sturmwind, Böen, Heulen, explodierende Seen, die unser winziges Stück Land unbedingt verschlingen wollen. Und wieder der Bombenhagel aus Kokosnüssen, Palmwedeln und Ästen. Bäume krachen und biegen sich bis auf den Boden. Die teuflische Mischung aus Ozean und Korallen verwüstet unser unglückseliges Atoll.

Unendlich lange Stunden, dann legt sich der Zyklon und zieht davon. Sind wir in seinem Auge? Nein, er hat sich etwas nach Osten verlagert. Es ist vorbei.

Die Bilanz ist bitter: Unser so liebevoll aufgebautes Lager ist davongeweht. Die nach Nano gepflanzten kleinen Bäume, die den zweiten, dritten und vierten Zyklon überstanden haben, sind zerstört. Die mit blutenden Händen angelegten Pfade sind unter einem Wall von Korallenblöcken und Ästen begraben, der sich vielleicht nur 30 bis 40 Meter weniger nah aufgeschichtet hat als das erstemal. Und wieder überall verletzte oder tote Vögel.

Einmal mehr setzen wir uns auf umgestülpte Konservendosen, mutlos. Es gilt zu entscheiden, ob wir nun definitiv in der Hütte bleiben, jenem Ratten- und Moskitonest, oder ob wir uns nun an einen erneuten Aufbau heranwagen, ohne genügend Holz und geeignete Materialien. Und dies trotz Müdigkeit und Resignation. Später müßte dann auch wieder die Funkantenne errichtet werden, nur um ein »Alles okay« zu senden. Später, alles später...

Die Arbeit liegen zu lassen, erweist sich als Fehler. Als ich fünf Tage darauf die Zisterne untersuche, entdecke ich im Wasser eine bereits verwesende Ratte!

Mit einem Mal verfügen wir auch nicht mehr über unser Wasser, unseren wirklichen Schatz. Wir haben kein Mittel dabei, Wasser zu desinfizieren. Es abzukochen erscheint mir nicht sicher genug. Wir haben noch nicht einmal eine einzige Kokosnuß. Der Sturm hat alles von den Palmen geweht. Auch auf Regen können wir nicht hoffen: der Himmel ist stahlblau, und die Sonne brennt herab.

Danièle steht unbeweglich da. Kein Wort kommt über ihre Lippen. Dann kauert sie sich hin und weint.

Kein Wasser, das ist das Ende. Ich schäme mich meiner Nachlässigkeit, meines Mißerfolgs. Ich schäme mich, Danièle in dieses dumme Abenteuer mitgenommen zu haben. Ich schäme mich wegen allem. Ich habe gute Lust, die Zisterne zu zerschlagen. Ich habe gute Lust, zu verschwinden, meine Gefährtin zu ergreifen und sie möglichst weit fort von diesem Unglücksatoll, dieser Hölle in Sicherheit zu bringen. Auch ich könnte losheulen... Aber, die Lage ist schwierig, jedoch nicht hoffnungslos.

»Vielleicht ist das gar nicht so schlimm, wie du denkst, Dany. Ich glaube, ich weiß, wie wir da wieder rauskommen. Ich hab da eine Idee...«

»Du und deine Ideen...«

»Hab Vertrauen. In der Werkstatt stehen doch seit unserer Ankunft drei Kanister herum. Weißt du nicht? Wir werden auch das 200-l-Faß mit dem Wasser befüllen, und es je nach Bedarf im Topf abkochen. Zum Waschen können wir das Wasser so lassen, wie es ist.«

»Und worin willst du das Waschwasser aufbewahren?«

»Na, im Becken.«

»Aber da sind doch die kleinen Schildkröten drin!«

»Jetzt ist genau der Moment, wo wir sie in die Freiheit entlassen können.«

»Und wie stellst du dir das weitere vor?«

»Danach werden wir die Zisterne ablassen und reinigen, bevor der nächste Regen kommt.«

»Und wenn es nicht regnet?«

»Das sehen wir dann.«

Der Abschied von den Baby-Schildkröten fällt uns schwer. Wir haben sie sehr liebgewonnen. Es freute uns, sie zu beobachten, wenn sie sich auf die kleinen Fischstücke stürzten, die wir ihnen zuwarfen. Wir lachten, wenn sie nach Muschelfleisch schnappten, ja sich sogar dabei gegenseitig in die Paddel zwickten, nur um als erste den Happen zu erhaschen. Jedesmal, wenn wir das Wasser wechselten, nahmen wir sie auf die Hand, genossen den kurzen Augenblick, wenn sie zwischen unseren Fingern versuchten, davonzukommen, und betrachteten sie dann belustigt, wenn sie im frischen Wasser sofort tauchten und mit aller Kraft zum anderen Beckenende ruderten. Wir verfolgten aufmerksam ihr Wachstum und kommentierten lang und breit ihr Verhalten.

Heute hat die Stunde der Trennung geschlagen. Ein kleiner Kopf nach dem anderen verschwindet im Ozean, wo sie ihr Schicksal erwartet. Viele werden wohl nicht überleben. Vielleicht wird sogar keine einzige den heutigen Tag überstehen...

»Paul, als ob ich meine Kinder verliere...«

»Ja, mir geht's genauso.«

»Sie sind so klein, so zerbrechlich in diesem riesigen Meer voller Gefahren.«

»Wir konnten nicht anders.«

Wir bleiben lange am Wasser, betrachten die Wellen, die Vögel, sehen zum Horizont, dann wieder auf die Wellen. Die letzte kleine Schildkröte ist schon über eine Stunde weg, als wir endlich gehen. Den ganzen Abend über erzählen wir uns nur von ihnen. Unser Wasserproblem ist zweitrangig.

Die Wochen vergehen, und unsere Wasserreserve nimmt ab – trotz unserer Einschränkung.

»Noch drei, vier Tage, und wir müssen das Wasser aus dem Faß trinken. Wenn es infiziert ist, haben sich die Keime bei dieser Hitze milliardenfach vermehrt. Bei welcher Temperatur kocht das Wasser im Topf?«

»Na, ich vermute, bei etwa 110°.«

»Dem Wasser traue ich nicht. Was machst du jetzt?«

»Wir könnten versuchen, Meerwasser zu entsalzen.«

»Und womit?«

»Du wirst sehen. Es ist gar nicht so schwer. Wir werden eine Art Treibhaus bauen, in dem das Meerwasser verdampft und an den Wänden kondensiert. Dann brauchen wir das Trinkwasser nur noch Tropfen für Tropfen aufzufangen.«

»Hast du das schon einmal gemacht?«

»Es funktioniert nach dem Topfdeckelprinzip...«

»Hast du's schon einmal gemacht?«

»Nein. Aber wir werden es gleich ausprobieren.«

Auf dem Strand füllen wir zwei Tröge bis zur Hälfte mit Meerwasser. In die Mitte stellen wir einen leeren Topf, den wir aus einer durchgeschnittenen Boje gefertigt haben. Als Deckel legen wir eine hermetisch abschließende Kunststoffplane darüber. Und damit das Ganze noch eine Vertiefung nach innen bekommt, setzen wir in die Mitte jeder Plane einen Stein.

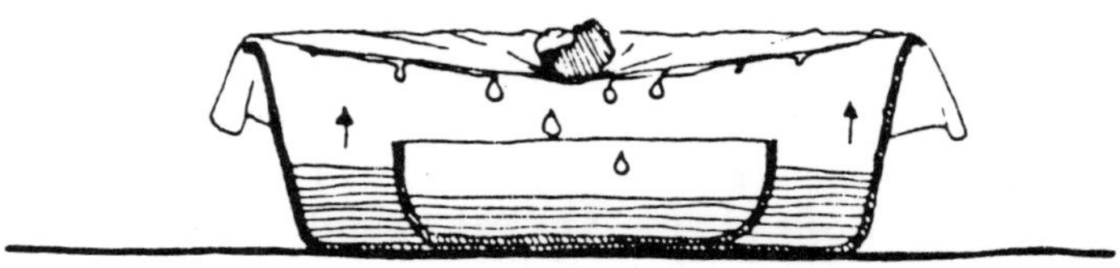

Gewinnung von Süßwasser

Das Ergebnis übertrifft alle Erwartungen. Nach zwei, drei Tagen laufen die Bojenhälften über. Wir haben gewonnen!

21. Kapitel

Ein unbekanntes Schiff

23. Mai 1983

Danièle ist beunruhigt.

»Ist das ein Fischerboot?«

»Ich weiß nicht. Es ist zu weit weg.«

Wir stehen im Palmenhain, im Schutz der Bäume, und sehen auf die See. Draußen ist ein Schiff, ein unbekanntes Schiff.

Wer sind die Männer an Bord? Was wollen sie? Was werden sie tun, wenn sie feststellen, daß wir nur zu zweit sind?

Wenn ich alleine auf dem Atoll wäre, wäre ich weniger beunruhigt – aber mit Danièle... Ich muß doppelt aufmerksam sein. Ich habe schon zuviel gehört und gesehen, um bei einem aus dem Nichts auftauchenden Schiff und plötzlich an Land gehende Männer nicht auf der Hut zu sein.

In den 60er Jahren überfiel die Besatzung eines asiatischen Fischerbootes ein Paumotu-Dorf, dessen Männer in einigen Kilometern Entfernung Kopra herstellten. Die alarmierte Armee entsandte einen Hubschrauber mit einer Gruppe Fremdenlegionären an Bord. Zu spät. Als sie eintrafen, war das Boot schon wieder fort.

Um 1970 erlitt ein aus Formosa stammendes Boot Schiffbruch, den nur drei Seeleute überlebten, die sich mit einem Beiboot auf ein nahegelegenes Atoll retten konnten. Sie wurden in ihre Heimat zurückgebracht, und man glaubte die Sache erledigt. Bis dann Zeitungen berichteten, daß den drei Fischern der Prozeß gemacht wurde. Kurz darauf konnte man von der Urteilsvollstreckung lesen: Jeder der drei wurde durch einen Genickschuß hingerichtet. Die Urteilsbegründung: Meuterei, Mord an der Besatzung, Versenken des Bootes und Versuch, die Straftaten durch einen vorgetäuschten Schiffbruch zu verbergen.

Als ich in Papeete viele Jahre lang in der Klinik Cardella arbeitete, verarztete ich regelmäßig koreanische, chinesische oder japanische Seeleute, die in Streitereien Messerstiche oder andere Verwundungen davongetragen hatten. Viele dieser Männer büßten nämlich auf Hochseeschiffen Strafen ab, für die sie in Frankreich lebenslang ins Gefängnis gewandert wären.

Während meines ersten Aufenthalts auf Ahunui im Jahr 1975 gingen plötzlich acht Männer von einem chinesischen Thunfisch-Trawler an Land. Ich hatte damals schnell meine alte Militäruniform übergezogen und die Landgänger so verjagt, noch bevor sie überhaupt feststellen konnten, daß wir nur drei Männer und vier Frauen waren.

Auch heute habe ich mich für Abschreckung entschieden. Wieder trage ich die Uniform mit dem Dienstgrad und den offiziellen militärischen Abzeichen.

Hinter mir das Lager: ganz aus kakifarbenen Zeltplänen. Darüber weht die Trikolore, die den Eindruck noch vervollständigen soll. Für den Notfall liegt ein schußbereites Gewehr im Zelt, und ein weiteres geladenes in der Hütte.

Danièle weiß, wie sie sich zu verhalten hat: verstecken und sich nicht sehen lassen. Ich werde auf keinen Fall zulassen, daß ein Fremder dieses Stück Land unaufgefordert betritt. Einsamkeit ist eine heikle Angelegenheit, die zuweilen auch ganz gefährlich sein kann.

Das Schiff kommt näher und steuert den Anlandungspunkt an.

»Das ist kein Fischerboot. Eher ein Frachter oder so etwas in der Richtung.«

»Und wenn wir sie über Funk anrufen?« schlägt Danièle vor.

»Wozu? Ich sitze doch nicht in der Hütte und rufe pausenlos in den Äther, ohne zu wissen, wer da draußen ist und was sie hier wollen.«

Nun ist das Schiff besser zu erkennen. Es ist ein kleines Landungsboot, bei dem im Bug eine Rampe herabgelassen werden kann, damit Fahrzeuge direkt auf den Strand rollen können – oder bei diesem schönen Wetter auch auf die Riffplatte... Sein roter Anstrich erinnert mich an die Schiffe des zivilen Einsatzdienstes aus Tahiti.

Anscheinend bekommen wir offiziellen Besuch. Wir verlassen unser Versteck und gehen zum Strand, um den Männern beim Landungsmanöver am Riff die geeignetste Stelle zu zeigen.

Wir stehen da und warten.

Das Landungsboot hat gestoppt und liegt nun etwa 200 Meter vor dem Ufer. Der Bug ist auf uns gerichtet. Durch das Fernglas sehe ich gegen die Reling lehnende Matrosen und auf der Brücke zwei Männer, die uns ebenfalls mit Ferngläsern beobachten.

Zehn Minuten vergehen. Nichts an Bord läßt vermuten, daß ein Beiboot zu Wasser gelassen wird. Das Landungsboot zeigt weiterhin mit dem Bug zu uns, weshalb ich auch seinen Namen nicht lesen kann.

Zwanzig Minuten sind vorbei. Eine lange Zeit. Zu lange, und ich frage mich, was dieses Verharren zu bedeuten hat. Erst kam das Boot schnell auf uns zu, und nun nichts mehr.

Wir winken als Zeichen des Willkommens. Keine Reaktion. Oder doch, denn das Landungsboot nimmt Fahrt auf, dreht bei und geht auf Parallelkurs zur Küste. Die Männer auf der Brücke sehen noch immer durch ihre Ferngläser. Dann, in Höhe des Lagers, dreht das Boot erneut bei und nimmt Kurs auf die offene See.

Weder auf den Seiten noch am Heck ist ein Name oder eine Nummer zu lesen. Nichts, woran man das Boot identifizieren könnte. Offensichtlich ist der Anstrich auf See erneuert worden. Bei der Kalme der letzten fünf, sechs Tage wäre das gut möglich gewesen. Aber das fehlende Erkennungszeichen ist nicht der Grund meiner Beunruhigung, sondern eher die Frage, warum das Boot wieder davonfährt.

Ich glaube zu wissen, daß es sich um ein Boot des zivilen Einsatzdienstes handelt, wahrscheinlich um das kleinste aus der »Mehero«-Reihe. Aber normalerweise hat es hier nichts zu suchen. Sicher hat der Kapitän einen Umweg gemacht, um vor einem unbewohnten Atoll Fische zu fangen, sich ein paar Langusten oder zwei, drei Säcke Meeresschnecken unerlaubterweise zu verschaffen, oder aber auch nur, um an Land einige Kokosnüsse zu pflücken und sich kurz die Beine zu vertreten. Als er sich dann entdeckt sah, wollte er keine langen Erklärungen für diesen Abstecher angeben müssen – weder vor mir noch vor seinem Vorgesetzten.

Danièle ist auch dieser Auffassung, nachdem ich ihr meine Überlegungen erzählt habe. Wir hätten Neuigkeiten erfahren, zusammen gegessen und dem Kapitän einen Brief anvertraut – ohne ihn zu verraten.

Wir entfachen ein großes Feuer am Rand des Palmenhains, dort, wo trockene Palmwedel mehrfach übereinander liegen. Es müßte meilenweit zu sehen sein. Wir schütten sogar noch ein paar Eimer Wasser in die Glut. Dicke Rauchwolken steigen auf. Sie sollen unsere Einladung noch verdeutlichen.

Aber das Schiff fährt davon. Immer weiter und immer schneller. Dann verschwindet es am Horizont.

Viele Monate nach diesem Ereignis, als wir bereits wieder auf Tahiti sind, begebe ich mich auf die Suche nach diesem Schiff. Ich frage in der Hafenmeisterei, beim zivilen Einsatzdienst, bei der Armee und bei der Verwaltung der Tuamotu. Die Antwort ist immer die gleiche: Dieses Schiff existiert nicht.

Ahunui liegt 150 Seemeilen vom Muroroa-Atoll, wo Frankreich seine Kernwaffenversuche durchführt. Spionageschiffe sind daher keine Seltenheit. Was wäre passiert, wenn die Besatzung an Land gegangen wäre? Wären wir nicht störende Zeugen gewesen? Mir läuft noch heute bei diesen Gedanken ein Schauer über den Rücken.

22. Kapitel

Der Zitronenhai

Ich schaue nicht mehr auf den Kalender. Ich will gar nicht wissen, welches Datum wir haben. Abgesehen von dem unbekannten Schiff, haben wir jetzt seit über sechs Monaten keinen Menschen zu Gesicht bekommen.

Tag und Nacht denke ich an unsere Kinder und Eltern. Sie werden älter, und wir müßten bei ihnen sein. Wäre da nicht die Notwendigkeit, den bereits begonnenen Film zu vollenden, würde ich nach einem Boot rufen. Ich möchte nicht so sehr Ahunui verlassen, sondern bei meiner Familie sein. Könnte ich doch die Entfernung überwinden...

Aber ich muß den Film abdrehen. Ich habe keine Arztpraxis, keine Perlenaustern, keinen Besitz mehr – und schon gar nicht die finanziellen Mittel für einen Neubeginn. Meine einzige Hoffnung ist dieser Film.

Tagtäglich wollen wir einige Szenen drehen, aber dann müssen wir uns um Nahrung oder um den Erhalt unserer Einrichtungen kümmern, dann ist es wieder zu heiß oder schlechtes Wetter; kurz, immer steht unserem Vorhaben etwas im Weg.

Bisher ist es mir nicht gelungen, das Problem der mangelhaften Belichtungsmesser zu lösen. Ebenso wenig Vertrauen habe ich in die Lagerung unserer Filme, die vollkommen von der Funktionstüchtigkeit des Kühlschranks – also von den Launen des Wetters – abhängig ist. Hitze und Feuchtigkeit dürften die Filme angegriffen haben, vor allem die bereits belichteten.

Für Nachtaufnahmen brauche ich das Licht der Gaslaterne oder der Stablampe mit den wiederaufladbaren Batterien. Die Petromax-Laterne ist jedoch unzuverlässig und geht jedesmal aus, wenn wir sie brauchen. Die Batterien halten nur eine oder zwei Minuten, und das Stromaggregat, mit dem sie wieder aufgeladen werden können, ist fast immer kaputt. So vergehen zwei Tage für Vorbereitungen und Reparaturen, um letztendlich vielleicht nur eine Minute filmen zu können. Wieviel wird wohl hinterher beim

Zusammenschnitt übrigbleiben? So filmen wir trotz unserer Überzeugung, daß nicht viel dabei herauskommt, was das Zeug hält.[1]

Zu allem Übel leidet Danièle häufig an einer Bindehautentzündung, und ich schlage mich seit Monaten mit eitrigem Ausschlag herum. Mein gebrochener Zeh ist verheilt, mein Trommelfell allerdings noch nicht. Viermal ist es in der Zwischenzeit wieder geplatzt.

Eigentlich hätte ich meine Lieblingssportart und schönste Beschäftigung – Tauchen und Unterwasserjagd – damit nicht ausüben können. Aber ich tat es trotzdem, mit Wachskugeln in den Ohren oder einem Stirnband als Schutz, das ich aus einem Gummireifen geschnitten habe. Geholfen hat alles nichts: entweder war die Dichtigkeit nicht zufriedenstellend oder das Gummiband drückte zu stark.

Mutlosigkeit und Niedergeschlagenheit machen sich breit. Oft betrachte ich Vögel, ohne sie eigentlich zu sehen. Ich werfe das Fischnetz nur noch selten aus, weil ich es hinterher immer wieder flicken muß. Ich zögere die Kontrolluntersuchungen der Zisterne und den Filterwechsel möglichst lange hinaus. Auch unsere ausgiebigen Spaziergänge am Strand finden nicht mehr statt – unter dem Vorwand, unsere Schuhe würden sich zu stark abnutzen.

Danièle begleitet mich abends nicht mehr zum Funkgerät, vor dem ich nur noch einmal wöchentlich sitze. Sie pfeift auf die Nachrichtensendungen. Höchstens Meldungen über schlechtes Wetter sind für sie noch von Interesse. Sie bessert auch unsere Sachen nicht mehr aus, und so laufen wir die meiste Zeit nackt herum. Zucker, Kaffee, Mehl, Dosenobst sind verbraucht; was soll sie jetzt noch mit unserer Feuerstelle anfangen? Weil sie nichts mehr zu lesen hat, lernt sie das kleine, auf der *Yin-Yang* gefundene Wörterbuch auswendig.

Wieder einmal ist die Moral auf dem Tiefpunkt, aber diesmal ist es kritisch. Ich fühle, daß etwas getan werden muß, daß unsere einzige Beschäftigung nicht nur sein darf, bei jedem Zyklon unsere Sachen zusammenzupakken. Wo aber läßt sich dieser Ansatzpunkt finden, wenn nicht im Meer, das uns ja von allen Seiten umgibt.

»Wir gehen auf Haifang – und zwar auf die ganz großen.«

»Du machst mir Angst. Warum sollen wir uns hier noch in zusätzliche Gefahr begeben?«

»Gefährlich wird es nur für die Haie.«

»Nein, Paul, nein! Ich weiß, wie gefährlich der Haifang ist. Wir müssen auf

---

[1] »Un atoll et un rêve«: 16-mm-Film von 52 Minuten Dauer, der 1985 auf dem Internationalen Festival für Abenteuerfilme in La Plagne von der Jury besonders erwähnt wird.

die offene See hinaus, über das Riff und dann das Monster an Land schaffen.«

»Du redest, als ob wir schon einen gefangen hätten.«

»Ich kenne dich doch. Und ich sehe die Arbeit und die Probleme vor mir. Ist das denn nötig?«

»Wir hätten dann Fleisch, Öl, Lederhaut, das Gebiß.«

»Ja, vor allem um das Gebiß geht es dir.«

»Stimmt. Jetzt schleppen wir doch nur unsere Sachen durch die Gegend, bauen das Lager nach jedem Zyklon wieder auf und lassen uns gehen. Ja, ich will so ein Gebiß.«

»Dann mußt du es dir allein holen!«

»Dann kümmerst du dich auch demnächst allein ums Essen und den ganzen Rest.«

»Wir haben doch noch Konserven.«

»In einer Woche haben wir nichts mehr.«

»Dann verlassen wir das Atoll.«

»Einfach so! Wir brauchen bloß in die Hände zu klatschen, und schon werden wir abgeholt. Weißt du denn nicht mehr, wo wir sind? Tausend Kilometer vom nächsten Schiff entfernt! Das ist mehr, als das Mittelmeer breit ist! Und welches Schiff wird schon den Umweg bis hierher machen? Du bist dazu verdammt zu bleiben – allein oder mit mir. Du bist auf dem Atoll gefangen! Verstehst du? Wenn ich auf Haifang will, dann hat das seinen Grund. Wir werden langsam träge. Wir tun nichts, zumindest nichts Sinnvolles.«

»Wir drehen doch den Film. Das ist doch was.«

»Wenn das so lahm weitergeht, brauchen wir noch zehn Jahre, bis er fertig ist.«

»Ist das vielleicht mein Fehler?«

»Danièle, bitte, wir gehen einen gefährlichen Weg. Wir haben uns nie gestritten und wollen jetzt auch nicht damit anfangen.«

»Das liegt doch bei dir.«

»Also gut, ich höre auf. Aber auf Haifang gehen wir trotzdem!«

Wir besitzen ein paar Meter isoliertes Kabel und einige große Ringe aus Gußeisen, die von der Müllhalde der Armee auf Hao stammen. Wir haben auch Profileisen und andere Schrottsachen, die noch aus der Zeit stammen, als die Armee die Lagune für die Wasserung von Schwimmflugzeugen herrichtete. Und zu unserem Gepäck zählen außerdem drei, vier riesige Haken, die auch das entsprechende Gewicht aushalten. Aus all den Materialien müßten wir eigentlich eine Fangvorrichtung für die ganz großen Fische bauen können.

Da der Wellengang zu stark ist, können wir nicht auf die offene See hinaus. Also will ich einen ersten Versuch auf der Lagune starten. Außerdem habe ich ja noch eine alte Rechnung mit dem dortigen Zitronenhai offen.

Als erstes versenke ich den Anker: ein Profileisen mit einem daran befestigten Gußeisenring, zusammen etwa 80 Kilo. Am Ring habe ich das fingerdicke, isolierte Stahlkabel angebracht, das vor allem dazu gedacht ist, dem Scheuern auf dem Lagunengrund standzuhalten. Auf das Kabel folgt ein 12 Millimeter starkes Nylontau, an dem eine 30-Kilo-Boje als Auftrieb hängt. Von der Boje führt ein zweites Stück isoliertes Stahlkabel über einen kräftigen Kettenwirbel zum Haken. Als Köder dient mir ein kleiner Hai von 15 bis 20 Kilo.

Ich habe den Kopf dieses Hais abgetrennt, da der Kadaver sonst die großen Biester abschrecken würde, und den Körper, vor allem aber die Leber tief eingeschnitten. So entströmt dem Köder ein langer Strahl Tran, der nicht ohne Reiz sein dürfte.

Es ist 11.30 Uhr. Alles ist an Ort und Stelle, wir können zu Mittag essen.

Um 14 Uhr bin ich wieder zurück. Die Boje ist verschwunden. Ich inspiziere den Grund. Kein Zweifel, vorhanden sind nur noch das Ankereisen und der erste Teil des Stahlkabels, an dem noch ein kleines Stück des durchgebissenen Nylontaus hängt. Mit dem Nylontau habe ich einen Fehler begangen. Auch für diesen Teil hätte ich Stahlkabel nehmen sollen. Aber jetzt muß ich erst einmal diesen Hai finden, zumindest jedoch unser wertvolles Material. Zwecklos, wenn wir gleich auf die Suche danach gingen. Der Erfolg wäre gleich Null. Der Hai hat noch seine volle Kraft. Besser ist, die Nacht abzuwarten, bis er schwächer wird und stirbt.

Am nächsten Morgen gehen wir bereits bei Tagesanbruch auf die Jagd. Die kleine Jolle ist aufgetakelt, es weht eine frische Brise.

Eigentlich möchte ich als erstes die Küste im Lee absuchen, da ich glaube, daß die Boje dorthin getrieben worden ist, falls der Hai schon gestorben ist. Aber ein Blick durch das Fernglas läßt ein helles, fern im Wind treibendes Objekt erkennen. Also hin, es dürfte dann leicht sein, sich vom Wind an die Westküste tragen zu lassen. Mit dieser Entscheidung treffen wir keine so gute Wahl. Im Eifer des Gefechts wollen wir immer härter am Wind kreuzen. Wir entscheiden uns zu einem Halt am fischreichen Hoa, wo ich beim Tauchen mein Messer abbreche, als ich eine große Muschel lösen will.

Normalerweise benutzen wir dafür einen alten Schraubenzieher, den ich heute jedoch nicht mitführe. Wütend über mich selbst, stecke ich das Messer mit der um ein Drittel verkürzten Klinge in die Wadenscheide. Nun muß ich eine neue Spitze zuschleifen und dann auch noch einen Trick finden, damit das kürzere Messer gut in der Scheide hält. Wieder neue Arbeit!

Wir setzen das Segel. Endlich, gegen 14 Uhr, entdecken wir die Boje. Sie schwimmt nahe der Küste; dort wo wir gleich zu Anfang hätten hingehen sollen. Wir landen.

Meine einzige Ausrüstung besteht aus einer Tauchermaske, meinen Kunststoffsandalen und einem nun abgebrochenen Messer. Nicht gerade berauschend, aber die fiebrige Aufregung überdeckt diesen Mangel.

Vorsichtig gehe ich ins Wasser, beobachte die Boje und werfe alle paar Schritte einen prüfenden Blick unter Wasser. Die Lagune ist bewegt – wie immer, wenn der Wind Klappwellen entstehen läßt, die kaum eine Sicht zulassen. Ich muß weiter. Das Wasser reicht mir bis zur Hüfte, bis zur Brust, dann bis zum Nacken. Ich schwimme, was mit den Sandalen nicht so einfach ist. Langsam nähere ich mich der Boje. Nichts ist zu sehen.

Dann auf einmal ist der Hai vor mir... Ich habe das dumpfe Gefühl, daß er mich mit seinen kalten Augen haßerfüllt anstarrt. Es ist tatsächlich ein Zitronenhai, ein drei Meter langer *arava*, der schrecklichste aller Riffhaie. Ich hätte nie gedacht, ein solches Monster in einer geschlossenen Lagune vorzufinden. Wir sind Angesicht in Angesicht, starr. Er liegt auf dem Grund. Ab und zu öffnet und schließt sich sein Maul. Ich bin zwei Meter tief im Wasser. Ich weiß nicht, ob die Bewegungen seines Mauls seinem Atmen oder der Boje zuzuschreiben sind, die im Rhythmus der Klappwellen an dem Haken zieht.

Ein, zwei Minuten vergehen, ohne daß etwas passiert. Der Hai scheint tot. Ich nähere mich vorsichtig und greife nach der Boje, die fünf, sechs Meter vom Hai entfernt schwimmt. Plötzlich bewegt sich der Schwanz. Mühsam richtet sich der Zitronenhai auf und kommt mit weit geöffnetem Maul auf mich zu. Ich schwimme, ich kraule. Ich mache ich davon, als ob der Teufel hinter mir her wäre. Die Sandalen kleben mir wie Bleiklumpen an den Füßen. Ich schwimme, ich laufe – mehr schlecht als recht – aus dem Wasser. Es reicht mir bis zu den Schultern, bis zum Bauch, bis zu den Schenkeln. Ständig glaube ich, jeden Moment seine kräftig zubeißenden Zähne in meinen Beinen zu spüren. Endlich ist das Wasser knietief. Ich laufe noch schneller, werfe mich auf den Strand, wo Danièle auf mich wartet. Sie ist beunruhigt – und doch wieder nicht, da sich die Boje kaum bewegt hat. Mein Herz klopft zum Zerspringen.

Ich habe doch nicht geträumt! Aber die Boje? Die kurzen Seen lassen keine eindeutige Schlußfolgerung zu. Zwanzig Minuten vergehen. Ich will wieder zum Hai zurück. Wenn er seinen Platz gewechselt hat, müßte ich es sehen, ohne mich ihm groß zu nähern. Auf jeden Fall will ich nicht tiefer tauchen als einen Meter.

»Du bist verrückt!«

»Ich werde ihn kriegen. Sei sicher, ich werde ihn kriegen.«

Kaum bin ich wieder im Wasser, sehe ich ihn. Der Hai hat sehr wohl versucht, nach mir zu schnappen. Er kämpft mit dem Tod, hat jedoch noch genügend Lebenskraft, um immer noch sehr gefährlich zu sein.

Ich kehre zurück zum Strand und denke nach. Soll ich ihn sterben lassen und morgen wieder herkommen? Was aber, wenn er sich losreißt? Dann hätten wir ein durch die Verletzung noch wilder gewordenes Tier in der Lagune. Also wieder hin? Nein, danke! Aber vielleicht können wir von der Jolle aus einen Laufknoten um die Boje schlingen?

Wir machen die Jolle seeklar, als die Boje Fahrt aufnimmt. Langsam und majestätisch läuft sie parallel am Strand entlang der Riffkante. Nach und nach entfernt sie sich. Beeindruckend.

»Danièle, der Hai nötigt mir Respekt ab.«

»Ich glaube, du hast unwahrscheinlich Glück gehabt.«

»Seit 24 Stunden kämpft er gegen die Boje. Wäre der Haken fest verankert gewesen, hätte der Hai alles zerschlagen. Aber gegen die laufende Boje kann er nichts ausrichten.«

»Glaubst du, daß er versucht hat, nach ihr zu beißen?«

»Ein *arava* ist viel zu schlau für so etwas. Die Boje ist größer als sein Maul. Er kann nichts dagegen tun und wird sterben.«

»Meinst du, eine andere Haiart würde sich nicht so verhalten?«

»Ich glaube nicht. Zitronenhaie sind dafür bekannt, daß sie sich auf ihre Angreifer stürzen. Ein anderer Hai wäre schon längst tot – bis auf einen Tigerhai vielleicht.«

»Er weiß, daß du für sein Leid verantwortlich bist?«

»Ja, als ich an der Boje zog, hat er verstanden. Das beweist auch sein Versuch, mich anzugreifen. Wir werden ihm folgen.«

So schwach wie der Hai mittlerweile ist, dürfte es ihm unmöglich sein, die Boje gegen den Wind und die Klappwellen zu ziehen. Außerdem ist der große Hoa nicht weit entfernt. Logischerweise müßte er sich dorthin begeben. Aber dazu müßte er erst einmal eine Sandbank überwinden, die mir meine Chance bietet. Mit der Jolle dorthin hat keinen Zweck. Die Ankertrosse könnte mir jedoch nützlich sein. Also schnappe ich sie mir, und wir verfolgen den flüchtenden Hai am Strand.

Die Fahrt der Boje hat sich stabilisiert. Die Spur, die sie im Wasser zieht, beweist nicht nur, daß der Hai wieder an Kräften gewonnen hat, sondern daß ich ihm auch gerade noch entkommen konnte. Wir laufen mehrere hundert Meter, dann ändert sich die Farbe der Lagune. Wir sind an der Sandbank. Auch die Boje kommt nun zum Stillstand. Sie schaukelt auf dem Wasser, einen Meter über dem Grund und dreißig Meter vom Ufer entfernt.

Erneut gehe ich zum Hai. An meinem linken Handgelenk habe ich die Trosse mit dem Laufknoten. Das andere Ende hält Danièle fest. Sie folgt mir in dem Abstand, der der Länge der Trosse entspricht. Da sie so in weniger tiefem Wasser steht, kann sie mich bei Bedarf aus der Lagune ziehen.

So vorsichtig wie möglich pirsche ich mich heran, mache weder unnötige Bewegungen noch Geräusche. Als das Wasser mir bis zur Brust reicht, sehe ich den *arava*. Er liegt erschöpft auf dem Grund. Da er mir den Rücken zuwendet, kann er mich nicht sehen. Ich gehe näher. Ein zerfetztes Stück Nylontau hängt noch an der Boje. Wenn ich daran herankomme, bin ich noch fünf, sechs Meter von der Bestie entfernt. Das ist herzlich wenig und doch viel. Mit unendlicher Vorsicht, bemüht, nur ja keinen Zug auszuüben oder ihn aufzuschrecken, gelingt es mir, meine Trosse an das Nylontau zu knüpfen. Dann gehe ich zurück, ohne jedoch meine Beute aus den Augen zu lassen.

Jetzt müssen wir nur noch sacht ziehen. Nach und nach spannt sich die Trosse. Wir sehen, wie die Boje dem Strand näherkommt und eine dunkle Masse auftauchen. Der Hai läßt alles mit sich machen. Sein Gewicht ist verschwindend gering, solange er sich in genügend tiefem Wasser befindet, in dem seine Leber wie ein großer Schwimmkörper wirkt. Wir ziehen weiter. Dann ragen die Schwimmflossen aus dem Wasser. Sein Bauch schrammt über den Grund. Mit letzter Energie schlägt der Schwanz. Er windet sich. Das Maul klappt auf und zu. Fast haben wir es geschafft, da reißt der Haken aus und zerfetzt dem Zitronenhai die Lefze. Er ist selbst so überrascht, daß er erstarrt. Jetzt gilt es keine Sekunde zu verlieren. So schnell ich kann, ergreife ich das Trossenende mit dem Laufknoten, stürze auf den Hai zu und schlinge die Trosse um die Schwanzflosse. Wir ziehen ihn aus dem Flachwasser, soweit es geht.

Aber er ist wahnsinnig schwer. Unmöglich, diese mehr als 300 Kilo wiegende Masse richtig aus dem Wasser zu bekommen. Wir können ihn jedoch nicht hier liegen lassen. Wenn der Wind dreht und auch die Klappwellen ihre Richtung ändern, kann er flüchten. Dann könnten wir nie wieder auch nur eine Zehe in die Lagune tauchen.

Auf meiner Flucht vor dem Hai habe ich mein Messer verloren. Bleiben also nur noch die Steine – oder besser die Korallenblöcke. Ich suche nach dem schwersten, den ich hochheben kann, und schleudere ihn mit aller Kraft auf seinen Kopf, seinen Nacken, seine Schnauze – fünfmal, zehnmal, zwanzigmal...

»Paul, erinnerst du dich, als wir ihn sahen, während wir im großen Hoa fischten?«

»Ja.«

»Damals sagtest du, du würdest ihn kriegen. Und jetzt hast du ihn.«

»Nein, denn das hier ist ein Männchen, und der damals war ein Weibchen.«

»Willst du damit sagen, daß es noch mehr davon da draußen gibt?«

»Ja, und zwar noch viele.«

»Dann gehe ich in Zukunft nicht mehr ins Wasser!«

»Das glaube ich dir nicht. Aber du wirst dir nun sicherlich vorher überlegen, was du tust. Und das hat auch sein Gutes.«

23. Kapitel

Eine Seilbahn für Fische

Ich kann nicht mehr ins Wasser. Mein Trommelfell ist immer noch nicht verheilt, eine chronische Dermatose hat sich bei mir eingestellt, und eine erst kürzlich zugezogene, schlimme Verletzung verdammt mich dazu, im Trockenen zu bleiben, wenn ich genesen will.

Der Unfall hat sich vor ein paar Tagen ereignet. Noch vor Kälte nach einem langen Tauchgang zitternd, wollte ich einen erjagten Riesenzackenbarsch an Land töten. Anstelle meines Tauchermessers, mit dem ich so sicher hatte umgehen können, benutzte ich dazu ein Küchenmesser, das nicht gut in der Hand lag. Die Klinge rutschte an dem Fisch ab, drang tief in Höhe des Gelenks in die Hand ein, durchtrennte eine Nervenverästelung und schrammte dann den Knochen bis zum Gelenk entlang.

Die Wunde verheilt gerade, weswegen sie nicht mit Salzwasser in Berührung kommen darf. Schlimmer ist da schon die Gefühllosigkeit, aber auch die dürfte meines Erachtens abklingen: eine Sache von sechs bis acht Monaten. Was soll ich nun machen?

»Ich fische an deiner Stelle.«

Danièle hat Wort gehalten. Für mich war das die Gelegenheit, eine Filmszene zu drehen, in der Danièle in 30 Zentimeter tiefem Wasser von einem Hai angegriffen wird, den sie schließlich durch Schläge mit Korallenblöcken tötet.

Diese Episode hat mir jedoch zu denken gegeben.

»Es wäre doch gut, wenn wir fischen könnten, ohne auf See hinaus zu müssen oder eine Angelrute ins Wasser zu halten.«

»Ich wüßte nicht, wie das gehen sollte.«

»Wir müßten eine Seilbahn für Fische bauen.«

»Eine was?«

»Eine Seilbahn, eine Vorrichtung, mit der man einen Haken in das Wasser und den Fisch dann an Land bringt, ohne das Riff zu verlassen. Mit einer Verankerung, einer Boje, einem Seilzug und einem Tau müßte das machbar sein. Wäre doch gelacht, wenn wir nicht eine vollkommen neue Fangmethode erfänden...«

»Das möchte ich sehen. Wann geht's los?«

»Morgen. Ich will mir die Sache über Nacht noch durch den Kopf gehen lassen.«

In der offenen See, rund 60 Meter vor dem Riff, dienen versenkte Profileisen als Verankerung für einen großen Schwimmkörper, unter dem ich einen Seilzug angebracht habe. Auf der Riffplatte liegt als zweiter Befestigungspunkt ein schwerer Gußeisenring. Dazwischen spannt sich ein freilaufendes Tau, an dem ein Vorfach und der Haken angebracht sind.

Nach einigen Versuchen habe ich das System verbessert. Die einfache Talje wurde durch einen Block ersetzt, bei dem die eine Rolle unter der anderen gelegen ist. Das laufende Tau kann sich somit nicht verklemmen. Der Haken, der sich immer in den Korallen verfing, wird nun durch eine kleine Boje in der richtigen Tiefe gehalten. Das Tau, das sich bei Wellengang ständig verhedderte, wurde durch eine zweite Verankerung an Land im Dreieck verspannt.

Nun funktioniert das System problemlos. Es weist sogar noch einen zusätzlichen Vorteil auf: auch das Auslaufen mit dem Ruderboot wird nun sicherer.

Der Ort, an dem wir unsere Seilbahn aufgebaut haben, befindet sich am Landungspunkt, dort wo der Hoa die dichte Vegetation auf fast 800 Meter trennt, wo sich das Atoll höchstens einen Meter über den Meeresspiegel erhebt, wo aber auch die Passatwinde ohne Hindernis auf die offene See hinaus wehen können.

Indem wir uns an der »Seilbahn« entlang ziehen, können wir das Ruderboot in die guten Fischgründe bringen, also jenseits der Brecher, ohne dabei Gefahr zu laufen, daß wir zu weit hinausgetrieben werden, dorthin wo die Seen bereits Schaumkronen haben, wo alle unsere Anstrengungen gegen den Wind, die Angriffsflächen der Aufbauten und die starke Abdrift vergebens wären.

Um zurückzukehren, brauchen wir uns bloß an unserer »Rettungsleine« an Land zu ziehen.

Heute wollen wir diese Vorrichtung nutzen. Seit mehreren Tagen hat sich eine starke Brise eingestellt. Aus Gründen der Vorsicht haben wir ein zusätzliches Tau am Riff festgemacht, so daß wir nun zweifach gesichert sind. Darüber hinaus habe ich einmal mehr unter der Ruderbank eine wasserdichte Kiste mit Notraketen, Sonnenspiegel, Schwamm, Kokosnußhaken, Feuerzeug, Kompaß und vor allem der Signalboje verstaut.

»Du bist vorsichtig«, sagt Danièle, »du denkst sogar an die kleinste Kleinigkeit.«

Oben: Im Film liegt meine einzige Hoffnung. – Unten: Auf dem Strand der Lagune trocknen Kraken im Wind.

Oben: Einige Fische führen innerhalb von wenigen Minuten zum Tod, wenn man sie verzehrt: der giftige Kugelfisch *Arothron stellatus*. – *Unten:* Andere haben Giftapparate, an denen man sich verletzen und vergiften kann: der giftige Rotfeuerfisch *Pterois antennata*.

»Es ist keine Kleinigkeit, weit vom Schuß zu sein.«
»Stimmt. Wer weiß, wohin wir treiben könnten.«
»Bei den heutigen Winden nach Südwesten.«
»Zu den Australen[1]?«
»Ja, mit Glück. Ansonsten nach Neuseeland oder Australien, also sechs- bis zehnmal die Breite des Mittelmeers.«
»Unvorstellbar!«
»Sieh mal!«

Unter dem Ruderboot schwimmt eine Gruppe Stachelmakrelen eng zusammen hindurch und verschwindet dann. Wir beugen uns über die Reling und betrachten die Unterwasserwelt durch ein Sehglas, ein Kasten mit einem Glasboden, der in das Wasser getaucht wird. Buntgescheckte, gestreifte, gefleckte Fische, Pfeifenfische, Kugelfische, Kofferfische, Nadelfische und Schmetterlingsfische – eine wunderschöne, doch unbarmherzige Welt, in der Leben und Tod sich nichts schenken.

Ich werfe den ersten Haken mit einem Stück Muschelfleisch als Köder aus. Sogleich schießt alles herbei. Die Drückerfische sind am schnellsten. Jeder will zubeißen. Wen wird es erwischen? Keinen von ihnen! In wenigen Sekunden ist der Haken sauber abgenagt, ohne ein unbedachtes Zuschnappen, ohne ein Opfer.

Ein zweiter Versuch. Wieder gerät die Unterwasserwelt in Bewegung. Wir lauern von oben. Danièle blickt durch das Sehglas und sagt mir die herbeieilenden Fische an, während ich an der Leine sitze.

»Eine ganze Meute schwimmt um den Haken herum. Da... Nein, er dreht wieder ab. Jetzt! Ein Kaiserfisch! Er beißt! Schlag an!«

Die Leine in meiner Hand ruckt und wird leicht nach unten gezogen. Sofort schlage ich an, reiße die Leine armlang nach oben, damit der Fisch sich einhakt, und ziehe die Beute dann vorsichtig zu mir her. An den Händen trage ich Handschuhe, da die Leine durch das Gewicht und die Kraft des Fisches sonst wie ein Messer in das Fleisch einschneiden würde.

Der Fisch kämpft im Wasser mit Zickzackbewegungen um seine Freiheit. Ich ziehe die Leine weiter an. Dann kommt der Fang an die Wasseroberfläche. Jetzt muß ich achtgeben, denn schon mit einem Schwanzschlag gegen die Bordwand könnte er sich befreien. Er ist im Boot. Ein Schlag auf den Kopf, und aus! Ich streife meine Handschuhe ab, reinige sie vom Fischblut und hänge einen neuen Köder an den Haken.

»Paul, ein *raira*[2]!«

---

[1] Australen: Tubuai-Inseln

[2] *Raira* (Maori-Wort): Menschenhai.

Ich hole den Haken schnellstmöglich wieder ein. Die Leine hielte dieser Masse nicht stand. Und dies würde den Verlust von Vorfach und Haken bedeuten.

»Ein Kaiserschnapper!«

Ein giftiger Fisch!

Im gleichen Augenblick fällt mir ein, wie meine Eltern während ihrer ersten Reise nach Tahiti durch einen Papageifisch vergiftet wurden. Mehrere Wochen lang litten sie unter Kribbeln an Zunge und Lippen bei Kältekontakt, starker Diarrhoe, heftigem Juckreiz. Dazu fühlten sie sich elendig matt.

Die Seilbahn für Fische

Giftige Fische machen uns Angst. Sie stellen für uns die größte Gefahr dar, sind noch schlimmer als Haie, Zyklone und Sturmfluten. Wehe dem unerfahrenen oder unvorsichtigen Angler. Bestimmte Fische bewirken innerhalb von wenigen Stunden den Tod, manche sogar in nur einigen Minuten[1]...

Vorsicht ist immer bei Fischen mit Giftstacheln oder Giftzähnen geboten. Ihr Vorhandensein sollte schon Warnung genug sein. Aber diese Fischarten meine ich gar nicht, sondern jene, die durch Verzehr Vergiftungen bewirken. Einige sind wie bestimmte Pilzsorten ständig giftig – Kugelfische, Igelfische, Mondfische, gewisse Drückerfischarten –, andere jedoch nur gelegentlich. Sie rufen Ciguatera hervor, eine Erkrankung, die bei allen Bewohnern des weltumspannenden Korallengürtels wohl bekannt ist. Zu diesen gelegentlich giftigen Fischarten zählen: Doktorfische, Papageifische, Riesenzackenbarsche, Schnapper, Lippfische, Barrakudas und noch etliche mehr. Das Verzwickte an ihnen ist, daß sie an dem einen Ort giftig, an einem anderen jedoch ungefährlich sind. Wie verhält man sich denn? Nun, zumindest sollte man jene Fischarten kennen, die die größte Gefahr darstellen: zum Beispiel den Kaiserschnapper, also jenen Fisch, der gerade um unseren Haken schwimmt.

Ich hole die Angelleine ein.

Vier Fische liegen im Boot. Das reicht. Bevor wir an Land zurückkehren, bringen wir noch einen Köder an der Haifangleine an. Nach der Erfahrung mit dem *arava* in der Lagune haben wir mittlerweile das Tau durch Stahlkabel und Ketten ersetzt. Als Schwimmkörper dient ein 200-l-Faß. Vom ihm führt das Kabel weiter zu einer japanischen Boje, an der der Haken hängt. Auf diese Weise können sich sogar ein Tiger- oder ein Weißspitzenhai von vier bis sechs Meter anhaken, ohne daß die Vorrichtung zerstört wird.

Der Wind hat aufgefrischt, und es wird bald Nacht. Wir wollen an Land.

»Stell dir vor, wir müßten jetzt rudern.«

»Selbst zu dritt würden wir das nicht schaffen.«

»Zum Glück sind wir ja angeseilt.«

»Hoffentlich ist nichts durchgescheuert.«

»Ist das möglich?«

»Alles ist möglich. Das Beste wäre, die ersten zehn Meter durch ein Stahlkabel oder eine Kette zu ersetzen. Aber wir haben kein Stück mehr übrig.«

Ich greife nach dem Nylonseil und versuche, das Boot an Land zu treideln. Aber nichts tut sich! Das Seil ist schlaff, durchgetrennt!

---

[1] Der Rekord mit der kürzesten Zeit bis zum Tod liegt bei 18 Minuten durch einen Kugelfisch; vgl. Burnett (1846), Richardson (1893) in *Poisonous and Venomous marine animals of the World* (Halstead). Vgl. auch den im Anhang aufgeführten Artikel »Exotische Fische«.

Jetzt wird es ernst. Ich packe das zweite Tau und ziehe das Ruderboot mit aller Kraft und so schnell es geht zum Riff. Wir haben kaum die Zeit, die richtige Welle abzupassen, da schrammt der Rumpf schon über die Korallen.

In diesem Augenblick sehe ich unsere Hündin Siki. Sie liegt auf dem Riff und kaut auf dem Tau herum – unserer Sicherungsleine, unserer letzten Rettung…

Wir bringen das Boot auf den Strand und betrachten die Überreste des Taus. Es ist zu drei Vierteln zerkaut…

Die Haifangleine

24. Kapitel

Ahunui: Ein Reservat des Glücks

»Schon wieder töten?«

»Das verlangt das Gesetz des Lebens.«

»Glaubst du das wirklich, Danièle?«

»Ja, denn wir haben keine andere Wahl – zumindest hier nicht.«

Danièle sitzt leicht erhöht am muschelreichen Flachwasser der Lagune und schlägt zwei Schalen einer Riesenmuschel gegeneinander. In den Überresten des Waldes ringsum herrscht Stille. Nicht die kleinste Brise rauscht in den Palmen, nicht die kleinste Welle ist auf dem Wasser zu sehen. Nur ein, zwei Vögel schweben in der Luft. Alles ist erstarrt. Selbst das Donnern des Riffs erklingt wie aus der Ferne.

Danièle schlägt unaufhörlich die Schalen zusammen. Der dumpfe Laut wird weit über die unter gleißender Sonne liegende Lagune getragen.

Danièle ruft die Kraken.

Sie schlägt in einem bestimmten Rhythmus: drei-, viermal hintereinander, dann eine Pause und erneutes Schlagen.

Zwei Stunden sind bereits vergangen, jedoch erfolglos. Nun aber kommen die Kraken.

Die bräunliche Masse des ersten ist wenige Meter vom Ufer an der Wasseroberfläche zu sehen, ihr folgt in einigem Abstand ein weiteres Tier. Die Jagd ist eröffnet.

Mit einem Haken in der Hand stürzt sich Danièle in das Flachwasser. Der Krake versucht zu fliehen, kommt aber nicht weit. Er hat seine Tinte verspritzt, fünf, sechs Rucks nach hinten gemacht und sitzt nun in der Falle. In dem nur einen halben Meter tiefen Wasser kann er sich nicht verstecken. Die Verfolgungsjagd ist zu Ende. Danièle geht mit dem Haken unter den Leib des Tieres und schleudert es auf den Strand. Dort tötet sie ihre Beute mit einem Korallenblock.

Auch ich bin ins Wasser gegangen, vor den zweiten Kraken. Ohne Haken habe ich das Tier mit bloßen Händen an Land gedrängt, ohne ihm Gelegenheit zu bieten, zur Seite zu entkommen.

Danièle hat sich wieder hingesetzt und schlägt erneut die Muschelschalen zusammen. Die Jagd geht weiter. Ich säubere die Kraken und hänge sie an einen Stock in den Wind zum Trocknen. Zwei weitere Kraken zeigen sich. Sie sind ineinander verschlungen, vereint in einem seltsamen Koitus, ein Gewirr aus Armen und Saugnäpfen. Sie trennen sich, nicht ohne Grazie – ein Anblick voller Poesie und Zärtlichkeit. Wir betrachten stumm dieses Schauspiel des Lebens und der Schönheit.

»Willst du jetzt auch das Gesetz des Lebens anwenden?«

»Nein, wir lassen sie leben. Es hat schon genug Tod auf diesem Atoll gegeben. Und eines Tages wird es uns treffen... Paul, ich will weg von hier, fort von dieser Insel. Ich will nach Hause...«

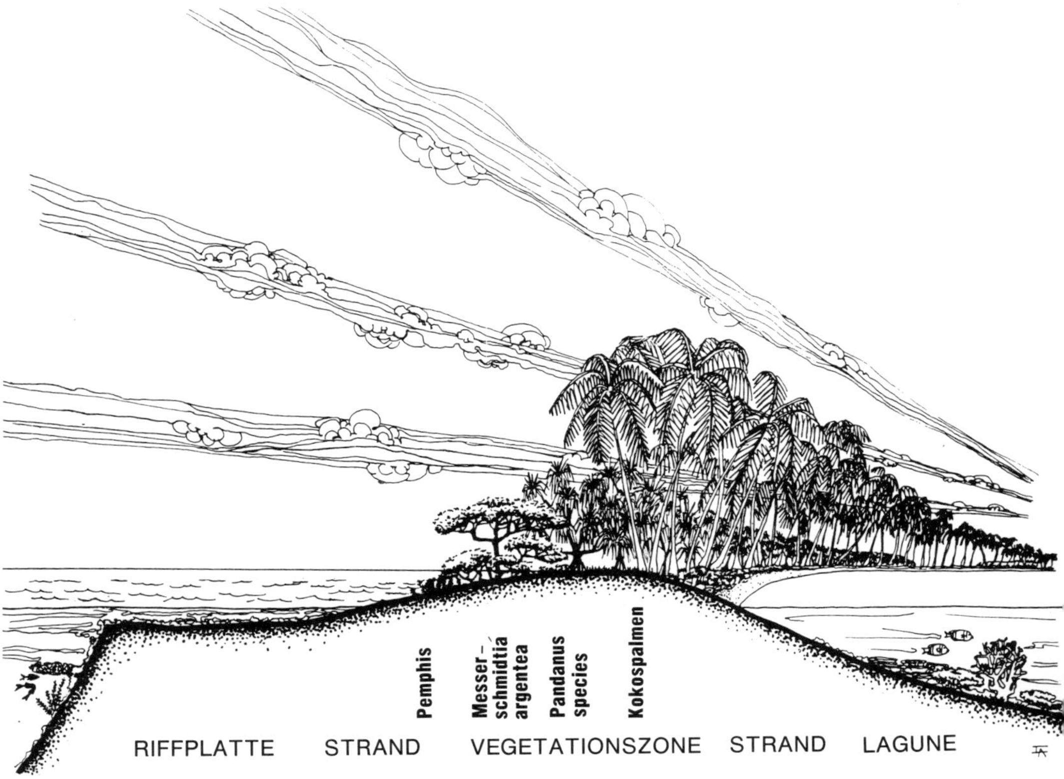

Querschitt eines Atolls

Mit einem Mal habe ich den Eindruck, als ob die Seen mit lauterem Krachen am Riff explodieren. Der Gestank der vermodernden Korallen und Pflanzen erstickt mich. Der Strand ist grellweiß, meine Augen schmerzen. Die Sonne brennt erbarmungslos herab. Die Kokospalmen, die noch in meinen Kindesträumen ständig gegenwärtig waren, werden zu Gitterstäben. Selbst das Riff, jene verzauberte Welt, verwandelt sich mit einem Schlag in eine einzwängende Mauer.

Das Atoll, das für uns Traum und Hoffnung war, scheint jetzt mit einem dicken Nebel überzogen, der es feindlich und unerbittlich werden läßt.

Wir haben uns eine Welt nach unseren Vorstellungen geschaffen, auf ihr Wege angelegt und unsere Spuren hinterlassen. Wir haben uns ihrem Reiz hingegeben. Abseits von allem haben wir Angesicht in Angesicht mit der Natur gelebt.

Und wenn alles nur Illusion war?

Wenn wir nur die Fassade und das Dekor errichtet, aber nichts Wirkliches geschaffen haben? Keinen Augenblick hatten wir vorgehabt, hier Kinder zu bekommen. Und eben das ist doch ein Zeichen.

Meine Perlenfarm, meine Bauten, mein Hühnerstall, mein Fischbecken, mein Werk, all das scheint mir plötzlich unbedeutend. Monatelang waren wir nur damit beschäftigt, Steine zu schleppen, Baumstämme zurechtzusägen, um eine Zuflucht zu bauen! Die Wellen haben alles mitgerissen und zerstört. Soll ich an ein Wunder glauben? Hier gibt es ja noch nicht einmal eine Schule für ein Kind, geschweige denn eine Möglichkeit, es zu unterrichten. Hier gibt es nichts, nichts als Eitelkeit, Sinnlosigkeit und Mißerfolg.

Die Vereinigung der Kraken war nützlicher als unser hoffnungsloses Suchen.

Ganz klar, wir müssen fort von hier. Jetzt. Heim zu Kindern, Eltern und Gesellschaft. Wieder zurück ins Glied. Darüber hinaus ist unsere Ausrüstung so zusammengeschmolzen, daß wir in einem Monat noch nicht einmal mehr laufen können, da dann unsere Schuhe kaputt sein werden. Und mit nackten Füßen können wir nicht auf die Korallen treten.

Aber ich gebe Danièle keine Antwort. Ich brauche Zeit zum Überlegen. Die Welle der Resignation muß erst abebben. Ich rede mir ein, daß Danièles Äußerungen nur die lautgewordenen Gedanken einer Frau sind, die sich nach Frieden, Sicherheit und vielleicht auch heimlich nach einem Kind sehnt, das in einer Familie und in Geborgenheit aufwächst.

Ich werde ihr erst in einigen Monaten antworten, wenn wir ein neues Lager errichtet haben, das sechste, wenn wir wieder unsere Sachen gepackt haben, zum zwölftenmal, und wenn wir erneut die Wege angelegt haben. Seit dem letzten Zyklon, seit Monaten, haben wir, ohne große Lust zu anderen Tätigkeiten, nur gejagt und gefischt: also einfach überlebt. Jedoch möchte ich mein Atoll nicht kopflos verlassen – oder gar aufgrund eines Mißerfolgs. Das käme mir wie ein Verrat vor. Wir werden es verlassen, ja sicher, aber nicht von ihm flüchten.

Mit neugefundener Energie bauen wir zum letzten Mal unser kleines Universum auf, allerdings nur das Nötigste: ein Unterschlupf für die Nacht, ein Schattenplatz für den Tag und eine Anlegestelle für die beiden Boote.

Uns fehlt es an allem, und so häufen sich die Schwierigkeiten, werden schier unüberwindbar. Nägel, Pfähle und Bretter sind kaum noch vorhanden und somit wertvolle Gegenstände. Vom Werkzeug sind lediglich Hammer oder Zangen verwertbar, der Rest ist verrostet, kaputt oder verschwunden.

Wir arbeiten emsig, und dann, eines Tages, ist das Werk vollbracht. Eine neue Seite muß aufgeschlagen werden.

Wir haben gegenüber dem Atoll jedoch eine Schuld offen. Es muß ein anderes Gesicht haben, eine Wahrheit, die wir bisher verkannt haben, weil wir versuchten, uns so verbissen hier niederzulassen.

Dank des Atolls haben wir unsere Grenzen überwunden, sind bis zum Äußersten unserer Kraft, unserer Geduld gegangen, sind über unsere Ängste hinausgewachsen. Die Einsamkeit hat uns die Notwendigkeit und die Möglichkeit aufgezeigt, aus allem das Beste zu machen.

Danièle hat sich mit Herz und Seele an die Sache gemacht. Ihr Instinkt sagte ihr, daß nichts von Wert sei, wenn sich eine Frau nicht gemeinsam mit ihrem Mann allen Widrigkeiten stellt. Sie ist in meinen und in ihren eigenen Augen gewachsen. Auch ich habe mich in dieser Zeit verändert – hin zu Kraft und Lebensfreude.

Ich habe das Gefühl, daß wir eine lange Reise in die Unschuld gemacht haben, zu den Ursprüngen zurückgekehrt sind und vielleicht auch – warum nicht? – einen Teil jenes verlorenen Paradieses wiedergefunden haben, das in uns allen schlummert. Für uns bedeutet der Begriff »Paradies« von nun an jedoch etwas anderes als leichtes, müßiges und genießerisches Leben. Wir wissen, daß er auch Kampf, Gewalt, Tod und Verwüstung beinhaltet. Vielleicht liegt die wahre Freude aber einfach darin, nur sein eigenes Brot gebakken zu haben.

Wir werden für immer gezeichnet sein und in unseren Erinnerungen die Schönheiten dieses Reservats des Glücks behalten.

Die Sturmflut hat uns unsere Zerbrechlichkeit aufgezeigt. Der Mißerfolg mit den Perlenaustern wird uns für die nächsten Jahre davor bewahren, unser Geld leichtfertig auszugeben.

Ein Atoll, das ist auch Sonne, eine Lagune, ein Ozean ohne Sturm. Aber manchmal bleibt die Sonne verborgen, und man erkennt nicht mehr, wie

Wir bauen nur noch das Nötigste auf.

Mehr als 600 Bäume habe ich gepflanzt; kein einziger hat die Zyklone überstanden.

weit der Tag schon vorangeschritten ist. Manchmal lassen sich in der Lagune keine Reusen versenken, und man muß tagtäglich zum Fischen hinaus. Manchmal wütet der Ozean, und man kann damit rechnen, daß er sich seinen Teil nimmt. Und manchmal wehrt sich auch das Atoll!

Es ist an der Zeit zu sehen, zu hören, zu spüren. Es ist an der Zeit, mit dem Morgengrauen zu verschmelzen.

Wir entdecken jetzt die Einsiedlerkrebse, wie sie vor den Strandschnecken lauern, eine Zange vor den Deckel halten und darauf warten, daß sich dieser öffnet. Wir betrachten die jungen Palmdiebe, die in ihrem Panzer ebenso laufen wie die Einsiedlerkrebse. Wir gehen zu den Vögeln, die ihre Eier direkt auf die Äste legen. Wir machen uns einen Spaß daraus, kleine Haie zu erschrecken. Wir fischen *pipi*, jene kleinen, in der Sonne golden glänzenden Perlen. Wir schlafen auf dem Lagunenstrand, den Kopf mit einer Anhäufung kleiner Muschelschalen unterlegt. Wir unternehmen nichts gegen die Grasmücke, die uns Wollfäden stibitzt, um ihr Nest zu polstern. Ihr Gesang entschuldigt uns auch für die kleinen Löcher, die sie in unsere einzige Decke pickt. Wir haben auch die allabendliche Zeremonie aufgegeben, uns mindestens einmal täglich anzuziehen. Wir wachen am lodernden Feuer bis tief in die Nacht, bis die Sterne am Himmel blinken, die wir mittlerweile gut kennen: den Orion, ausgerichtet wie bei der Parade, flankiert von seinen roten und blauen Garden; das Kreuz des Südens, das zum Pol weist; den Skorpion mit seinem scharlachroten Zentrum.

Die Perlenaustern – unwichtig, sie sind alle kaputt. Die Pflanzen – unwichtig, sie sind alle zerstört. Das Geflügel – unwichtig, nur drei Hähne und zwei Hühner haben überlebt; wir haben sie in die Freiheit entlassen. Zum Teufel mit dem Film, der im nicht funktionierenden Kühlschrank verrottet. Zum Teufel mit dem Funkgerät, wenn es wieder ausfällt; wir benutzen es nur noch äußerst selten.

Allerdings verbindet es uns mit unseren Freunden und Verwandten. Sie verstehen uns nicht mehr, werden ungeduldig oder sind beunruhigt. Dann, eines Tages, berichtet uns ein Freund, daß ein Schiff die Gewässer der benachbarten Atolle durchfährt. Es ist die *Meherio*, ein Schiff des zivilen Einsatzdienstes. Vielleicht ist der Kapitän bereit, einen Umweg von drei Tagen zumachen, um uns hier abzuholen.

Wir zögern, würden gern noch bleiben, gerade jetzt, wo wir beginnen, im Rhythmus des Atolls zu leben und von ihm akzeptiert zu werden. Aber das

Oben: **Vielleicht liegt die größte Freude ganz einfach darin, sein eigenes Brot zu backen.**
Unten: **Zum Abendessen haben wir uns die Pflicht auferlegt, uns wenigstens einmal am Tag anzuziehen.**

Schiff weiterfahren lassen, hieße, unsere Abreise ins Ungewisse zu verschieben, die Umarmung eines Kindes erst in einem, in sechs oder in noch mehr Monaten zu spüren. Wer will das so genau wissen?

Zwischen der Station auf Tahiti, dem Schiff, der Reederei und uns entwikkelt sich ein freundschaftlicher Funkkontakt. Einige Tage brauchen wir noch, um unsere Abreise vorzubereiten. Dann, eines Morgens, ist das Schiff da.

Ein Beiboot wird zu Wasser gelassen. Danièle und ich sind tief bewegt. Im nächsten Augenblick schon springt die Mannschaft an Land. Der Zweite Kapitän ist mitgekommen, geht auf uns zu und reicht uns mit einem breiten Lächeln die Hand.

»Sie sind nur zu zweit?«

»Ja.«

»Seit wann?«

»Seit knapp einem Jahr.«

Er betrachtet uns lange und sagt dann mit fast sanfter Stimme: »Nicht leicht, was?«

Nachtrag

Der Tuamotu-Gambier-Archipel erstreckt sich im Osten von Tahiti zwischen 14° und 24° südlicher Breite und 134° und 148° westlicher Länge auf einer NW-SO-Achse. Er umfaßt 94 Inseln, von denen 41 bewohnt sind. Die Ausmaße dieser Inseln sind sehr unterschiedlich: die größten – wie Rangiroa – haben einen Durchmesser von 70 km, während die kleinsten – wie Tikai – nur wenige Hektar aufweisen. Die Landmasse von insgesamt 908 km^2 verteilt sich auf ein Gebiet von der Hälfte Europas mit einer Gesamtbevölkerung von knapp 9000.

Der Archipel besteht in dem zu den Tuamotu gehörenden Teil aus niedrigen korallinen Inseln, die »Atolle« genannt werden, und in dem zu den Gambier rechnenden Teil aus erhöhten vulkanischen Inseln.

Ein Atoll ist mehr oder weniger ringförmig. Es ruht auf einem vulkanischen Sockel und ist den Kräften des Ozeans und der Passatwinde ausgesetzt. Die aus der See ragende Landmasse hat eine Höhe von gerade zwei, drei Metern. Der Atollring ist im allgemeinen 200 bis 300 Meter breit, kann jedoch auch bis zu zwei Kilometern betragen. Der Aufbau entspricht dem eines Riffs, d. h. eine Verflechtung von tropischen Korallen, Kalkalgen, Foraminiferen und Muscheln.

Im Innern dieses Landkranzes befindet sich eine Lagune, ein »Binnenmeer«, dessen Durchmesser bei den größten etwa 60 km und bei den kleinsten nur wenige 100 m betragen kann. Lagunen sind bis zu ungefähr 100 m tief.

Der Korallenring kann entweder vollkommen die Lagune umschließen oder von Riffkanälen *(Hoa)* durchbrochen sein, über die bei Flut oder auch nur bei Stürmen zwischen Ozean und Lagune eine Verbindung gegeben ist. In den günstigsten Fällen ist der Ring so stark eingeschnitten, daß eine schiffbare Durchfahrt vorhanden ist.

Die *Hoa* bedingen also den Wasseraustausch zwischen Ozean und Lagune und bestimmen in gewisser Weise den tierischen und pflanzlichen Artenreichtum.

Im Querschnitt finden sich vom Ozean zur Lagune:

1. der von Korallen und Kalkalgen gebildete ozeanische Hang, der bis in die Tiefe hinabreicht;
2. der stark zerklüftete, von Kalkalgen gebildete und aus dem Wasser ragende Riffrand, der äußerst schwierig und nur mit kleinen Booten zu überwinden ist;
3. die korallenreiche, als leichte Senke ausgebaute Riffplatte, die im Rhythmus der Gezeiten vom Ozean überspült wird;
4. der äußere Strand mit korallinen Trümmerkieseln und -sand;
5. die eigentliche Landmasse mit Vegetation;
6. der innere Strand aus Korallen- und Muschelschutt, zuweilen auch aus erhöhtem, abgestorbenem Riffgestein;

7. die sandige innere Platte;
8. der Lagunenhang;
9. der aus Sedimenten, Muschelschalen und tierischen Resten gebildete Lagunengrund, der hier und da Algenkolonien aufweist;
10. einzelne Korallentürme, die bis dicht unter oder sogar leicht über die Wasseroberfläche wachsen können.

Zur Entstehung der Atolle gibt es mehrere Theorien. Nach neuesten, durch Bohrungen gewonnenen Erkenntnissen ist folgendes dazu zu sagen:
1. Atolle bilden sich auf Vulkanen. So wurde Basalt gefunden in einer Tiefe von
1400 m auf Eniwetok,
500 m auf Muroroa,
400 m auf Midway.
2. Da Korallen sich nur in geringer Tiefe entwickeln können, müssen die Vulkane folglich in sich zusammengesunken sein (Darwin-Theorie). Die das Wachstum der riffbildenden Korallen bestimmende Lebenszone beträgt bis zu etwa 60 m Tiefe und entspricht somit der maximalen Penetrationstiefe des Lichts in das Wasser. Dieses Phänomen ist verbunden mit der notwendigen Symbiose von Madreporen (Steinkorallen) und Algen, die von der Photosynthese abhängig sind.

So wird verständlich, daß Atolle Riffe sind, die in Folge nachstehende Stadien durchlaufen haben:

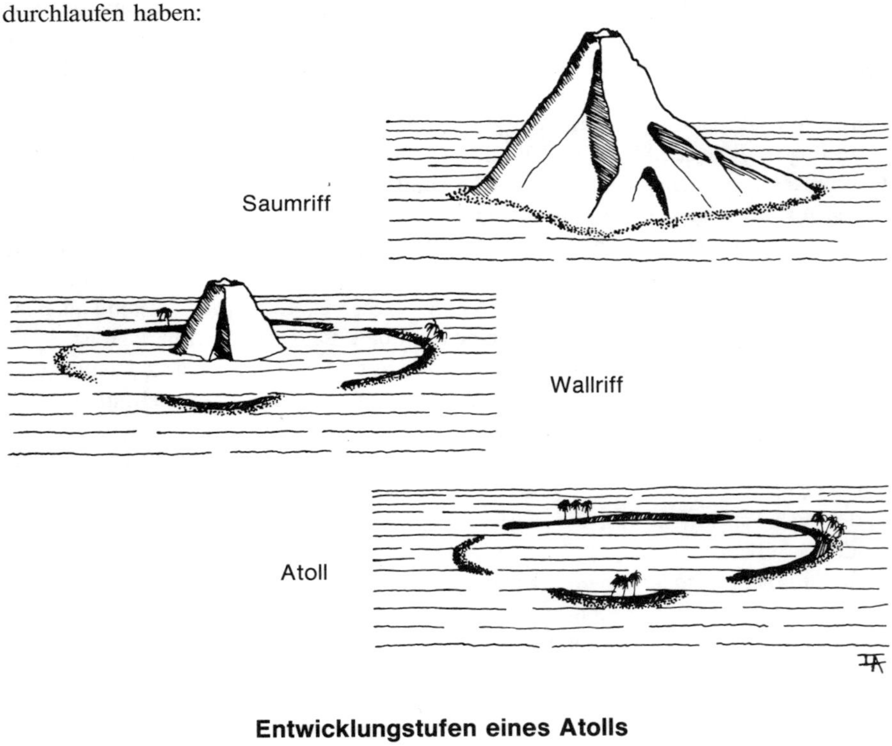

Entwicklungstufen eines Atolls

In Polynesien geben die Inseln Mehetia, Tahiti und Rangiroa ein sehr deutliches Beispiel für diese drei Stadien.

3. Die Eiszeiten schließlich erklären das gegenwärtige Herausragen der Atolle über den Meeresspiegel (glazial-eustatische Theorie von Daly). Jede Eiszeit bewirkte ein starke Vereisung der Pole, was ein Absenken des Meeresspiegels und somit einen Stillstand im Wachstum der Korallen zur Folge hatte.

Dies konnte durch äußerst präzise Methoden der Zeitbestimmung belegt werden.

In Erwärmungsperioden stieg der Meeresspiegel wieder an, und die Korallen begannen erneut zu wachsen. Die letzte Senkung des Meeresspiegels, die vor etwa 3000 Jahren begann, würde die drei Meter hohen, abgestorbenen Korallenbauten erklären, die die Atolle in der Form bilden, wie sie uns heute bekannt sind.

Dieses letzte Auftauchen der Atolle aus dem Meer, ihre Verstreutheit über riesige Wasserflächen, ihr einheitlich kalkhaltiger Boden, das Fehlen von fließenden Gewässern, die salzhaltige Umgebung und der Einfluß der Sturmfluten bedingen die geringe Artenvielfalt an terrestrischer Flora und Fauna.

Etwa 200 Pflanzenarten sind erfaßt, wovon jedoch nur etwa 20 wirkliche Bedeutung haben. Ihr Vorkommen von der Küste bis zur Inselkuppe erfolgt in etwa gemäß nachstehendem Schema:

– Strauchvegetation: ungefähr 10 verschiedene Arten von Pemphis (*miki-miki* auf tahitisch);
– Bäume: ungefähr sechs Spezies, darunter vor allem der Pandang, wobei anzumerken ist, daß der verbreitetste Baum, die Kokospalme, vom Menschen eingeführt wurde;
– Unterholz: Kletter- und Schlingpflanzen.

Die terrestrische Fauna umfaßt: Schildkröten, Eidechsen, Ratten, einige Arten Insekten und Tausendfüßler, Einsiedlerkrebse, Strandkrabben und Palmdiebe. Das ist in etwa auch schon alles.

Bei den Vögeln ist zu unterscheiden zwischen:

– Seevögeln: Seeschwalben, Tölpel, Fregattvögeln sowie die seltener vorkommenden Sturmvögel und Sturmtaucher (zwei oder drei Spezies von jeder dieser Gattungen);
– Standvögel: Silberreiher und – auf einigen Atollen – Sittiche, Tuamotutauben, Grasmücken, ja sogar Nonnensittiche;
– Zugvögel: Alaskastrandläufer und Alaskabrachvögel.

Das große Abenteuer des Lebens spielt sich in einer Atollregion jedoch unter Wasser ab. Es ist hauptsächlich das Abenteuer der Madreporen, der Architekten der Riffe, der größten Bauten unseres Planeten. Das Unterwasserleben ist aber auch das Wuchern der Algen, die manchmal so hart wie Stein sind. Es ist die Welt der Schalentiere, von denen einige tödlich giftig sind. Vor allem aber ist es der Artenreichtum der Fische, bei denen jede Spezies sich auf ihre ganz besondere Weise den Bedingungen angepaßt hat. Der sich für den Südpazifik und die Welt der Atolle interessierende Leser findet nachstehend einige französisch- und englischsprachige Publikationen zu folgenden Themen:

– *Geomorphologie und Lebensformen*

Le Monde vivant des atolls, Société des Océanistes, Musée de l'homme, Paris.
Les Poissons de Polynésie, Bagnis, Mazellier, Bennet & Christian, Editions du Pacifique.
Les Coquillages de Polynésie, Salvat & Rives, Editions du Pacifique.
Guide sous-marin de Tahiti, Bagnis & Christian, Editions du Pacifique.
Requins de Polynésie, Johnson, Editions du Pacifique.
Oiseaux de Polynésie, Thibault & Rives, Editions du Pacifique.
Man and Biosphere Program, Unesco, Bd. VII über die Inselwelten »Ecologie et utilisation rationnelle des écosystèmes insulaires«, Papeete, März 1977.

– *Giftige tropische Fische*

Poisonous and Venemous Marine Animals of the World, Bruce W. Halstead MD, The Darwin Press Inc., Princeton, New Jersey.
Modalités évolutives de la ciguatera en Polynésie française (Manuskript), Dr. Bagnis, Universität Bordeaux.
verschiedene Konferenzprotokolle des Expertenausschusses zur Ciguatera, Südpazifik-Kommission, Nouméa, Neukaledonien.

– *Der Mensch und das Atoll*

L'Atoll, Gorsky, Albin Michel.
Robinson sous-marin, Gorsky, Albin Michel.
Clipperton l'île tragique, Rossfelder, Albin Michel.
A la découverte de mon île, Pomel, Calmann-Lévy.
Hiro des Tuamotu, Pomel, Amiot-Dumont.
L'Ile aux perles noires, J.-C. Brouillet, Laffont.

– *Tropische Unwetter*

MET-MAR, Nr. 120-126, insbesondere die Beiträge von S. Auzeneau und J. Darchen, F. Rougerie und B. Wauthy, R. Berges, G. Cauchard und R. Pascal, Ministère des Transports, Direction de la Météorologie, 77, rue de Sèvres, F-92106 Boulogne-Billancourt, CEDEX.
National Geographic, Bd. 165, Nr. 2, Februar 1984, insbesondere der Beitrag von T. Canby.
La Planète Terre: les tempêtes, A. Whipple u. a., Time-Life, Amsterdam.

Anhang 1

Tropische Niederschlagstätigkeit 1982-1983 im Gebiet von Französisch Polynesien*

von: Serge Auzenau u. Jacques Darchen, französisches Wetteramt

GESCHICHTLICHER ÜBERBLICK

Bedingt durch ihre Seltenheit sind die Französisch Polynesien betreffenden tropischen Phänomene in Europa meist unbekannt. Die geschichtlichen Aspekte dieses Überblicks gründen auf einer vom Wetterdienst für Französisch Polynesien erarbeiteten Studie und sollen einen Eindruck von den manchmal während der heißen Periode des südlichen Sommers (November-April) auftretenden Phänomenen geben.

Für den Zeitraum von 1940 bis 1965 wurden meteorologische Karten herangezogen, die – obwohl zuweilen unvollständig – ein genaues Bild der erfaßten Phänomene abgeben. Ab 1966 sind Aufnahmen von Wettersatelliten die Quelle. Sie wurden in den Folgejahren immer häufiger und mit stets wachsender Qualität erstellt, so daß der Zeitraum von 1970-1979 vollständig katalogisiert ist. Seit einigen Jahren entgeht auch nicht das kleinste tropische Tiefdruckgebiet der Satellitenüberwachung.

Die nachstehende Aufstellung erstreckt sich über den Zeitraum von 1831-1981, wurde also unter Zuhilfenahme sehr unterschiedlicher Quellen erstellt und kann somit erst für die letzten zehn Jahre den Anspruch auf Vollständigkeit erheben.

Von den 44 seit 1831 erfaßten Zyklonen entfielen:

15 auf den Zeitraum von 1831-1940 (also auf 110 Jahre);
10 auf den Zeitraum von 1941-1965 (also auf 25 Jahre);
19 auf den Zeitraum von 1966-1981 (also auf 16 Jahre).

Die jährliche mittlere Häufigkeit scheint mit der Zeit stark anzusteigen. Diese Zunahme ist jedoch nur relativ und erklärt sich durch die Errichtung eines immer

* Diese Studie ist dem Amtsblatt des französischen Wetterdienstes entnommen (*MET-MAR*, Nr. 120, 3. Quartal 1983)

perfekteren Beobachtungs- und Überwachungsnetzes. So kann z. B. gesagt werden, daß vor 1940 nur jene Zyklone in den Archiven ihren Niederschlag gefunden haben, die über einer oder mehrere Inseln wüteten, wohingegen Tiefdruckgebiete, deren Zugrichtung nicht in großem Maße über bewohntem Gebiet lag, nicht berücksichtigt wurden.

Zyklone unterscheiden sich von tropischen Tiefdruckgebieten durch den Wert des mittleren Windes nahe dem Zentrum des Phänomens. Diese mittlere Windstärke wird geschätzt oder gemessen und ist wie folgt definiert:

	Tropisches Tiefdruckgebiet			Tropischer Zyklon
	Schwach	Mäßig	Stark	
Mittlerer Wind	13–17 m/s 25–33 Knoten 46–61 km/h	18–24 m/s 34–47 Knoten 62–87 km/h	25–32 m/s 48–63 Knoten 88–116 km/h	über 32 m/s 63 Knoten 116 km/h

Aufstellung der Phänomene von 1831 bis 1981

21.-22. Dezember 1831: Ein die südlichen Cook-Inseln verwüstender Zyklon manifestiert sich mit seiner Ostkante bis zu den Inseln unter dem Wind.

21. Dezember1843: Starkes Tief (Zyklon?) über den Inseln unter dem Wind (4 Tote auf Raiatea). Große Schäden auf Maupiti, Tahoa, Huahine und Bora-Bora, wo die Seen sogar den Fuß des Gebirges erreicht haben sollen.

22. Januar 1856: Windhose oder Tief über Tahiti: große Bäume werden entwurzelt; die See überspült den Uferbereich.

02. Februar 1865: Ein Sturm oder Zyklon verursacht beträchtlichen Schaden auf den Inseln unter dem Wind, Tahiti (vor allem zwischen Punaauia und Mataeia) und auf den Australen (ein oder zwei Dörfer versinken auf Tubuai in der Sturmflut und werden vernichtet).

18.-19. Januar 1877: Tief über den Gesellschafts-Inseln und den Tuamotu.

06.-07. Februar 1878: Heftiger Zyklon über den westlichen Tuamotu (117 Tote und sehr beträchtliche Schäden).

Februar 1883, 08. Februar 1888, 16. März 1889: Sturmfluten (ohne nähere Angaben).

22. Dezember 1901: Tief über Tahiti; starke Seen überspülen den Uferbereich und zerstören Teile der Kaianlage von Papeete.

14.-15. Januar 1903: Ein Zyklon verwüstet den Norden und das Zentrum der Tuamotu (517 Tote, von denen die Mehrzahl von der Sturmflut davongespült wird; zwei Schoner vermißt und 83 Kutter zerstört).

23.-26. März 1905: Ein starkes Tief oder ein Zyklon erstreckt sich von nördlich der Tuamotu bis östlich von Tahiti. Große Schäden auf den nördlichen Tuamotu (4 Tote in Arutua); 4 Schoner (4 Besatzungsmitglieder ertrunken) und 32 Kutter gesunken; 175 Häuser zerstört. Sachschäden an der Ostküste von Tahiti.

06.-08. Februar 1906: Ein aus NW kommender Zyklon zieht zwischen Tahiti und den Tuamotu durch und dann weiter zu den Gambier. Beträchtliche Schäden auf Tahiti (2 Tote und zahlreiche Verwüstungen durch Sturmflut), vor allem aber auf den Tuamotu (mehr als 150 Tote; zahlreiche Dörfer werden durch See und Wind dem Erdboden gleichgemacht.

01.-03. Januar 1926: Heftiger Regen über Tahiti, wohl bedingt durch ein vorbeiziehendes Tief.

06.-12. Februar 1935: Ein Zyklon verursacht beträchtliche Verwüstungen auf den südlichen Cook-Inseln. Lediglich sein Ostrand streift die Gesellschafts-Inseln.

25.-27. Februar 1937: Ein von den südlichen Cook-Inseln kommendes Tief zieht über die Australen. Sehr starker Wind und hohe See auf Tahiti.

06-08. Februar 1940: Tief zwischen Tahiti und den Australen. Am 09. sehr starke Dünung im Hafen von Papeete.

29.-31. Dezember 1940: Ausgeprägtes Tief im Norden von Tahiti, wo der ONO-Wind Sturmstärken erreicht (> 90 km/h).

16.-18. Februar 1941: Ausgeprägtes Tief westlich von Tahiti, beträchtlicher Schaden auf Uturoa, vor allem auf Bora-Bora durch Wind (> 95 km/h) und hohe See. Tahiti ist weniger betroffen. Starke Dünung in der Durchfahrt von Papeete. Der Schoner *Téréoroa* mit Kurs Raiatea sinkt.

15.-17. Februar 1947: Offensichtlich relativ schwaches Tief über den Gesellschafts-Inseln. Geringe Schäden auf Tahiti.

04.-07. Januar 1955: Ein schwaches Tief nahe den Inseln vor dem Wind wandert zu den südlichen Cook-Inseln. Sehr starke See in Mopelia.

10.-12. März 1955: Ein Tief im Süden der Gesellschafts-Inseln gewinnt westlich von Rimatara an Stärke (in der Nacht vom 11. auf den 12.); Böen > 100 km/h, sehr starke See bei Rurutu.

18.-21. November 1956: Schwaches Tief am 20. nördlich der Australen und am 21. nahe Rapa.

19.-21. Januar 1958: Das sich am 19. nördlich von Huahine bildende Tief wandert auf einer Linie zwischen Makatea und Tahiti. NW-Dünung bei Makatea mit Höhen von 5-7 m.

26.-28. Januar 1959: Starkes Tief westlich der Gesellschafts-Inseln, dann über Rurutu, Böen von 115 km/h über Bora-Bora. Auf der in Nähe befindlichen *Jeanne d'Arc* werden sogar 146 km/h gemessen. Starke und sehr hohle See. Durchfahrt von Papeete vom 27. bis 29. unpassierbar.

09. Januar 1960: Mäßiges Tief über den Gesellschafts-Inseln und im Norden der Tuamotu. Böen von 100 km/h auf Makatea mit starker Norddünung (Höhe > 4 m).

09.-13. März 1961: Mäßiges Tief über den Gesellschafts-Inseln und dem Norden der Tuamotu. Böen > 100 km/h auf Bora-Bora, starke See.

29.-31. Januar 1966: Ein mäßiges Tief wandert sehr schnell von den südlichen Cook-Inseln in Richtung östliche Australen, dann nach Rapa.

16.-20. Dezember 1967: Ein am 16. nahe den Ellice-Inseln[1] gelegenes Tief wandert dann als namenloser Zyklon über die Cook-Inseln. Zentrum des Phänomens am 18. abends 300 km SW von Rimatara, Böen mit geschätzten 160 km/h. Die zyklonale Dünung erfaßt zahlreiche Lagunen mit Ausnahme der Marquesas und der nördlichen Tuamotu.

03.-07. März 1968: Schwaches Tief über den Inseln unter dem Wind, dann über Hereheretue und den Australen.

21.-25. Januar 1970: Ein kleines Tief verursacht geringe Schäden auf den Atollen westlich der Tuamotu.

20.-24. Februar 1970: Der Zyklon Dolly wandert westlich der Neuen Hebriden[2] am 23. südwestlich der Australen vorbei und verlagert sich dann südlich von Rapa. Die Dünung führt zu einigen Schäden in Polynesien.

27. Februar – 05. März 1970: Der Zyklon Emma wandert von nördlich der südlichen Cook-Inseln heran, zieht am 02. März nahe Mopelia, am 03. nahe Rurutu, am 04. nahe Tubuai und am 05. im Süden von Rapa vorbei. Die See steigt um 3 m auf Rurutu (wo sie zuweilen bis zu 400 m tief in das Land eindringt), um 2-3 m auf Tubuai, um 2 m auf Bora-Bora und um 1 m auf Tahiti. Böen mit stellenweise von 120 bis 160 km/h fegen von den Gesellschafts-Inseln bis westlich der Australen, wo ein Schwerverletzter und zahlreiche Schäden zu beklagen sind.

16.-19. Dezember 1971: Ein schwaches Tief wandert von den Gesellschafts-Inseln bis westlich der Australen.

16. März 1974: Sehr kurzlebiges Tief namens Stella zwischen den Inseln unter dem Wind und den südlichen Cook-Inseln.

02.-06. Februar 1976: Das Tief Frances über dem Norden der Gambier wird nach Passieren der Australen zum Zyklon. Böen von 105 km/h auf Mururoa. Keine Sturmflut (vgl. *Met-Mar,* Nr. 92).

15.-20. April 1977: Ein Tief wird zum Zyklon Robert. Seine Ausmaße bleiben jedoch klein. Er wandert von südlich der Line-Islands nach westlich von Mopelia, dann nach nördlich der Australen und nach südlich der Gambier. Ein Schoner meldet am 20. zwischen Tahiti und den Australen Seen von 10-11 m.

06.-10. Dezember 1977: Das zunächst schwache Tief Tessa wandert aus der Gegend von Penrhyn kommend zwischen Takaroa und Puka-Puka durch und dann nördlich von Reao weiter.

16.-20. Februar 1978: Das starke Tief Diana bildet sich im NW der Inseln unter dem Wind. Es zieht hart südlich an Mopelia (Böen von 110-115 km/h), südlich an Raiateau und dann westlich an Rimatara vorbei. Zahlreiche Schäden auf den Inseln unter dem Wind.

16.-27. Februar 1978: Der sehr heftige Zyklon Charles bildet sich westlich der südlichen Cook-Inseln, wo die mittleren Winde eine Stärke von 115 km/h erreichen. Seine stark nach Westen verlaufende Zugrichtung spart Französisch Polynesien aus.

---

[1] Die heutigen Tuvalu; die Wetterstationen werden von Neuseeland betrieben.

[2] Das heutige Vanuatu.

27.-29. Dezember 1980: Das starke Tief Diola erstreckt sich vom Zentrum der Tuamotu bis in den Süden, dann auch in den Südwesten des Archipels. Starke Winde um 120 km/h verursachen Seen von 6-8 m, die teilweise die Atolle überspülen. Beträchtliche Sachschäden.

12.-17. Januar 1981: Ein schwaches Tief erstreckt sich von südwestlich Mopelia bis zu den Australen. Keine nennenswerten Schäden.

05.-08. März 1981: Ein mäßiges Tief von beschränktem Ausmaß erstreckt sich von südlich Mopelia bis westlich der Australen. Sachschäden vor allem im Zentrum der Australen.

09.-13. Mai 1981: Ein zum Zyklon Tahmar werdendes Tief nähert sich bis auf 180 km/h südlich von Tahiti, dann bis auf 300 km südwestlich von Hereheretue, bevor es sich westlich der Australen auflöst. Sehr beträchtliche Schäden auf den Gesellschafts-Inseln, bedingt durch Wind und starken Regen, weniger Auswirkungen auf den Australen, jedoch von großem Einfluß auf die Atolle der Tuamotu (wie Anaa) durch Sturmfluten.

17.-24. März 1981: Das zunächst mäßige, dann starke Tief Fran erstreckt sich von westlich der Gesellschafts-Inseln bis zum Tubuai-Archipel. Böen zwischen 90 und 130 km/h. Keine Opfer, jedoch verbreitet beträchtliche Sachschäden; Überschwemmungen auf Tahiti; auf Rurutu wird die Ernte zu 50 % venichtet, 21 Häuser werden auf den westlichen Australen abgedeckt, wo die Seen örtlich einige 100 m tief in das Land eindringen. Geringere Schäden auf Tubuai und Rapa.

Allgemeine Betrachtungen:

Starke tropische Tiefs und Zyklone sind in Französisch Polynesien relativ selten. Ihre Intensität ist wesentlich geringer als die der Taifune, Zyklone oder Stürme des Indischen Ozeans, des Atlantiks oder des Westpazifiks. Die mittleren Winde erreichen selten mehr 100 bis 120 km/h und dauern oft weniger als 24 Stunden an einem gegebenen Ort an.

Die zerstörerische Wirkung der zum Teil heftigen Winde ist jedoch nicht in dem Maß zu fürchten wie die der Sturmfluten. Atolle, deren mittlere Höhe über dem Meeresspiegel sehr gering ist, sind daher besonders gefährdet.

Die Katastrophen von 1878, 1903 und 1907 (mit 117, 517 bzw. 150 Opfern), die über die Tuamotu hereinbrachen, gehören der Geschichte an. Die neueren Phänomene vom November 1980 (Diola im Südosten des Archipels) und vom März 1981 (Tahmar im Südwesten auf offener See) zeugen allerdings von der Allgegenwart des Risikos. Wäre die Zugrichtung von Tahmar etwa 200 bis 300 km weiter östlich gelegen gewesen, wären die Auswirkungen wohl ähnlich wie 1878 oder 1906 gewesen.

Somit kann davon ausgegangen werden, daß mehrere Male pro Jahrhundert zwischen November und April (südlicher Sommer) tropische Unwetter vom Typ Tahmar

– mit mittleren Winden von 100 bis 120 km/h für mehrere Stunden am Tag und

– Sturmfluten über einen bis mehrere Tage mit Seen von 8 bis 10 m Höhe
sich an irgendeinem Ort ereignen werden.

Auf den Marquesas scheint das Risiko gering. Von den Tuamotu bis zu den Gesellschafts-Inseln kann die Zahl derartiger Phänomene pro Jahrhundert auf 4 bis 8 (mit steigender Tendenz von Nordost nach Südwest) geschätzt werden. Auf den Australen schließlich muß einmal alle zwei bis drei Jahre mit einem zyklonalen Ereignis von hoher Intensität gerechnet werden.

DER TROPISCHE ZYKLON

Definition

Nach gängigem Verständnis sind Zyklone Wirbelsysteme aus den Seegebieten der niedrigen Breiten. Der Wind bläst mit einer Geschwindigkeit, die Orkanstärke erreicht, je näher man dem zyklonalen Zentrum kommt, in dem extrem niedriger Druck herrscht. Im Zentrum selbst, dem »Auge« des Zyklons, das von geringem Durchmesser ist (oft nur einige Seemeilen), wird der Wind still oder leicht veränderlich. In der gesamten zyklonalen Störung sind mächtige, stark regenhaltige Wolkenformationen anzutreffen. Lediglich das Auge kann eine geringe Bewölkung aufweisen. Zyklone gehen oft einher mit Sturmfluten, die an Küsten eine besondere Gefahr darstellen. Zyklonale Störungen erstrecken sich auf einige hundert Seemeilen und erreichen zuweilen in abgeschwächter Form auch höhere Breiten. Die mittlere Zuggeschwindigkeit beträgt um die zehn Knoten, kann bei geradliniger Zugrichtung allerdings auch wesentlich höher zu liegen kommen.

Es ist bekannt, daß die beiderseits des Äquators auf mehr als 45° gelegene intertropische Zone maximaler Sonnenbestrahlung ausgesetzt ist. Somit nehmen die oberen Schichten des Ozeans große Mengen Sonnenenergie auf, die in Wärme umgewandelt schließlich größtenteils durch Wärmestrahlung, vor allem aber Verdunstung wieder in die Atmosphäre abgegeben werden.

Allerdings scheint es, daß die so im Meer angesammelten thermischen Reserven größer sind als die Verluste, die sich durch die oben erwähnte klassische Art ergeben, und daß »Sicherheitsventile« notwendig sind, um ein Gleichgewicht zwischen thermischen Gewinnen und Verlusten herzustellen, zumal die thermische Bilanz des Globus und damit auch der Meere Null ist – zumindest im zeitlichen Maßstab eines Menschenlebens.

Eines dieser Druckventile für einen Überschuß an Energie ist zweifellos der tropische Zyklon – ein thermischer Mechanismus, der in außergewöhnlicher Weise über eine besondere Dynamik verfügt.

Entstehung und Entwicklung

Bestimmte Faktoren begünstigen die Bildung von Zyklonen. Dabei sind fünf besonders ausschlaggebend:
1. die *Temperatur des Meeres* muß über eine große Fläche und in ausreichender Tiefe mehr als 27°C betragen;
2. die *Corioliskraft* (die Ablenkung von der Erdrotation) muß gering, darf aber nicht gleich Null sein;
3. eine *vertikale Verscherung* von schwachen Winden muß gegeben sein;
4. eine *Konvergenz der Luft* muß an der Oberfläche und in der unteren Troposphäre stattfinden;
5. eine *Divergenz der Luft* muß in der oberen Troposphäre erfolgen.

Temperatur des Meeres

Wenn man sagt, daß das Meer den Kraftstoff (t > 27°C), ja sogar einen Superkraftstoff (t > 30°C), für den Zyklon beinhaltet, so muß zum besseren Verständnis jedoch angemerkt werden, daß die Zuführung dieses Kraftstoffes nicht so direkt erfolgt wie an einer Tankstelle. Der Zyklon schöpft den wesentlichen Teil seiner Energie aus der *planetaren Grenzschicht*. Diese wird vom Meer erwärmt und durchfeuchtet. In tropischen Seegebieten reicht sie von der Wasseroberfläche bis in eine Höhe, die nie unter 1000 Meter zu liegen kommt. Je wärmer das Meer ist, um so größer sind Erwärmung und Durchfeuchtung der Schicht – und um so heftiger ist der Zyklon, der ja nun einen angereicherten Kraftstoff nutzen kann.

Der Zyklon verfügt über einen wahren Heißhunger, und die thermischen Reserven des Meeres müssen in der Lage sein, diesen zu stillen. Geht man hier von dem Begriff »Speicher« aus, so ist sich dieser sowohl in seiner räumlichen Ausdehnung als auch in einer gewissen Tiefe vorzustellen.

Untersuchungen, die in den 70er Jahren im Atlantik durchgeführt wurden, die jedoch auch auf andere tropische Gebiete übertragbar sind, haben gezeigt, daß die Ausdehnung des für die Entstehung von Zyklonen günstigen Thermikfeldes nicht unter $8{,}5 \times 10^6$ km^2 (etwa 16mal so groß wie Frankreich) zu liegen kommen darf, wobei die Häufigkeit von Zyklonen mit der Ausdehnung wächst.

Diese Untersuchungen ergaben ebenfalls, daß ein allgemeines Absinken der Meerestemperatur um 4°C tropische Störungen vollkommen unterbinden würde, wohingegen bereits ein Anstieg von wenigen Zehntel Grad nicht nur die Häufigkeit, sondern auch die jeweilige Dauer dieser Phänomene anwachsen ließe.

Die Bedingungen in der Tiefe sind ebenfalls von besonderer Bedeutung.

Erinnern wir uns, daß hinsichtlich der thermischen Tiefenstruktur Meere in drei Hauptschichten gegliedert werden können:
1. die *ozeanische Störungszone,* die das Gegenstück zur planetaren Grenzschicht ist und deren Mächtigkeit einige zehn Meter betragen kann;
2. die *Übergangsschicht,* die darunter zu liegen kommt und sich auf einige hundert bis einige tausend Meter Tiefe erstreckt;

3. die *Tiefenschicht,* die ebenfalls von großer Mächtigkeit sein kann.

In dieser Anordnung unterscheidet man noch zwei bedeutende thermische Unstetigkeiten, die *Sprungschichten* (engl.: thermoclines).

Die erste, *saisonal* genannt, ist trotz dieser Bezeichnung fast das ganze Jahr über weite Gebiete anzutreffen. Sie trennt die ozeanische Störungszone von der Übergangsschicht.

Die zweite, *permanent* genannt, trennt die Übergangsschicht von der Tiefenschicht und überdeckt häufig einen Großteil, ja sogar die Gesamtheit der Tiefenschicht.

Der Speicher, aus dem der Zyklon seine Kraft schöpft, wird durch die ozeanische Störungsschicht gebildet, in der Energie solaren Ursprungs angesammelt ist. Der »Kraftstoff« muß angereichert – mit einer Temperatur von mehr als 27°C – und in ausreichender Menge vorhanden sein.

Es erscheint gegenwärtig gewagt, Werte für die kritische minimale Mächtigkeit der ozeanischen Störungszone und für die Art des günstigsten thermischen Gehaltes zur Bildung von Zyklonen zu geben. Der eine Zyklon kann sich bei relativ geringer Mächtigkeit (30 m) und hohem Gehalt (30°C) herausbilden, während ein anderer knapp über der Definitionsgrenze zum Orkan liegen kommt, weil er seine Kraft aus einer zwar mächtigen Schicht (80 m), aber mit nur geringem thermischen Gehalt (26-27°C) schöpft...

Seegang

Die Zyklonen häufig vorausgehende Dünung ist eines der ersten Zeichen, an denen diese Phänomene erkannt werden können.

Die Bewohner von Küsten und Inseln sollten somit in ihrem eigenen Interesse dem Wetterdienst melden, wenn eine Dünung anormal ist, d. h. wenn sie lang und regelmäßig ist und wenn sie sich am Ufer bricht. Auch die Richtung der Dünung sowie Abweichungen von dieser Richtung sollten beobachtet werden, da diese mit der Zugrichtung des Zyklons übereinstimmt bzw. eine Verlagerung des Phänomens erkennen läßt.

Die größten Wellen erreichen leicht eine Höhe von 10 bis 15 Metern, bevor sie in den Bereich von Untiefen kommen. Sie werden von den Winden im Sektor unmittelbar links der Bewegungsrichtung erzeugt. Die Winde wehen somit in Zugrichtung des Zyklons und sind wesentlich beständiger als die umspringenden Winde der anderen Sektoren.

Sturmflut

Die Sturmflut ist die gefährlichste Begleiterscheinung eines tropischen Zyklons. Sie äußert sich durch einen mehr oder weniger großen Unterschied zwischen dem mittleren Wasserstand und dem, der sich durch das Phänomen der astronomischen Flut ergibt.

Ein Sturm, ob tropisch oder nicht, äußert sich durch minimalen Druck in einem Gebiet von einigen hundert bis einigen tausend Kilometern Durchmesser. Durch den barometrischen Effekt wird die See unter dem Tief angehoben, was noch verstärkt wird durch die dynamischen Effekte des Windes, der mit dem Tief einhergeht, sowie durch dessen Verlagerung.

Somit bildet sich eine Welle heraus, deren innerer Mechanismus dem der astronomischen Flut entspricht und deren Höhe abhängig ist vom barometrischen Tief, von dessen Verlagerungsgeschwindigkeit, den geometrischen Merkmalen des ozeanischen Becken usw.

Aktive Überwachungsmaßnahmen

Es wird nun gut verständlich, daß für die Vorhersage über die Häufigkeit und die Intensität von zyklonalen Störungen in einem bestimmten Gebiet die thermischen Bedingungen des Meeres in ganz besonderer Weise überwacht werden müssen. Dies betrifft vor allem jene Gebiete, in denen das Beobachtungsnetz lückenhaft ist. Es wäre daher interessant, von den wenigen dort verkehrenden Schiffen mindestens alle drei Stunden Messungen der Oberflächentemperatur und – wenn möglich – der Tiefentemperatur in besonders verdächtigen Sektoren zu erhalten. Darüber hinaus wird die Datenverarbeitung in Zukunft wohl stärker zum Einsatz kommen. Die gegenwärtig verwendeten Modelle dürften sogar hinsichtlich einer präziseren Vorhersage noch verfeinert werden. Augenblicklich geht die Tendenz hin zu einer stärkeren Nutzung von Satellitendaten. Sollten diese Maßnahmen keine sehr präzisen punktuellen Werte liefern können, so zeigen sie doch immerhin relative Werte auf, aus denen sich Zuführung von Luftmassen oder thermisch erkennbare ozeanische Strömungen herauslesen lassen.

Schon 1982 wurde im Südpazifik ein beträchtliches Ansteigen der Meerestemperatur festgestellt, das sich 1983 fortsetzte. Leider konnte diese Anomalie nicht rechtzeitig entdeckt werden, da nach dem Ausbruch des mexikanischen Vulkans El Chichon, am 04. April 1982, eine Staubwolke die Atmosphäre durchwanderte, die die Satellitenortung dahingehend beeinträchtigte, daß sie die Werte der Infrarotstrahlung (Temperaturen) verfälschte.

Der Anstieg der Meerestemperatur entsprach einem Phänomen von großen Ausmaßen und ganz außergewöhnlichen Verhältnissen.

DER ZEITRAUM 1982-1983

Die Menschen Polynesiens können sich an keinen anderen Zeitraum mit diesen Auswirkungen erinnern. Sechs tropische Phänomene in fünf Monaten, darunter fünf Zyklone (Winde von mehr als 63 Knoten), zogen jeweils für lange Dauer über alle Teile der Archipele. Dies gab den bisher üblichen Betrachtungen der klimatologischen

Bedingungen, die eher den Klimatabellen eines Reiseprospektes entsprachen, einen anderen Beigeschmack[1].

Die Medien im französischen Mutterland berichteten zwar über die Launen von Mutter Natur in jenen entfernten Überseegebieten, jedoch in einer beiläufigen Form, die für Nachrichten aus den Antipoden üblich ist. Die Berichte des staatlichen Wetterdienstes vor Ort geben allerdings ausführlich einen Eindruck davon, daß es in Polynesien zu einem größeren Phänomen kam, das sich in eine Kette von Ereignissen von planetarischen Ausmaßen einreiht.

Lisa (starkes tropisches Tief)

Die Störung, aus der Lisa entstand, bildete sich in einem Gebiet von heftiger Instabilität heraus. Hierbei handelte es sich um das einzige Phänomen in diesem Zeitraum, das auf klassische Weise entstand.

Westnordwestlich von Penrhyn, einer kleinen Koralleninsel mit einer von Neuseeland betriebenen Wetterstation, baute sich ein kleines Tief auf, das vom 10. auf den 11. Dezember 1982 an Heftigkeit gewann und sich Bora-Bora näherte. Es zog jedoch 60 Seemeilen südwestlich der Insel vorbei, auf der allerdings der Druck auf 995 hPa (Hektopascal) sank. Der Wind erreichte 85 km/h (45 Knoten), in Böen 110 km/h (60 Knoten). Die Niederschlagsmenge war beträchtlich: zwischen dem 08. und 13. Dezember wurden 262 mm verzeichnet. Zum Vergleich führen wir hier an, daß in Paris im August, einem ausgesprochen regenreichen Monat, 80 mm Niederschlag fielen.

Lisa wanderte dann über die Gesellschafts-Inseln, wobei die Zugrichtung nach Südsüdwest verlief. Am 12. Dezember befand sich Lisa 110 Seemeilen westsüdwestlich von Tahiti. Der Druck sank bis auf 1002 hPa in Faaa, wo der Wind mit 65 km/h (35 Knoten) bei Böen von 85 km/h (45 Knoten) blies. An der Küste von Tahiti zwischen Pointe de Vénus und Faaa soll der Wind jedoch eine Geschwindigkeit von 95 km/h (50 Knoten) mit Böen von 120 km/h (65 Knoten) erreicht haben. Niederschläge fielen reichlich: 506 mm in sechs Tagen in Faaa bei einem monatlichen Mittel von 264 mm.

Die leichte Nordostdünung, die in störungsfreien Zeiten an den exponierten Küsten der Gesellschafts-Inseln festzustellen ist, gewann erheblich an Stärke. Gleichzeitig formte sich eine Sturmflut heraus, die die Küste von Tahiti erreichte.

Zu beklagen waren auf den Gesellschafts-Inseln zwei Tote und beträchtlicher Sachschaden, vor allem auf Tahiti und Moorea.

Eine aus Los Angeles kommende DC 10 der Fluggesellschaft UTA mußte nach Hao umgeleitet werden. Beim Landeanflug geriet die Maschine in heftige Turbulenzen. Der Luftverkehr zwischen den Inseln war somit ebenfalls unterbrochen.

Lisa wanderte auf einer Route, die einem umgekippten »S« glich. Die Australen wurden verschont. Starker Niederschlag war allerdings auf Rurutu zu verzeichnen.

[1] Wir berücksichtigen hier nicht eine siebte Störung namens Tomasi, die sich Ende März im Südwesten der Line Islands herausbildete und dann in Richtung auf die Cook-Inseln zog.

Schließlich wurde das Phänomen im Westen der Australen fast stationär und verlor seine tropischen Merkmale.

Nano (tropischer Zyklon)

Über den Marquesas, also in einer für die Entstehung von Zyklonen ganz ungewöhnlichen Zone, bildete sich diese schreckliche Störung heraus, die auf der Bahn eines kippenden »S« über die Inseln der Tuamotu und der Gambier hinwegfegen sollte. Um sich an ein entsprechendes Phänomen zu erinnern, muß man 75 Jahre in der Geschichte zurückgehen.

Seit mehreren Wochen schon ließ sich eine starke Aktivität in der intertropischen Konvergenzzone zwischen den nördlichen Cook-Inseln und den Marquesas, zwischen 5 und 15° Süd, beobachten, als, ab dem 19. Januar von Windböen begleitet, heftige Regenfälle über die Marquesas niedergingen. Örtlich wurden auf Nuku Hiva in 48 Stunden 400 mm erreicht. Die Sachschäden waren beträchtlich: Hochwasser ließ die Flüsse über die Ufer treten, Hänge rutschten ab, Plantagen wurden zerstört. Der atmosphärische Druck fiel beängstigend, auf den Satellitenbildern ließ sich jedoch keine verdächtige Formation erkennen.

Während des 22. Januar nahmen die Wolken ihre klassische Spiralform ein. Der Druck sank weiter, und Nano, ein starkes tropisches Tief, setzte sich mit allgemeiner Richtung Süd in Bewegung. Am 24. erreichte Nano mit seiner gefährlichen halbkreisförmigen Front Puka-Puka, wo durch den Wind mit Böen von 126 km/h (68 Knoten) die meisten Häuser abgedeckt wurden. Wenig später erreichte das Wirbelsystem die Kategorie eines Zyklons.

Der Zyklon zog über Fangatau und fegte dann am 25. über Hao hinweg. Es wurden kurz vor dem Durchzug des Auges Winde von 120 km/h (65 Knoten) mit Böen von 155 km/h (85 Knoten) verzeichnet. Der Druck sank auf 980 hPa. Das Meer rannte gegen das Atoll mit Wellen an, die sich auf einer durch die Sturmflut anormal erhöhten Meeresfläche gebildet hatten. Sie erreichten eine Höhe von 15 Metern und schlugen drei große Schneisen von 60 Metern Länge und 20 Metern Breite in das Dorf Otepa. Die Wellen der Lagune wurden auf 4 Meter Höhe geschätzt.

Der Flugplatz wurde von den Seen mit riesigen Korallenblöcken übersät; eine Betonmauer zum Schutz der Piste brach zusammen.

Die 1000 Menschen zählende Zivilbevölkerung des Atolls flüchtete sich in die militärischen Anlagen, die den Unbilden der Natur am besten zu widerstehen schienen.

Die Schäden auf Hao waren beträchtlich: das Dorf Otepa war dem Erdboden gleich, die Basis des Versuchszentrums Pazifik war stark in Mitleidenschaft gezogen.

Wie jedes tropische Phänomen äußerte sich Nano auch im weiteren Umkreis seiner Zugrichtung. Reao und Hereheretue, die jeweils immerhin ungefähr 280 Seemeilen (500 km) beiderseits der Bahn lagen, verzeichneten Wellen von geschätzten 5 bis 7 Metern.

Auf Tureia ist von den während des Durchzugs am 26. gemachten Aufzeichnungen nichts mehr vorhanden, denn Meer und Wind rissen alles, auch die Wetterstation, mit sich. Die Wellen wurden auf 16 bis 18 Metern geschätzt – sie haben das Atoll buchstäblich überflutet. Auf Mururoa, 230 Seemeilen (130 km) südsüdwestlich von Tureia, registrierte man Winde von 108 km/h (58 Knoten) und einen Druck von 1001,6 hPa.

Insgesamt haben alle Atolle zwischen 15 und 20° Süd und zwischen 125 und 143° West stark gelitten. Besonders nach Osten und Norden exponierte Küsten wurden von der Sturmflut und der entfesselten See überspült.

Nach Tureia erreichte das Phänomen Meeresgebiete mit geringeren Wassertemperaturen, schwächte sich ab und zog nahe Marutea im Norden der Gambier vorbei, wo der Anämometer nur noch Winde mit 78 km/h (42 Knoten) feststellte.

Der schnell nach Südosten vorgedrungene Zyklon Nano verlor seine tropischen Merkmale nahe der Insel Pitcairn jenseits des 25. Breitengrads Süd.

Orama (tropischer Zyklon)

Ebenfalls in den Gewässern der Marquesas, allerdings diesmal im Norden des Archipels, entwickelte sich ab dem 10. Februar eine Störung, aus der der Zyklon Orama entstehen sollte.

Mit einer Geschwindigkeit von um die 10 Knoten (20 km/h) setzte sich das Phänomen ab dem 13. in Bewegung und beschrieb einen weiten Bogen, der es am 17. in den Westen der Tuamotu brachte. Der Druck fiel langsam. Die Route führte nun nach Osten. Orama überquerte ein erstes Mal den Archipel im Norden, bevor er einen neuen Bogen beschrieb, um dann nach erheblichem Druckabfall über die gleichen Gebiete der Tuamotu in umgekehrter Richtung zu wandern.

Am 22. Februar ging die Störung innerhalb weniger Stunden von einem gemäßigten tropischen Tief in einen ausgewachsenen Zyklon über.

Nachdem Orama mit seinen Randausläufern Napuka gestreift hatte, wanderte er über Takapoto, wo im Auge ein Druck von 975 hPa gemessen wurde, dann weiter über Manihi und Ahe und setzte seine Route im Anschluß über die Atolle der Tuamotu fort. Nahe dem Zentrum wurden die Winde auf 120 bis 150 km/h (65 bis 80 Knoten) geschätzt; eine sechs bis acht Meter hohe Dünung brach sich an den exponiertesten Küsten.

Am 23. zog Orama ein zweites Mal – diesmal jedoch mit voller Kraft – in unmittelbarer Nähe von Rangiroa vorbei, bevor er sich durch Beschreiben einer engen Kurve abschwächte. Diese Kurve bewirkte – klassisch – eine Herabsetzung der Zuggeschwindigkeit auf 3 bis 4 Knoten (6 bis 7 km/h).

Nachdem der Zyklon erneut Kraft geschöpft hatte, setzte er seine Wanderung auf einer allgemeinen Route Südwest fort. Seine Zuggeschwindigkeit stieg rasch an und erreichte – ebenfalls klassisch – auf der geradlinigen Bahn 25 Knoten (45 km/h).

Nach dem Streifen Rangiroas schien Orama Gefallen daran gefunden zu haben, systematisch über möglichst viele Atolle zu ziehen. So wanderte das Auge hintereinander über Makatea, Anaa und Hereheretue.

Am 25. Februar lag der Zyklon über Anaa. Der Druck fiel auf 950 hPa, die Winde erreichten 180 km/h (96 Knoten), eine Sturmflut ergoß sich über das Atoll. Die Bevölkerung hatte sich in die Kirche geflüchtet, in der das Wasser schon einen Meter hoch stand, als der Wind das Dach mit sich riß. Damals konnte noch niemand wissen, daß die Menschen es schon bald mit einem neuen Zyklon, Reva, zu tun bekommen sollten.

Der Luftverkehr war in dem gesamten Raum während dieser Zeit lahmgelegt. Auch die Schiffahrt war erheblich gestört und hatte einen hohen Tribut zu entrichten: Schiffbruch des Schoners *Tamarii Tikehau,* fünf Verschollene, mehrere Fischerboote sanken.

Das Schiff *Ruahatu* und der Schoner *Tamarii Tuamotu,* die im Lee von Anaa Zuflucht gesucht hatten, gerieten nach einem plötzlichen Abschwenken des Zyklons in sein Auge, kamen jedoch ohne Schaden davon. Die *Ruahatu* meldete sogar in diesen Momenten noch präzise Beobachtungsergebnisse an den Wetterdienst: *vor Durchzug des Auges:* Druck 978 hPa, Wind Nordnordwest mit geschätzten 130 km/h (70 Knoten), Wellen 12 Meter; *im Auge:* Druck 957 hPa, Wind Nord mit 20 km/h (10 Knoten).

Die *Rostand,* die sich am 28. Februar bereits in Sichtweite von Mururoa befand, mußte bis zum 02. März ausharren, um in die Durchfahrt des Atolls einlaufen zu können. Erst dann besserte sich der Seegang, obwohl der Zyklon schon lange zuvor in den hohen Süden abgewandert war. Dies gibt einen Eindruck von der Beständigkeit des Seegangs bei bestimmten Bedingungen.

Während Orama über die Tuamotu zog, hatte die Fregatte *Enseigne-de-Vaisseau-Henry* (Kommandant: Fregattenkapitän Michel Fréville) der Kriegsmarine – wie schon bei Nano – den Auftrag, sich nicht nur um die Bevölkerung der betroffenen Inseln zu kümmern, sondern auch dem Wetterdienst Beobachtungsergebnisse mitzuteilen, da die Wetterstationen zerstört waren und dringend Informationen benötigt wurden.

Die Fregatte hatte zusätzlich einen Meteorologen an Bord und verblieb unter schwierigsten Bedingungen mehrere Tage auf hoher See und übermittelte stündlich ihre Beobachtungen. Am 25. befand sie sich auf der Suche nach den Schiffbrüchigen der *Tamarii Tikehau* und lieferte so präzise Angaben über die Position und die Merkmale des Auges, das auf ihren Radarschirmen bestens auszumachen war. Demnach war der Durchmesser des Auges beträchtlich: 42 Seemeilen (80 km).

Dank der Kriegsmarine konnte der Wetterdienst von Polynesien auch eine einmalige Gelegenheit wahrnehmen: ein Marineflugzeug vom Typ *Neptune,* das im Rettungseinsatz war, näherte sich am 25. dem zyklonalen Zentrum und beobachtete und übermittelte dessen Merkmale.

Orama löste sich Ende Februar in der atmosphärischen Zirkulation der *roaring forties*[1] auf.

---

[1] *Roaring forties:* zu deutsch: Brüllende Vierziger; ein Bereich zwischen dem 40. und 50. Breitengrad Süd, in dem starke Westwinde herrschen.

Reva (tropischer Zyklon)

Anfang März 1983 erstreckte sich ein weitläufiges Tiefdruckgebiet von den nördlichen Cook-Inseln bis zu den Marquesas. Es führte sintflutartige Regenfälle mit sich. In Atuona wurden vom 09. Februar bis 08. März 1,30 Meter Niederschläge verzeichnet. Auf der von Gauguin und Jacques Brel so geliebten Inselgruppe ist die Niederschlagsmenge ansonsten sehr geringfügig, während des Sommers 1982/83 wurden die Marquesas unter den Wassermassen jedoch förmlich ertränkt. Die für Dezember/Januar/Februar gemessenen Mengen lagen je nach Gebiet fünf- bis achtmal über dem Mittel. Für die Inseln bedeutete dies Überschwemmungen, Bodenauswaschungen, Erdrutsche, vernichtete Ernten...

Die Meerestemperatur, in der die Ursache für diese Phänomene gesehen wird, blieb hoch.

Die böse Vorahnung wurde zur Gewißheit, denn Orama war kaum in den hohen Süden gezogen, als sich am 01. März wiederum im Norden der Marquesas ein barometrisches Minimum abzeichnete, das zunächst die gleiche Route wie die vorausgegangene Störung einschlug.

So wanderte Reva, am 08. März mit Zentrum im Nordwesten der Tuamotu, nach Südwesten in Richtung Rangiroa. Der Druck sank rasch, und noch am gleichen Tag wurde das Stadium eines Zyklons erreicht. Der Druck im Zentrum wurde auf 970 hPa geschätzt. Die Winde wehten nahe dem Zentrum mit Geschwindigkeiten von 120 km/h (75 Knoten) bis 140 km/h. Die sich an den Atollen brechende Dünung betrug den Schätzungen zufolge fünf bis sechs Meter.

Zwischen dem 10. und 12. März beschrieb der Zyklon einen haarnadelkurvigen Bogen und drehte dann zunehmend in den Seekanal zwischen den Tuamotu und den Gesellschafts-Inseln ab.

Das Auge war in diesem Stadium noch von großem Ausmaß. Die *Enseigne-de-Vaisseau-Henry,* die mittlerweile unter dem Kommando von Fregattenkapitän Gérard Larroque stand, der seine neue Verwendung unter unvergeßlichen Bedingungen aufnahm, maß am Radarschirm eine Ausdehnung von 65 km in der Nord-Süd-Achse und 89 km in der West-Ost-Achse. Das Kriegsschiff kreuzte drei Tage lang in zwölf Meter hohen Seen, um seinen meteorologischen Auftrag zu erfüllen.

Infolge einer Abschwächung verlangsamte Reva seine Zuggeschwindigkeit von 15 Knoten (30 km/h) auf 8 Knoten (15 km/h). Allem Anschein nach stieß der Zyklon dabei auf ein Seegebiet mit großen thermischen Reserven bis in eine bestimmte Tiefe, denn er gewann seine ursprüngliche Kraft zurück und zog nun schnell nach Südosten.

Vom 12. auf den 13. lag Reva relativ nahe an Tahiti, wo an den West- und Nordwestküsten schlechteste Bedingungen herrschten. Die heftigen, turbulenzreichen Winde wurden vom gebirgigen Relief der Insel umgelenkt. Normalerweise hat dieses Relief eine Schutzfunktion, nun allerdings verstärkte es noch die allgemeinen Bedingungen. In Faaa wurden Windgeschwindigkeiten von 130 km/h (70 Knoten) registriert, in den zahlreichen Schluchten und Tälern dürften sie sicherlich 160 km/h (85 Knoten) betragen haben.

Eine am frühen Morgen mit Ziel Nouméa vor Eintreffen des Schlechtwetters startende B 747 der Fluggesellschaft UTA traf im Steigflug zwischen 300 und 600 Meter auf einen Nordostwind mit 110 bis 130 km/h (60 bis 70 Knoten)! Eine nur 40 Minuten später in gleicher Höhe durchgeführte Messung stellte jedoch dann nur noch schwache Winde oder sogar Kalmen fest...

Während der folgenden Tage schlug Reva eine Bahn ein, die fast parallel zu der des vorausgegangenen Phänomens lag, allerdings in unmittelbarer Nähe zu den Gambier verlief. So vervollständigte der Zyklon das zerstörerische Treiben Oramas. Auf den Tuamotu wie auf den Gesellschafts-Inseln waren die Schäden beträchtlich. Vier Tote waren zu beklagen – ohne die Besatzung der amerikanischen Jacht *Summer Seas,* die in den Gewässern von Mataiva Schiffbruch erlitten hatte. Die Sachschäden gingen ebenfalls ins Unermeßliche.

Wie die *Rostand* mußte auch die *Rousseau* mehrere Tage vor Mururoa vor Anker liegen. Da die Küstendünung dort sieben Meter betrug, war die Durchfahrt unpassierbar.

Nach dem 16. März setzte Reva seinen Weg nach Südosten fort, verlor nach und nach an Stärke und erreichte die mittleren Breiten, wo er sich in den Störungen einer Front polaren Ursprungs auflöste.

Veena (tropischer Zyklon)

Ein Zyklon pro Monat seit Dezember 1982, diese Tatsache war in den Augen der Bewohner von Französisch Polynesien bereits eine so seltene Häufigkeit, daß man nun davon ausging, alles überstanden zu haben... Die Meerestemperatur blieb jedoch hoch und speiste in den Gewässern der Marquesas eine cumulusreiche Instabilität, die sich stark in der Höhe ausbildete.

Am 04. April zeigte sich im Osten der Inselgruppe eine konvergente Wolkenansammlung, und am 06. wurde ein barometrisches Minimum lokalisiert, das über die Folge keinen Zweifel offen ließ.

Dieses Veena genannte Phänomen wanderte zunächst mit etwa 15 Knoten (25/30 km/h) nach Westsüdwest. Es verdichtete sich rasch und erreichte am 09. die Intensität eines Zyklons leicht nördlich der Tuamotu, wo es sich verlangsamte und noch stärker verdichtete. Eine Sturmdünung mit Wellenbergen von etwa sechs Metern brach sich auf Manihi und Ahe.

Ab dem 10. verlief Veenas Bahn auf einem Bogen nach Süden, wobei die Zuggeschwindigkeit anstieg. Am Morgen des 11. streifte der Zyklon Tikehau und Mataiva – beide Inseln wurden nahezu verwüstet (zerstörte Dörfer, vernichtete Palmhaine). Veena wanderte dann leicht westlich von Rangiroa, wo Winde von 75 km/h (40 Knoten) mit Böen von 110 km/h (60 Knoten) registriert wurden. Auch hier setzte der Zyklon das zerstörerische Werk seiner Vorgänger fort. Auf allen drei Atollen, deren Relief klassisch niedrig ist, kam es an den Nord- und Ostküsten zu Sturmfluten und stark brechender Dünung.

Es hat den Anschein, daß die Tage 10. und 11. April entscheidend für die Entwicklung des Zyklons gewesen waren. Desto bedauerlicher ist, daß für diese Zeitspanne keine eindeutigen Daten über die Meerestemperatur verfügbar sind. Am 10. wies Veena die normale Struktur eines jungen, kräftigen Zyklons auf, dessen Auge mit etwa 20 km von relativ geringen Ausmaßen war. Der zyklonale Wirbel war ebenfalls nicht besonders ausgeprägt, und die aktive Wolkenmasse erstreckte sich auf 120 km vom Zentrum. Eine derartige Konfiguration, die sich gewöhnlich durch einen steilwinkligen, V-förmigen Verlauf der barometrischen Kurve äußert, weist auf einen heftigen, noch im Entstehen begriffenen Zyklon hin. Diese Entwicklung kam auch rasch zu ihrem Abschluß, denn am 11. hatte Veena sich buchstäblich verdoppelt. Der Durchmesser des Auges betrug nun mehr als 50 km, und die Wolkenmasse erstreckte sich auf 200 km. Zu diesem Zeitpunkt bereits erwies sich der Zyklon als der heftigste der Jahreszeit mit einem im Zentrum auf 950 hPa fallenden Druck und Böen bis zu 200 km/h (110 Knoten).

Während der kritischen Phase seiner Herausbildung erhielt die Fregatte *Commandant Bory* (Kommandant: Fregattenkapitän Dominique Planchon) den gleichen Auftrag, den die *Enseigne-de-Vaisseau-Henry* bereits während der beiden vorausgegangenen Zyklone ausgeführt hatte: sich möglichst nahe an Veena zu halten und stündlich die hauptsächlich mit Radar gemachten Beobachtungen über das Phänomen zu übermitteln. Dank der elektronischen Einrichtung war der Bordmeteorologe in der Lage, Veena in jenen Momenten zu verfolgen, die für Tahiti am bedeutungsvollsten waren.

Nachdem der Zyklon mit Wucht Makatea überquert hatte, änderte er am 11. April seine Bahn, beschrieb eine gerade Linie und schlug als neue Zugrichtung Südost ein. Seine Zuggeschwindigkeit stieg an (10 Knoten, 20 km/h), während das Zentrum am Vormittag des 12. in unmittelbarer Nähe – 50 km – den Ostteil von Tahiti – die Halbinsel – streifte.

In diesen Stunden erfuhren Tahiti und Moorea die Auswirkungen des Zyklons in vollem Ausmaß: heftige, turbulenzreiche Südwinde – mit 162 km/h (88 Knoten) auf dem Flughafen von Faaa, wo der Druck auf 978 hPa sank – verursachten nicht nur in den niedrigeren Gebieten Schäden, sondern auch in den höher gelegenen Bereichen, wo das vulkanische, durchschnittene Relief die Winde umlenkte, kanalisierte und verstärkte. Die Wellen erreichten an den besonders exponierten Ostküsten beider Inseln fünf bis sieben Meter. Starke Niederschläge (133 mm in 24 Stunden in Faaa) führten zu Überschwemmungen, Hochwasser und Erdrutschen.

Die Schäden auf Tahiti waren beträchtlich, die Bilanz erdrückend: 3000 Häuser und etwa 60 öffentliche Gebäude zerstört, Plantagen verwüstet, Seefarmen vernichtet, Fischer und Sportboote versenkt oder auf die Küste geworfen, Straßen und Brücken davongespült. Ein Fernsehmast von 65 Metern Höhe kippte um. Die vollständige Instandsetzung des Strom- und Telefonnetzes sowie der Kanalisation nahm Monate in Anspruch.

Die Vertreter des lokalen Wetterdienstes berichteten, daß die Halbinsel und die Ostküste wie nach einem Bombardement aussahen. Die Landschaft war nicht wiederzuerkennen.

Veena steigerte seine Zuggeschwindigkeit auf 25 Knoten (45 km/h) und suchte am 12. April Hereheretue heim, das sich noch nicht von den Verwüstungen der beiden Zyklone Orama und Reva erholt hatte. Da es auf der ganzen Insel keine sichere Zuflucht mehr gab, wurden die 34 Einwohner in den folgenden Tagen evakuiert. Die lokale Wetterstation hatte aufgehört zu existieren; der Zyklon hatte sie dem Erdboden gleichgemacht. Das von der Dünung bereits attackterte Atoll wurde von der Sturmflut einheitlich unter einem Meter Wasser begraben.

Das Phänomen setzte dann seinen Weg nach Südosten fort und streifte am Vormittag des 13. in 250 km Entfernung den Südwesten von Tematangi, wo die zyklonischen Wellen die Physionomie der exponierten Küsten vollkommen veränderte.

Veena löste sich schließlich am 14. April im hohen Süden der Gambier in einer Weströmung der *roaring forties* auf.

William (tropischer Zyklon)

Kaum war Veena in den Süden abgewandert, da zeichnete sich bereits im Norden eine weitere Störung ab. William entstand in den Gewässern um 130° West, was darauf hinwies, daß auch die ozeanische Zirkulation stark gestört war. Normalerweise ist dieses Gebiet ein »Kaltwasser« (etwa 26°C), bedingt durch das Zusammenwirken des von der südamerikanischen Küste nach Westen abdrehenden Humboldtstroms und den durch die atmosphärische Zirkulation entstehenden Aufstieg kalten Tiefenwassers.

Am 14. April entwickelte sich diese Störung in einer kräftigen Wolkenansammlung, bevor sie sich unter ständigem Anwachsen dann mit einer gleichmäßigen Zuggeschwindigkeit von 5 Knoten (10 km/h) nach Südwesten in Bewegung setzte.

Nachdem William am 17. einen kleinen Bogen beschrieben hatte, kam er – mit einem Druck von 970 hPa im Zentrum und zyklonalen Winden von mehr als 117 km/h (63 Knoten) – etwa 150 Kilometer im Südosten von Puka-Puka zu liegen.

Diese neuerliche Ausrichtung von William konnte unter guten Bedingungen von der *Commandant Bory* verfolgt werden. Das Kriegsschiff hatte erneut den Auftrag, dem Wetterdienst Informationen aus erster Hand zu liefern, und kreuzte zwölf Stunden in sehr schlechtem Wetter.

Während seiner Existenz bewies William, daß er – wie seine Vorgänger – von »bester Gesundheit« war. Am 19. betrug der Druck im Zentrum 965 hPa bei beständigen Winden von Sturmstärke, die eine acht bis neun Meter hohe Dünung aufbauten.

Landstriche, die im Wirkungsbereich des Zyklons lagen, d. h. südlich von 15° südlicher Breite und in 300 km Entfernung vom Zentrum, bekamen die Kraft dieses Phänomens voll zu spüren. Die bereits von Nano heimgesuchten Atolle der östlichen Tuamotu und – in geringerem Maß – die Gambier litten erneut unter heftigen Winden und dem zerstörerischen Werk der Wellen.

Am 22. nahm das Tief Kurs auf die Osterinsel und verließ somit den Beobachtungsbereich.

Eine bittere Bilanz

Nach der Überquerung von sechs tropischen Störungen, darunter fünf mit der Intensität eines Zyklons, ist die Bilanz für Französisch Polynesien bitter: sieben Tote, acht auf See Verschollene, Sachschäden in Höhe von mehr als 550 Millionen französische Franc.

Von den zu diesem überseeischen Territorium zählenden 143 Inseln oder Atollen wurde die Mehrzahl zu 100 Prozent verwüstet. Insbesondere trifft dies zu auf die niedrigen Inseln der Tuamotu, die bereits in früheren Zeiten unvergeßliche Tragödien dieser Art erleben mußten: 117 Tote im Februar 1878, 517 Tote im Januar 1903, mehr als 150 Tote im Februar 1906.

Obwohl dieser Sommer 1982/83 als besonders ernst anzusehen ist, war der Verlust an Menschenleben relativ gering. Hier ist die Effizienz des Wetterdienstes von Französisch Polynesien zu erwähnen, der unter schwierigen Bedingungen – Ausfall des geostationären Satelliten GOES-W ab November 1982 – und zuweilen hohen Risiken ständig in der Lage war, seine Vorhersagen so herauszugeben, daß Rettungseinsätze zu einem Erfolg wurden.

Ebenso ist die sehr hilfsreiche Mitwirkung der Kriegsmarine zu nennen, deren Einsatz zugunsten des öffentlichen Wohls erneut zum Tragen kam. Die Fregatten *Enseigne-de-Vaisseau-Henry* und *Commandant Bory* sowie ein Marineflugzeug vom Typ *Neptune* hatten nicht nur einen Rettungsauftrag, sondern übermittelten zudem dem Wetterdienst dank Radarbeobachtung wesentliche Informationen über die Konfiguration des jeweiligen Zyklons.

Der Durchzug der Zyklone – mit Winden von 160 bis 180 km/h (85 bis 95 Knoten) und sintflutartigen Regenfällen, die zu Überschwemmungen und Erdrutschen führten – verursachte hohe Schäden an der Infrastruktur – Straßen, Flugplätze, Fernmeldeverbindungen – und in den Plantagen. So wird die Kopraernte für mehrere Jahre ausfallen.

Auch die Küstengebiete hatten unter den Anstürmen des entfesselten Ozeans zu leiden. Sehr hohe bis riesige Wellen von über neun Metern Höhe bildeten sich auf einem von der Sturmflut anormal angehobenen Wasserspiegel heraus. Beträchtliche Schäden entstanden vor allem an den Hafenanlagen.

Es ist leicht vorstellbar, daß die Zahl der von den Katastrophen betroffenen Menschen ebenfalls sehr hoch ist. Allein auf der Insel Tahiti wurden durch Veena 6000 Wohnungen zerstört oder beschädigt. Etwa 25 000 Menschen wurden obdachlos.

Anhang 2

Exotische Fische*

von: Dr. Paul Zumbiehl

Auf dem sehr weit gefächerten Gebiet der ozeanischen Pathologie ist die Ichtyosarcotoxität, die Vergiftung durch giftige Fische, in bezug auf ihre Häufigkeit, ihre Schwere und vielleicht auch ihre geringe Bekanntheit wahrscheinlich das größte Problem.

Auch dieses Problem erstreckt sich über mehrere Bereiche, die jedoch zusammengefaßt sind in zwei Formen der Vergiftung: Ciguatera-Vergiftung und Tetraodon-Vergiftung (Kugelfische und andere Fischarten).

Die Kenntnis der damit in Zusammenhang stehenden Pathologie könnte bei einem Strandurlaub vielleicht nützlich sein.

Giftige Fische sind allem Anschein nach schon in der Hochantike bekannt gewesen. Dem Ägyptologen Keimer zufolge sind in den Gräbern der Pharaonen Ti, Mera sowie anderer, die etwa 2700 v. Chr. errichtet wurden, bereits Abbildungen eines Kugelfisches – des *Tetraodon stellatus* – zu finden, dessen Verzehr als gefährlich galt. Gleichermaßen verweist der Historiker Macht auf eine Stelle aus dem 14. Kapitel des 5. Buches Moses, die aus dem Jahr 1451 v. Chr. stammen soll:

»Dies ist, was ihr essen dürft von allem, was im Wasser lebt: alles, was Flossen und Schuppen hat, dürft ihr essen.

Was aber weder Flossen noch Schuppen hat, sollt ihr nicht essen; denn es ist euch unrein.«

Eine Warnung, die den Menschen schützen soll vor den gefährlichsten Tieren: Kugelfische, Igelfische, Drückerfische, Muränen und anderen.

Aber erst den großen Seefahrern verdanken wir Berichte aus erster Hand über Vergiftungen durch Fische: Christoph Kolumbus, Magellan, Cook, Bougainville und

---

* *A. d. Ü.:* Sofern für den lateinischen Namen der in diesem Beitrag genannten Fische eine deutsche Entsprechung existiert, wurde diese in Klammern dahinter angegeben.

viele andere wurden Opfer dieser Vergiftungen, die sie um den Erfolg ihrer Expedition und um das Heil ihrer Seele fürchten ließ!

Geographisch gesehen überziehen beide Endemien einen breiten Gürtel um die Erde, der sich erstreckt

von 30°N bis 30°S bei der Ciguatera-Vergiftung und
von 45°N bis 45°S bei der Tetraodon-Vergiftung.

Ciguatera-Vergiftung

Dieser von Poey geschaffene Begriff ist entlehnt vom Namen eines kleinen Weichtiers, der *cigua* (Livona pica), die eine vielfache Vergiftungserscheinung bewirkt, die häufig in der Karibik anzutreffen ist. Im weiteren Sinn wird der Begriff verwendet für andere Vergiftungserscheinungen durch den Genuß von Fischen oder wirbellosen Meerestieren, die ausschließlich in Korallenmeeren anzutreffen sind; also dort, wo Madreporen Riffe bilden.

Epidemiologie

In bezug auf Ciguatera ist es wichtig zu wissen, daß es sich dabei um eine zufällige Toxität handelt.

Mit anderen Worten ausgedrückt: Es kann nicht mit Sicherheit gesagt werden, wo wann welche Fische zu meiden sind. Ein bislang nicht betroffenes Gebiet kann gefährlich werden, ein bisher eßbarer Fisch kann giftig werden und umgekehrt. Fast alle Korallenriffe bewohnenden Fische können Giftträger sein. Einige sind jedoch stärker befallen als andere und müssen deshalb als hohes Risiko angesehen werden. Es erscheint nicht angebracht, eine vollständige Liste der gefährlichen Fischarten anzugeben, da diese bereits von Halstead erstellt wurde. Von den in den Gewässern Französisch Polynesiens anzutreffenden Fischen sollen hier jedoch die giftigsten Arten jeder Familie genannt werden:

- bei den *Acanthuridae* (Doktorfischen): *Ctenochaetus strigosus;*
- bei den *Scaridae* (Papageifischen): *Scarus gibbus;*
- bei den *Serranidae* (Zackenbarschen): *Plectropomus leopardus, Epinephelus microdon, Cephalopolis argus* (Brauner Pfauenaugenbarsch);
- bei den *Lutianidae* (Schnappern): *Lutianus bohar, Lutianus monostigmus;*
- bei den *Lethrinidae: Lethrinus miniatus;*
- bei den *Carangidae* (Stachelmakrelen): *Caranx melampygus;*
- bei den *Labridae* (Lippfischen): *Cheilinus undulatus;*
- bei den *Sphyraenidae* (Barrakudas und Pfeilhechten): *Sphyraena barracuda* (Barrakuda).

Ebenso sollte die mögliche Giftigkeit von Weichtieren, Krustentieren und Stachelhäutern erwähnt werden, die allem Anschein nach jedoch nur während einer paroxystischen Ciguatera besteht.

Klinische Aspekte

Zunächst zwei persönliche Beobachtungen:

1. Tané T. wurde als Notfall in der Nacht mit einem schweren Vergiftungssyndrom eingeliefert, das sich wie folgt darstellte:

- Erbrechen und starker Durchfall;
- vor allem in den unteren Gliedmaßen Muskel- und Gliederschmerzen;
- Sensibilitätsstörungen auf der gesamten Haut und im Schleimhautbereich, insbesondere im Mund das schmerzhafte Gefühl von elektrischen Entladungen bei Kontakt mit kaltem Wasser;
- stark juckende Rötungen an den Extremitäten der Gliedmaßen, vor allem in den Handflächen;
- sehr flache Atmung;
- Pupillenerweiterung;
- Blutdruckabfall auf 70;
- Pulsschlag bei 40/min;
- mangelnde Reflexe.

Ein Prickeln in den Lippen zeigte sich als erstes Symptom knapp zwei Stunden nach dem Genuß eines Doktorfisches *(Ctenochaetus strigosus)*.

Die Krankengeschichte des Patienten wies bereits in der Vergangenheit zwei Fälle von Ciguatera auf: den ersten zehn Jahre zuvor durch einen Papageifisch *(Scarus gibbus)*, den zweiten acht Monate zuvor durch einen Fisch aus der Familie der *Lethrinidae (Lethrinus monostigmus)*.

Der weitere Krankheitsverlauf dieser nun dritten Ciguatera äußerte sich durch ein besorgniserregendes, 48stündiges Koma und dann in den folgenden vier Wochen durch:

- erhöhte Kraftlosigkeit durch ausgeprägte Erschöpfung;
- stark juckende gerötete Hautstellen mit Abschuppung.

Ein zaghafter Versuch, gesunden Fisch zu genießen – Thunfischkonserve –, ließ noch vier Monate später die schmerzhaften Gefühlserscheinungen im Mundbereich wieder auftreten!

2. Dominique L. begleitete den im ersten Fall genannten Patienten. Er wies die gleichen Symptome auf, jedoch waren sie bei ihm nicht so stark ausgeprägt. Besonders machten ihm allerdings die elektrischen Entladungen an den Lippen – und Zahnschmerzen – bei Kältekontakt sowie ein starker Juckreiz in Händen und Unterarmen zu schaffen.

Er hatte gemeinsam mit Tané T. gegessen, die ersten Symptome zeigten sich jedoch erst acht Stunden später. Der Patient war gerade erst in Polynesien angekommen und war bisher von Ciguatere noch nicht befallen gewesen. Daher sollten sich bei ihm alle klinischen Anzeichen kurz darauf ohne Nachwirkungen bessern.

Aus den hier dargestellten klassischen Fällen lassen sich die wesentlichen Aspekte der Ciguatera erkennen:

- sehr stark ausgeprägte Symptome bei Patienten, die bereits in der Vergangenheit eine Vergiftung erlitten, und Wiederaufleben der Symptome bei Genuß eines gesunden Fisches;

- typisches Gefühl von elektrischen Entladungen an Lippen und Zunge bei Kältekontakt;
- heftiger und andauernder Juckreiz;
- keine medikamentöse Abhilfe.

Vorsicht ist bei Ciguatera die beste Vorbeugung. Ein unerfahrener Fischer sollte sich daher bei erfahrenen zuvor erkundigen. Leider bietet dieser Rat jedoch keine Sicherheit!

Als Behandlungsmaßnahme ist zunächst eine sorgfältige und behutsame Magenspülung angezeigt, die entgegen vorherrschender Meinung auch lange Zeit nach Genuß des befallenen Fisches durchgeführt werden sollte. Durch spontanes Erbrechen werden im allgemeinen nur geringe Mengen der Mahlzeit ausgeworfen, die im übrigen ja nicht sofort den Schließmuskel des Magens passiert. Dies bedeutet zusätzliche Zeit, und wir haben bereits derartige Spülungen auch noch nach acht Stunden und mehr durchgeführt. Die Entfernung des noch fast intakten Nahrungsbreis brachte ein erstaunlich schnelles Abklingen der Symptome mit sich.

In bezug auf medikamentöse Behandlung muß gesagt werden, daß bis heute kein Gegenmittel bekannt ist. Jede vorgenommene Medikation ist rein symptomatisch und dem klinischen Rahmen angepaßt:

- Atropin,
- Vitamin B,
- Antihistaminika,
- Kardiotonika,
- Kortikoide,
- und natürlich Reanimation.

Ökologie

Der Hauptverursacher der Ciguatera wurde 1977 von Dr. Bagnis auf den Gambier-Inseln entdeckt. Dabei handelt es sich um eine einzellige Alge der Art *Diplopsalis* aus der Familie der *Heteranlacaceae,* die den Namen *Gambierdiscus toxicus* erhielt. Sie produziert – wie in der Natur und im Labor nachgewiesen wurde – den Hauptgiftstoff der Ciguatera, das Ciguatoxin, das im Muskelgewebe vergifteter Tiere zu finden ist.

Diese Algenart ist in den meisten Riffen, allerdings nur schwach, vertreten. Sie vermehrt sich jedoch explosionsartig bei bestimmten umweltbedingten Umständen diverser Art.

Natürliche Umstände können die starken jahreszeitlichen Regenfälle sein, die durch Bodenerosion und Schlammablagerung auf den Korallen verantwortlich für die Dauerverseuchung sein sollen, aber auch Vulkanausbrüche, Zyklone und Sturmfluten. So ist bereits jetzt abzusehen, daß die fünf tropischen Störungen – Nano, Orama, Reva, Veena und William –, die 1983 Französisch Polynesien heimgesucht haben, einen starken Anstieg der Ciguatera-Vergiftung bewirken werden.

Künstliche Umstände werden bedingt durch das Einwirken des Menschen auf ein zerbrechliches Okosystem, durch verschiedenartige Verschmutzungen, Ausbaggerung des Meeresboden, Sprengarbeiten, Bau von Dämmen und anderen Anlagen, Verklappung chemischer Produkte im Meer oder auch nur Einleiten von Abwasser und so fort.

Das Ergebnis ist immer das gleiche: die Korallen sterben ab, und es kommt auf den Stümpfen zur Kolonienbildung von *Diplopsalis,* die innerhalb von zwei Jahren die gesamte Nahrungskette der Fische verseucht haben wird.

Algenfresser – wie Doktor- oder Papageifische – werden als erste befallen. Über sie gelangt der Giftstoff in Raubfische – wie Barrakudas oder Schnapper.

Anzumerken ist noch, daß sich der Giftstoff in den Fischen über deren ganzes Leben ansammelt, ohne jedoch für diese eine Gefahr darzustellen.

Daher ist in einem von Ciguatera verseuchten Gebiet ein Fisch um so gefährlicher, je größer und älter er ist.

Tetraodon-Vergiftung

Die Bezeichnung ist hergeleitet vom Namen der Fische, die im wesentlichen Träger dieses Giftstoffes sind: die *Tetraodontidae* (Kugelfische), die im Englischen *puffers* und im Japanischen *fugu* genannt waren. Aber auch weitere Fischarten sind Träger: Igelfische, Kofferfische, Mondfische und gelegentlich auch Drückerfische sowie andere. Bei dieser Vergiftung handelt es sich um eine der schwersten Formen von Ichtyosarkotoxität, die zu 60 Prozent tödlich verläuft.

Epidemiologie

Die in Frage kommenden Fische sind im allgemeinen kugelförmig, mit der Fähigkeit versehen, sich durch Wasser oder Luft aufzublasen, und haben eine oft stachelige Haut. Allerdings können sie auch das Aussehen eines über einen geometrischen Körper gezogenen Stück Leders haben. Kleine, verkümmerte Flossen weisen sie als schlechte Schwimmer aus.

Die am häufigsten betroffenen Fische sind:

– bei den *Tetraodontidae* (Kugelfischen)
  Arothron stellatus.
  Arotrhron hispidus (Weißflecken-Kugelfisch).
  Fugu chrysops;
– bei den *Diodontidae* (Igelfischen)
  Diodon hystrix (Gemeiner Igelfisch),
  Diodon holacanthus;
– bei den *Molidae* (Klumpfischen)
  Mola-Mola (Mondfisch);
– bei den *Balistidae* (Drückerfischen)
  Balistoides viridescens,
  Balistoides conspicillum (Leoparddrückerfisch).

Die Tetraodon-Vergiftung ist ziemlich konstant, obwohl einige Fische mehr oder weniger giftig oder sogar gesund sein können.

Über diese Vergiftung ist bisher wenig bekannt. Allerdings können einige Aussagen dazu gemacht werden:

– Die Fische sind vor allem während der Laichzeit giftig, wobei die Weibchen eine höhere Toxität aufweisen als die Männchen.
– Der Giftstoff befindet sich im wesentlichen in der Haut, in Leber und Eingeweiden, vor allem aber in den Fischeiern. Das Fleisch ist im allgemeinen gesund, kann aber auch verseucht sein.

Klinische Aspekte

Die ersten Symptome zeigen sich in weniger als einer Stunde nach Genuß eines verseuchten Tieres.

Die Intensität der Vergiftung ist in vier Stadien eingeteilt:
1. Grad: Sensibilitätsstörungen im Mund, einhergehend mit Schwindel, Erbrechen, Durchfall. Wichtiges Zeichen: Die Tiefensensibilität ist gestört, wodurch der Eindruck von Schwerelosigkeit vermittelt wird (Cook mußte an sich selbst feststellen, daß er nicht mehr unterscheiden konnte, ob er eine Feder oder einen mit Wasser gefüllten Krug hochhob).
2. Grad: starke Sensibilitätsstörungen mit Lähmungserscheinungen an den Extremitäten, jedoch intakten Reflexen.
3. Grad: Beeinträchtigung der Motorik, Stimmlosigkeit, Schluckstörungen, Atemnot, Herzbeklemmung, Zyanose, arterielle Hypotonie, jedoch volles Bewußtsein.
4. Grad: Abbau der geistigen Fähigkeiten, allgemeine Lähmungserscheinungen, insbesondere der Atmung, Blutdruckabfall, sinkender Pulsschlag. Koma, auf das nach siebzehn Minuten bis vier Stunden der Tod folgt.

Die Verhaltensmaßregeln ähneln denen der Ciguagera: die Vorbeugung erstreckt sich auf das Erkennen verseuchter Fische bzw. auf das Meiden verdächtig erscheinender Fische.

Neben den bereits erwähnten symptomatischen Medikationen und der Reanimation können nützlicherweise zusätzliche angewandt werden:

- Strychnin,
- Nartriumkarbonat,
- Apomorphin,
- Abführmittel.

Es wurde ja bereits erwähnt, daß als erste Behandlungsmaßnahme – nach sofortigem Erbrechen – sofort eine Magenspülung (sofern der Patient noch bei Bewußtsein ist) durchgeführt werden sollte.

Liegt der Patient bereits im Koma, ist die einzig sinnvolle Behandlung die künstliche Beatmung kombiniert mit Auspumpen des Magens.

Ernsthafte Probleme

Die Studie der Ichtyosarkotoxität zeigt, daß diese Pathologie sowohl für die Ernährung wie für die Wirtschaft von Bedeutung ist. Denn genau jene Inselregionen sind am stärksten betroffen, die zu einem großen Teil abhängig sind von den Ressourcen des Meeres.

Aus diesem Grund hat die Südpazifik-Kommission ein wissenschaftliches Netz aufgebaut, das sich die Untersuchung der Ciguatera zur Aufgabe gemacht hat. Dieses Netz setzt sich zusammen aus drei Gruppen von Wissenschaftlern, die auf Hawaii (USA), Tahiti (Frankreich) und in Sandai (Japan) arbeiten.

Durch die enge Zusammenarbeit der drei Gruppen konnten bereits wesentliche Ergebnisse erzielt werden. So entdeckte Dr. Bagnis (Tahiti) kürzlich den Hauptverursacher der Ciguatera, wodurch ein lang gehütetes Geheimnis gelüftet wurde. Die verursachende Art wurde wiederum von Adachi (Japan) identifiziert.

Gleichzeitig werden Untersuchungen zur Tetraodon-Vergiftung mit Schwerpunkt in Japan durchgeführt.

In einer Schlußbemerkung sollen als praktischer Rat noch einige Punkte hervorgehoben werden, die für beide Verseuchungsarten Gültigkeit haben:

- Es gibt kein Mittel, die Toxität eines Fisches sofort festzustellen. Der einzig mögliche und zugleich einfachste Test ist, einen verdächtigen Fisch einem Versuchstier (Katzen sind dafür sehr geeignet) zu fressen zu geben und das Ergebnis zu beobachten...
- Die Toxität eines giftigen Fisches steht in keinem Zusammenhang mit seiner Frische.
- Kochen oder Braten verändert den Grad der Toxität nicht (oder zumindest in nur sehr geringem Umfang)...
- Es gibt kein Gegenmittel, weder zur Vorbeugung noch zur Heilung.

Allerdings hat das Mallardé-Institut von Tahiti bezüglich der Ciguatera eine Methode entwickelt, bei der das Ciguatoxin extrahiert und dann in ein Moskito innokuliert wird.

Die in den meisten betroffenen Ländern existierenden Bestimmungen untersagen den Verkauf von Fischen, die im Verdacht stehen, Ciguatera-Träger zu sein. Auf Tahiti trifft dies zu für: die Lippfischart *Cheilinus undulatus,* Barrakudas, die Schnapperarten *Lutinanus bohar* und *Lutianus monostigmus.*

In Japan ist es in verschiedenen Verwaltungsbezirken untersagt, ganze Kugelfische zu verkaufen, nicht jedoch nach strengen Normen ausgenommene Tiere. In Tokio schließlich dürfen nur Köche, die eine spezielle Ausbildung haben, den berühmten *fugu* zubereiten, jenen Kugelfisch, der bei Japanern als Delikatesse gilt.

Wer sich aus kulinarischen Gründen für dieses Thema interessiert, dem empfehlen wir dieses außergewöhnliche Kochlehrbuch: *Text book for fugu cooks* (Library World Life Research Institute). Als Warnung sei aber gesagt, daß die japanischen Statistiken jährlich trotz aller Vorsichtsmaßnahmen im Mittel 200 Todesfälle durch *fugu* auswerfen.

Kurz, als einzig wirklich guter Rat erscheint uns daher – wie auch bei anderen Dingen – die alte Redensart: *»Im Zweifel nie!«*

Es gibt noch echte Abenteuer

Vaclav Kubicek

Abenteuer Amazonas

Mit Kajak und Floß . . . 5000 km von den Quellen zum Atlantik

Aus einem Kajaktrip entlang dem Oberlauf des Amazonas wird eine monatelange Dschungeltour mit einfachsten Hilfsmitteln. Gemeinsam mit seinen beiden Begleitern durchquert Vaclav Kubicek das größte zusammenhängende Urwaldgebiet der Erde. Ein Bericht wie aus dem Reich der Phantasie – und doch der Wahrheit entsprechend.

152 Seiten, 73 Abbildungen, davon 18 farbig, geb., **39,–**

Michael J. Krieger

Tramp-Schiffe

Legenden aus der Welt der alten Frachter

Sie sind die Vagabunden der Weltmeere: uralte Dampfer, die sich in das Zeitalter der Computerschiffahrt hinüber retten konnten und nun in entlegene Winkel der Welt von Hafen zu Hafen ziehen, immer auf der Suche nach Ladung. Bevor die letzten Trampschiffe ausmustern ist Michael J. Krieger ihrem Kielwasser gefolgt. Ein stimmungsvolles, prachtvoll bebildertes Werk ist entstanden.

142 Seiten, 189 Farbfotos, zum Teil im Großformat, geb., **88,–**

Heinz Böhlen

Unter Segeln rund um die Welt

Fünfeinhalb Jahre auf allen Weltmeeren mit einer selbstgebauten, nur zehn Meter langen Ketsch. Aus den Bordnotizen entstand dieses ungewöhnliche Protokoll.

192 Seiten, 75 Fotos, davon 20 farbig, geb., **39,–**

Gerald Kingsland

Robinson Crusoe heute

Der mitreißende Bericht eines modernen Abenteurers, der wie Robinson Crusoe auf einer einsamen Insel leben wollte – und dabei fast ums Leben kam.

246 Seiten, 14 Farb-Abbildungen, mehrere Karten, gebunden, **39,–**

Reinhold Ostler

Verborgenen Schätzen auf der Spur

Unter anderem enthält dieses Buch einen Zahlencode, den noch niemand entschlüsseln konnte. Machen Sie sich auf die Schatzsuche. Aber Vorsicht: Schon viele sind gescheitert. Alle Schilderungen und Hinweise entsprechen der Realität!

176 Seiten, 56 Abbildungen, broschiert, **29,–**

Arnaud de Rosnay

Mit dem Surfbrett über den Pazifik

Mit einem selbstentworfenen Surfbrett startete der Autor von Nuku-Hiva in die Weite des Pazifik. Er überlebt und erreicht nach 900 Kilometern die Tuamoto-Inseln. Ein Abenteuer-Report der Spitzenklasse!

168 Seiten, 48 Abbildungen, davon 13 farbig, geb., **22,–**

Der Verlag für Abenteuer

PIETSCH

Postfach 103743 · 7000 Stuttgart 10